박태준이 답이다

박태준이
답이다

초판 1쇄 인쇄 | 2014년 7월 2일
초판 1쇄 발행 | 2014년 7월 10일

지은이 | 허남정
발행인 | 김태영
발행처 | 도서출판 씽크스마트
주   소 | 서울특별시 마포구 신수동 448-6 한국출판협동조합 C동 201호
전   화 | 02-323-5609 · 070-8836-8837
팩   스 | 02-337-5608

ISBN 978-89-6529-039-1 03340

• 잘못된 책은 구입한 서점에서 바꿔 드립니다.
• 이 책의 내용, 디자인, 이미지, 사진, 편집구성 등을 전체 또는 일부분이라도 사용할 때에는 저자와 발행처 양쪽의 서면으로 된 동의서가 필요합니다.
• 원고 kty0651@hanmail.net

이 도서의 국립중앙도서관 출판시도서목록(CIP)은 e-CIP 홈페이지(http://www.nl.go.kr/ecip)에서 이용하실 수 있습니다.(CIP제어번호: CIP 2014017791)

한일협정 50년

실종된 한일관계

독도 문제, 위안부 사과, 야스쿠니 신사 참배…

감정적인 대응으로는 절대 일본을 이길 수 없다!

허남정 지음

일러두기

본문에 자주 등장하는 증언자들

이상수 한일경제협회 초대 전무이사이자 상근부회장
포스코 임원 및 한국철강협회 전무이사 역임.

홍건유 포스코 전 부사장
포스코 동경 현지법인에 2회 근무. 박태준 회장의 일본 현지 활동을 측근에서 보좌.

무라카미 히로요시 전 일한경제협회 전무이사
신일본제철의 임원 출신으로 1994~2000년까지 일한경제협회 전무이사 역임.

모모세 타다시 한국미쓰이물산 상임고문
포스코 건설 현장에서 14년간 근무했으며 박태준 회장 타계 직전까지 개인적인 친분 유지. 『한국이 죽어도 일본을 따라 잡을 수 없는 18가지 이유』 등 4권의 한국 관련 저서 보유.

아소 유타카 아소시멘트 사장 · 일한경제협회 부회장
한일신산업무역회의의 일본 측 체어맨을 맡고 있으며 요시다吉田茂 일본 초대 총리대신의 외손자이자 현 부총리 아소麻生太郎의 동생.

이상 국가별 가나다 순.

추천사 1

박태준의 실용주의적 협력 자세를 기억하며…

한일경제협력의 실무 현장에서 오랫동안 활약해 온 (사)한일경제협회의 허남정 전 전무이사가 책을 출간하게 되어 추천사를 부탁해왔습니다. 그는 내가 한일경제협회 회장으로 일할 때 상근 책임자인 전무이사로 함께 일을 했으며, 퇴임 후 박사학위 논문을 쓸 때는 몇 차례 인터뷰에 응한 일도 있었습니다. 그가 학위 논문의 주제로 잡은 것이 '박태준 리더십'이었습니다. 박태준 회장은 한일경제협회 설립자이자 초대 회장으로 산업의 불모지였던 대한민국에 일관제철소인 포항제철지금의 포스코을 설립했습니다. 박 회장은 이후 포항제철을 세계적인 제철소로 발전시켜 우리나라 산업화의 기초를 닦은 우리 시대의 몇 안 되는 영웅 가운데 한 사람입니다.

내가 대한상공회의소 회장을 맡고 있던 1997년 말 경 박태준 회장이 출장 중인 나에게 직접 전화를 걸어 공석 중이던 한일경제협회 회장직을 꼭 맡아달라고 부탁했습니다. 당시는 외환위기로 나라가 온통 어수선한 때였고 자민련 소속이었던 박 회장은 정치인으로서, 또 경제계 원로로서 외환위기 극복을 위한 일본의 협력을 이끌어내기 위해 동분서주하던 시절이었습니다. 나는 아무것도 없던 대한민국에 제철소를 지어 산업의 쌀이라는 철강재의 자급을 이루며 우리 산업 발전의 토대를 만든 박태준 회장을 평시 존경하고 있었기에 그의 간곡한 부탁을 거절할 수 없어 1998년 2월부터 8년간 회장직을 수행했습니다.

이번에 허남정 박사가 『실종된 한일 관계, 박태준이 답이다』에서 주장하고 있는 '감정에 휘둘리지 않는 미래지향적인 한일관계의 정립'에 나도 전폭적으로 의견을 같이 합니다. 지금은 세계적인 제철소로 성장한 포스코지만 초창기 대일 청구권 자금을 비롯한 일본 측의 공공 및 상업차관과 적극적인 기술 협력이 없었다면, 그리고 일본 문화에 정통한 박태준이라는 인물이 없었다면 불가능했을 것이라는 저자의 생각에 공감합니다.

중국이 G2로 부상하는 등 동북아의 정치 지형이 크게 변화되었다고는 하지만 세계 3위의 경제 규모를 가진 일본은 우리의 우방으로서 협력의 여지가 여전히 크다고 생각합니다. 따라서 경색된 한일관계 개선의 중요성은 아무리 강조해도 지나치지 않습니다. 과거를 잊지는 말되 국익을 제1의 가치로 생각하며 미래지향적인 협력의 필요성을 강조한 박태준의 실용주의적 한일 협력 자세는 작금의 한일관계를 풀어나가는 데 일조가 될 것으로 생각하며, 동북아시대를 열어가기 위해

대 중국 협력과 함께 한일관계의 정상화를 바라는 분들의 일독을 권하는 바입니다.

마지막으로 한일경제협회 실무자로서 협력적 한일관계 구축에 헌신을 아끼지 않았던 허남정 전 전무의 노고에 감사의 마음을 전합니다. 그러한 경험을 사장시키지 않고 바쁜 가운데서도 명석한 두뇌와 성실성으로 훌륭한 논문을 펴낸 것을 진심으로 축하하면서 추천사를 마치고자 합니다.

삼양그룹 회장 · (사)한일경제협회 명예회장

김 상 하

한·중·일 3국이 상생하는 미래를 기대하며

먼저 한일경제협력韓日經濟協力의 현장現場에서 오랫동안 활약活躍해 온 허남정許南整 박사博士가 작금昨今의 경색梗塞된 한일관계韓日關係를 타개打開하고 양국兩國의 발전發展을 기원祈願하는 염원念願을 담아 책을 발간發刊하게 된 것을 진심盡心으로 축하祝賀드립니다. 허許 박사博士와는 그가 상근책임자常勤責任者로 일했던 한일경제협회韓日經濟協會가 주최主催하는 한일경제인회의韓日經濟人會議에 늘 참석參席하면서 알고 지낸 사이로, 이런 인연因緣으로 추천사推薦辭를 쓸 수 있는 기회機會를 주신 것에 또한 감사感謝드립니다. 그가 27년간年間에 걸친 한일경제협력韓日經濟協力 현장現場에서의 소중所重한 경험經驗을 바탕으로 협회協會의 설립자設立者인 박태준朴泰俊 포스코 명예회장名譽會長의 리더십과 그의 한일협력韓日協力에 대한 실용주의적實用主義的인 접근방식接近方式을 재조명再照明한 것은 오늘의 경색梗塞된 한일관계韓日關係 속에서 매우 시의적절時宜適切한 시사점示唆點을 준다고 생각합니다.

저는 일본日本과 오랫동안 비즈니스를 해왔고 국가간國家間 비즈니스의 발전發展을 위해서는 우호적友好的인 정치 환경政治環境의 조성造成이 매우 중요重要하다는 점을 늘 강조强調해 왔습니다. 그가 이번의 저서著書에서 주장主張하는 '감정感情에 휘둘리지 않는 미래지향적未來指向的인 한일관계韓日關係의 구축構築'에 저는 전적全的으로 공감共感합니다. 허 박사許 博士가 모델로 내세운 박태준朴泰俊 회장會長과 저는 공사간公私間에 오랫동안 교류交流를 가졌으며 특히 박태준朴泰俊 회장會長의 말년末年에는 틈틈이 만나서 술잔을 기울이기도 하였습니다. 박태준朴泰俊 회장會長은 누가 뭐라고 해도 대한민국大韓民國 산업화産業化의 영웅英雄이며 전설傳說입니다. 그가 만든 포스코가 없었더라면 오늘날 우리 경제經濟의 번영繁榮은 감히 상상想像하기 어렵다고 할 수 있습니다.

저는 허許 박사博士가 논문論文을 집필執筆할 때 그와 가진 인터뷰에서도 말했듯이 일본日本은 우리의 이웃으로서 좋은 관계關係를 유지維持해야 합니다. 영토문제領土問題는 전쟁戰爭이 아니면 해결解決이 안 되는 문제問題로서 이것을 가지고 서로 감정대립感情對立을 할 필요必要는 없다고 생각합니다. 미래 지향적未來 指向的으로 서로 잘 살 수 있는 방안方案을 강구講究해야 합니다. 일본인日本人이 다 나쁜 사람이 아닌데 우리 언론言論은 일본日本 사람들을 나쁜 사람으로 몰아가려는 경향傾向이 있어 아쉬운 점이 있습니다. 일본日本과는 여전히 협력協力의 가능성可能性이 매우 크며 그런 일본日本을 나쁘게 몰고 가서 우리에게 득得될 것이 없다는 생각입니다.

제가 실행위원장實行委員長을 맡고 있는 한일축제韓日祝祭한마당이 금년今年에 10회回째를 맞게 되었으며 이제 한일韓日 양국간兩國間 최대最大의 문화교류행사文化交流行事로 발돋움했습니다. 이러한 양국민兩國民의 풀뿌리 교류交流를 통通한 다양多樣한 분야分野에서의 활발活潑한 교류交流를 통通해 양국兩國의 유대관계紐帶關係를 강건剛健하게 하고 상생相生의 관계關係로 더욱 발전發展시켜 나갈 필요必要가 있습니다. '이웃이 잘 되어야 도둑이 안 든다'는 옛말처럼 이제 이 행사行事에 중국中國도 참여參與를 시켜 한·중·일韓·中·日 세 나라가 상생相生하는 방안方案을 적극적積極的으로 강구講究해나갔으면 합니다.

한일관계韓日關係는 우호적友好的일 때도 있고 때로는 어려운 국면局面을 맞기도 하였습니다. 한일양국韓日兩國의 국민國民이 상호相互 상대방相對方을 이해理解하고 존경尊敬하는 관계關係를 구축構築할 필요必要가 있으며 이를 가장 잘 실천實踐한 사람 중 한 사람이 박태준朴泰俊 회장會長이라고 생각합니다. 흘러간 물로는 물레방아를 돌릴 수 없습니다. 지나간 과거사過去事를 잊지는 말되 이제는 미래未來를 향해 서로 잘 사는 방안方案에 대해 머리를 맞대고 협의協議하는 한일관계韓日關係가 하루 속히 복원復元되기를 기대期待하며 그런 염원念願을 담고 있는 허許 박사博士의 이번의 저서著書에 대해 많은 분들이 관심關心을 가져주기를 기대期待하며 일독一讀을 권勸하는 바입니다.

동아쏘시오홀딩스 회장·전 전경련 회장
한일축제한마당 실행위원장

강 신 호姜信浩

미래의 젊은이들에게 좋은 유산으로 남겨지길 기대합니다

허남정 박사가 이번에 포항종합제철주식회사POSCO 초대사장이자 회장을 역임한 박태준 선생의 업적과 인품 등을 다룬 단행본을 출판하게 되었습니다. 허 박사는 우리 일한경제협회의 카운터 파트인 한일경제협회에서 27년간 근무하시면서 한일 양국의 경제, 문화, 인재 교류를 위해 진력해왔습니다. 그리고 전무이사로 협회를 퇴임한 후에는 한양대학교 국제학대학원 박사과정에 들어가 국제학 박사학위를 취득하는 등 끊임없이 노력하는 분입니다. 그의 박사학위 논문이 '박태준 리더십의 재고찰, 일본 문화적 속성의 발현과 그 변형'인데, 이 책은 그 논문을 토대로 일반 독자들이 쉽게 읽을 수 있기를 재구성한 것입니다.

포스코는 1968년 4월 창립되었으며, 제철소의 제1기 건설 공사는

1970년 4월에 시작되어 약 3년 후인 1973년 6월에 끝났습니다. 예정보다 4개월이나 빠른 완공으로 제1 고로 화입식을 가졌습니다. 한국전쟁 후 아직 어려운 경제 환경 속에서, 더구나 제철소 건설 경험을 가진 사람도 없는 당시의 한국에서 어떻게 그토록 훌륭한 일관제철소를 건설할 수 있었을까. 당시 신일본제철주의 포항제철 협력부장으로 현장에서 한국인들과 함께 건설에 종사했던 아리가 도시히코有賀敏彦 선생은 다음과 같이 회상했습니다.

"한국에는 원래 이런 잠재력이 있었다고 밖에는 말할 수 없습니다. 박태준 회장의 형안이 이 잠재력을 꿰뚫어 보았으며, 이를 끄집어 낸 탁월한 선견지명과 통솔력이 있었기에 하나의 목적으로 결집시키는 것이 가능했습니다. 포항제철의 성공의 원인은 이것 이외에는 없다고 생각합니다."

그는 당시 박태준 회장을 신뢰하고 모든 것을 다 맡긴 '박정희 대통령의 영단'이 매우 중요했다는 점에 대해서도 말했는데 저도 전적으로 동감합니다.

저는 미쓰비시상사의 제철기계 담당부의 책임자로서 포스코의 많은 분들과 오랫동안 친교를 맺으며 후의를 입었습니다. 그 가운데서도 가장 인상적인 분이 박태준 회장이었다고 말씀을 드려도 과언이 아닙니다.

박 회장은 한일경제협회의 초대회장으로 한일 양국의 경제 발전을 위해 큰 공헌을 했습니다. 저도 2010년 일한경제협회 회장으로 선임이 되어 2011년 12월 박 회장이 서거할 때까지 비록 짧은 기간이었지만, 한국에 출장갈 때면 매번 식사를 같이 하며 여러 가지 이야기를 나누고 지도편달을 받았습니다.

박 회장은 그 때마다 한국의 근대화에 매진했던 당시의 열정, 그리고 그 과정에서 지도를 받고 신세를 졌던 사람들에게 대한 회고와 감사, 나아가서는 한일 양국 관계의 중요성에 대해서 강조했습니다. 당시 박 회장의 생각과 정열에 저는 큰 감명을 받았으며 지금도 그 때의 기억을 선명하게 갖고 있습니다. 그래서 박 회장에 대한 책이 이번에 허 박사에 의해 출간된다는 것을 정말 기쁘게 생각하며 진심으로 축하를 드립니다.

한일 양국은 2015년에 국교 정상화 50주년을 맞이합니다. 이 책이 한일 양국의 다가올 50년을 담당할 젊은 사람들에게도 폭넓게 읽혀 박 회장의 이름과 빛나는 업적이 영원이 이어질 수 있기를 진심으로 기원하는 바입니다.

일한경제협회 회장 · 미쓰비시상사三菱商事 상담역

사사키 미키오佐々木 幹夫

발전적인 한일 관계의 새로운 미래를 꿈꾸며…

최근의 한일 관계는 매우 심각하며 최악의 상태라 할 수 있다. 2012년 전후 양국에 새로운 정부가 들어서면서 해빙모드를 기대했지만 양국의 관계는 개선은커녕 역으로 악화일로를 걷고 있다. 2012년 대한민국 최고 통수권자의 예기치 않았던 독도 방문과 일본 천황에 대한 공개 사과요구는 양국 관계를 더 얼어붙게 만들었다. 이는 일본 문화에 대한 인식 부족에서 빚어진 사건으로, 중국 편향으로 비춰지는 한국 정부의 외교 정책에 대한 일본 국민들의 심리적인 배신감도 한 몫한 것으로 보인다.

이렇게 냉랭한 한일 관계의 기류 속에서 저자는 왜 지금 갑자기 박태준을 거론하는가? 박태준은 1960년대 이미 선진국으로 진입한 일본으로부터 자금과 선진 기술을 끌어와 이 땅에 최초의 일관제철소인 포스코를 설립했다. 포스코의 설립은 당시 최빈국이었던 우리나라에 중화학공업의 기틀을 마련했고 이후 선진 공업국으로의 길을 활짝 열어주었다. 뿐만 아니라 박태준은 한일경제협회를 설립하여 한일경제협력의 저변을 확대했다.

그럼 당시 박태준은 어떻게 전폭적인 일본의 협력을 얻어내면서도 일본인들로부터 존경을 받을 수 있었으며, 또 한일경제협력시대를 열어나갈 수 있었을까? 여기에는 박태준이라는 인물의 독특한 인생 경험과 철학이 깔려 있다. 박태준은 일본 문화를 깊이 이해했으며 일본의 좋은 점은 적극적으로 활용했다. 특히 포스코의 건설과 생산 및 경영 현장에 이를 접목시켰을 뿐만 아니라 궁극적으로는 일본을 뛰어넘어 대등한 한일 관계의 구축을 지향했다.

포스코 설립 이후 한국은 철강무역을 통해 철강부문의 대일 흑자를 달성했고 세계적인 수준의 광양제철소를 우리의 기술로 건설했다. 이것이 바로 '박태준식 극일克日'이다. 상대방을 이해함으로써 비로소 상대방을 뛰어넘는 것이야말로 진정으로 상대방을 이기는 길이다. 지피지기면 백전백승인 것이다. 따라서 저자는 한일 관계가 꽁꽁 얼어붙어 있는 지금이야말로 우리가 다시 박태준에 대해 생각해볼 때라고 믿는다. 국익을 최우선 가치로 생각했던 박태준의 대일 협력 자세는 오늘날의 경색된 한일 관계를 풀고 21세기 바람직한 한일 관계를 구축해 나가는 데 적절한 시사점을 줄 것이라고 확신한다.

한국 경제의 롤 모델, 일본

'20세기의 철강왕'으로 불리는 박태준에 대해 외국 학교나 연구기관에서는 이미 오래 전부터 활발한 연구가 이루어졌다. 하지만 국내의 경우에는 의외로 박태준에 대한 연구가 전무한 상태로 최근에 와서야 본격적인 연구가 이루어지고 있다. 그렇지만 그런 연구 가운데도 박태준의 리더십에 큰 영향을 미친 일본 문화적 특성에 관한 연구는 없었다. 이는 박태준의 리더십에 나타난 일본적 특성이나 친밀도가 반일정서 때문에 부정적으로 평가절하 되었기 때문이다. 박태준에 대한 시각 가운데 "포스코는 박정희가 만들었고 박태준은 그저 실행자였을 뿐"이라는 평가는 아마도 이런 부정적 평가와 같은 맥락일 것이다.

하지만 이런 시각은 지나친 단견이다. 이대공 포스코 교육재단 이사장은 박정희와 박태준의 관계를 다음과 같이 말한다.

"둘 중 한 명이 없었다면 불가능한 일이었을 것이다. 역사적 인물로 대입하자면 류성룡과 이순신의 만남이라고 할까. 송복 교수가 쓴 『서애 류성룡 위대한 만남』을 읽어보면 늦깎이 말단 무장 이순신을 만나 단번에 7단계 파격 승진을 시키는 인물이 류성룡이었다. 류성룡이 박정희이고, 이순신이 박태준이다. 류성룡이 없었으면 이순신이 없었고, 박정희가 없었으면 박태준도 없었다."

1965년 한일국교 정상화 이후 활발해진 한일경제협력은 한국의 산업화에 크게 기여했다. 특히 우리나라에 앞서 산업화에 성공한 일본은 우리의 가장 적합한 롤 모델로 일종의 벤치마킹 대상이었다. 산업의 불모지이자 최빈국이었던 한국은 자체 신용만으로는 국제 금융을 활용할 수 없었다. 그런 한국이 지금의 산업화의 기틀을 마련할 수 있었던 것은 대일청구권 자금과 막대한 일본의 공공 및 상업차관, 그리고 선진기술을 도입할 수 있었기 때문이었다. 그뿐만이 아니었다. 우리나라는 일본의 앞선 제도와 의식 등 소프트웨어적인 측면까지 철저하게 벤치마킹했다. 포스코 부사장을 역임했던 홍건유는 이렇게 말한다.

"한국의 산업화에는 일본의 역할이 컸다. 한국은 절실한 입장이었다. 구국의 의지로 나라를 살리고 국민을 가난에서 헤어나게 하기 위해서는 산업화가 절실했다. 박정희와 박태준의 마음은 절실했으며 이 마음이 일본인들의 마음을 움직였다. 우리는 일본의 아이디어와 경험을 적극적으로 받아들이고 활용했다."

계속되는 한국의 피해의식

일본과의 경제 협력에 따른 부작용은 별도로 따진다 해도 일본의 자본과 기술은 한국의 산업화에 크게 기여했다. 만약 '일본이 없었더라면 오늘의 대한민국은 없다.'고 할 정도로 일본의 기여도는 컸다. 그렇지만 이러한 사실을 제대로 알고 있는 한국 국민들은 많지 않으며, 또 굳이 알려고도 하지 않는다. 반일감정 때문이다. 일본이 한국을 도운 것은 한국의 저렴한 노동력과 시장을 이용하기 위한 것이라고 피상적으로 이해하거나 설사 도움을 주었다고 하더라도 그것은 일제 36년의 피해에 대한 보상이라며 당연한 일로 치부하기도 한다.

우리나라는 일제로부터 독립한 지 70년이 가깝지만 아직도 피해의식에서 벗어나지 못하고 있다. 졸속으로 이루어진 1965년 한일협정의 후유증인 독도와 역사 교과서, 그리고 종군위안부 문제는 수시로 분출되며 반일감정을 부추긴다. 그리고 그럴 때마다 공들여 이루어 놓은 양국 관계는 정체되거나 후퇴하는 악순환을 되풀이하고 있다.

한국의 경제적인 약진과 국제적인 지위 상승으로 인한 한국 국민들의 우월감도 여기에 가세하고 있다. 국제사회에서 중국이 G2로 두각을 나타내면서 최근 일본에 대한 한국의 관심이 상대적으로 멀어지고 있으며, 심지어 일본과는 더 이상 협력할 부분이 없다고 단언하는 풍조까지 나타나고 있다. 이는 2012년 최고 통수권자의 입에서 나온 "일본의 위상이 과거 같지 않다."는 발언을 통해서도 확인된다.

한편 2011년 말에 등장한 아베 신조安倍晋三 정권의 소위 '아베노믹스' 효과가 서서히 나타나며 2013년 이후 일본 경제는 모처럼 활기를 띠고 있다. 이것을 일시적이거나 단기적인 현상이라고 보는 부정적인 예측도 있지만, '잃어버린 20년' 동안 내부적인 역량을 강화한 결과라는 분석도 일부에서 나오고 있다.

장기간 불황을 겪었지만 일본은 중국에 이은 세계 3위의 경제대국이다. 우리의 변화된 인식과는 관계없이 일본은 한국 경제와 안보에 결정적인 영향을 미치는 이웃 나라이다. 한국의 생존과 미래의 발전을 위해서 상호 협력하고 원만한 관계를 유지해야 할 국가라는 점은 아무리 강조해도 지나치지 않다.

박태준식 협력방식에 대한 벤치마킹 필요

저자는 2013년 8월 한양대학교에서 '박태준 리더십의 재고찰-일본 문화적 속성의 발현과 그 변용'이라는 논문으로 국제학 박사학위를 받았다. 30년 가까운 한일경제협력의 현장을 떠나 환갑이 넘은 나이에 학위를 취득하게 된 계기는 저자가 장기간 근무했던 한일경제협회와 한일산업기술협력재단의 설립과 설립에 결정적인 기여를 한 장본인이 바로 박태준이기 때문이다. 저자는 박태준이 한일 협력을 통해 세계적인 철강기업 포스코를 성공시키는 과정에서 보여준 한일 협력 방식이 오늘의 한일 관계 개선과 발전에 던져주는 시사점이 크다고 생각한다. 정치적인 마찰로 늘 흔들리며 애증의 세월을 보내고 있는 한일 관계의 경색을 풀고 발전시켜나가기 위해서는 박태준의 한일 협력방식에 대한 벤치마킹이 반드시 필요하다.

저자의 논문을 증정 받은 친지나 심의에 참여한 교수님들이 내용을 읽어보고는 단행본으로 발간해서 보다 많은 사람들이 읽을 수 있도록 하는 게 좋겠다는 조언이 있어 이번 박태준 회장의 2주기를 지내며 출간을 결심하게 되었다. 논문의 성격 상 일본 문화적 속성이나 한일 국교 정상화 이후 일본과의 협력을 일정 부분 긍정적으로 다루고 있어 반일정서가 여전한 국내에서의 비판이 충분히 예상되었다. 하지만 최근 일부 산업분야에서는 한국이 오히려 일본을 추월하고 있고, 장기 불황을 겪고 있는 일본에 비해 한국 경제가 상대적으로 약진하면서 우리 국민들의 일본에 대한 열등의식이나 피해의식도 일정부분 극복된 것으로 판단하여 용기를 내었다.

제2차 세계대전 이후 독립한 국가들 중에서 한국은 최초로 산업화와 민주화를 동시에 이루어낸 유례없는 성공을 거둔 나라로 평가된다. 국제적인 신용평가회사 무디스는 2012년 8월 한국을 일본이나 중국과 같은 수준으로 평가했으며, 피치는 오히려 한국을 일본보다 한 단계 높은 신용도를 가진 나라로 평가하기도 했다. 따라서 더 이상 과거의 감정에 사로잡혀 일본을 미워만 할 것이 아니라 정치 · 경제 파트너로서 호혜적인 새로운 협력관계를 모색해가는 것이 보다 현명한 대안이 될 것이다.

참고로 포항제철은 2002년 3월 정관 개정을 통해 회사명을 포스코POSCO로 바꾸었지만, 책의 내용이 1968년 포항제철 설립 전후부터 현재까지를 다루고 있어 이해의 편의를 위해 부득이 두 개의 명칭이 혼용되고 있음을 밝히며 선후배 제현의 조언과 질책을 기대한다.

2014. 6

허 남 정 배상

프롤로그

불꽃 속으로 걸어 들어간 사나이

현충원의 박 대통령 묘소 앞에서 포스코 25년 대장정의 결과를 보고하는 박태준

*

1992년 10월 3일, 서울 동작동 현충원 박정희 전 대통령 묘소 앞에 한 남자가 서 있었다. 흰 와이셔츠에 검은 넥타이, 검은 양복을 갖춰 입은 남자의 눈가에는 아련한 물기가 고여 있었다. 개천절開天節, 하늘이 처음 열린 날이었다. 과거를 회상하듯 한동안 아득하게 하늘을 올려다보던 사내는 품속에서 돌돌말린 두루마리를 꺼내들었다. 일필휘지 붓글씨로 써 내려간 두루마리 속의 문장은 바로 고인故人에게 바치는 그의 첫 보고문이었다.

각하! 불초 박태준, 각하의 명을 받은 지 25년 만에 포항제철 건설의 대역사를 성공적으로 완수하고 삼가 각하의 영전에 보고를 드립니다. 포항제철은 '빈곤타파'와 '경제부흥'을 위해서는 일관제철소의 건설이 필수적이라는 각하의 의지에 의해 탄생되었습니다. 그 포항제철이 바로 어제, 포항, 광양의 양대 제철소에 조강 생산 2100만 톤 체제의 완공을 끝으로 4반세기에 걸친 대장정을 마무리하였습니다.

"나는 임자를 잘 알아 이건 아무나 할 수 있는 일이 아니야. 어떤 고통을 당해도 국가와 민족을 위해 자기 한 몸 희생할 수 있는 인물만이 이 일을 할 수 있어 아무 소리 말고 맡아!" 1967년 9월 어느 날, 영국 출장 도중 각하의 부르심을 받고 달려 온 제게 특명을 내리시던 그 카랑카랑한 음성이 지금도 귓전에 생생합니다. 그 말씀 한 마디에, 25년이란 긴 세월을 철에 미쳐, 참으로 용케도 견뎌왔구나 생각하니 솟구치는 감회를 억누를 길이 없습니다.

돌이켜보면 참으로 형극과 같은 길이었습니다. 자본도, 기술도, 경험도 없는 불모지에서 용광로 구경조차 해 본 일이 없는 39명의 창업요원을 이끌고 포항의 모래사장을 밟았을 때는 각하가 원망스럽기도 했습니다. 자본과 기술을 독점한 선진 철강국의 냉대 속에서 국력의 한계를 절감하고 한숨짓기도 했습니다. 터무니없는 모략과 질시와 수모를 받으면서 그대로 쓰러져 버리고 싶었던 때도 있었습니다. 그 때마다 저를 일으켜 세운 것은 '철강은 국력'이라는 각하의 불같은 집념, 그리고 열세 차례에 걸쳐 건설 현장을 찾아주신 지극한 관심과 격려였다는 것을 감히 말씀드립니다.

포항제철소 4기 완공을 1년 여 앞두고 각하께서 졸지에 유명을 달리하셨을 때는 '철강 2000만 톤 생산국'의 꿈이 이렇게 끝나 버리는가 절망하기도 했습니다. 그러나 저희는 '철강입국'의 유지를 받들어 흔들림 없이 오늘까지 일해 왔습니다. 그 결과 포항제철은 세계 3위의 거대 철강기업으로 성장하였으며, 우리나라는 6대 철강대국으로 부상하였습니다.

각하를 모시고 첫 삽을 뜬 이래 지난 4반세기 동안 연인원 4천만 명이 땀 흘려 이룩한 포항제철은 이제 세계의 철강업계와 언론으로부터 '최고의 경쟁력'을 지닌 철강기업으로 평가받고 있습니다. 그러나 이것이 어찌 제 힘이었다고 할 수 있겠습니까? 필생의 소임을 다했다고 생각하는 이 순간, 각하에 대한 추모의 정만이 더욱 새로울 뿐입니다. "임자 뒤에는 내가 있어. 소신껏 밀어 붙여봐" 하신 한마디 말씀으로 저를 조국 근대화의 제단으로 불러주신 각하의 절대적인 신뢰와 격려를 생각하면서 다만 머리 숙여 감사드릴 따름입니다.

각하! 염원하시던 '철강 2,000만 톤 생산국'의 완수를 보고 드리는 이 자리를 그토록 사랑하시던 근영·지만 군이 지켜보고 있습니다. 자녀분들도 이 자리를 통해 오직 조국 근대화만을 생각하시던 각하의 뜻을 다시 한 번 되새기며, 각하의 유지를 받들기 위해 더욱 성실하게 살아갈 것이라 믿습니다. 저 또한 옆에서 보살핌을 게을리 하지 않을 것을 다시 한 번 약속드립니다.

각하! 일찍이 각하께서 분부하셨고, 또 다짐 드린 대로 저는 이제 대임을 성공적으로 마쳤습니다. 그러나 이 나라가 진정한 경제의 선진화를 이룩하기에는 아직도 해야 할 일들이 산적해있 습니다. '하면 된다'는, 각하께서 불어넣어주신 국민정신의 결집이 절실히 요청되는 어려운 시기입니다.

혼령이라도 계신다면, 불초 박태준이 결코 나태하거나 흔들리지 않고 25년 전의 그 마음으로 돌아가 '잘 사는 나라' 건설을 위해 매진할 수 있도록 굳게 붙들어 주시옵소서. 불민한 탓으로 각하 계신 곳을 자주 찾지 못한 허물을 용서해 주시기를 엎드려 바라오며, 삼가 각하의 명복을 빕니다. 부디 안면安眠하소서!

1992년 10월 3일

불초不肖 태준泰俊 올림.

그렇다. 그는 바로 평생을 '철의 사나이'로 불렸던 박태준이었다. 박정희 대통령으로부터 일관제철소를 지으라는 명命을 받고 영일만으로 달려 내려간 지 무려 25년 만에 하는 첫 임무 완수 보고였다. 하지만 그 명을 주었던 박 대통령은 이미 유명을 달리한 후였다. 아무리 강한 '철의 사나이'라도 소회가 남다르지 않을 수 없었을 것이다.

박태준은 생전에 "박정희 대통령에게 임무 완수를 보고한 날이 인생에서 가장 기쁜 날이었다"고 회상했다. 단군이 나라를 연 이래 가장 큰 공사가 포항제철 공사였다. 그가 업무 완수 보고를 하기 하루 전인 1992년 10월 2일, 박태준 당시 포항제철 회장은 광양제철소에서 1만2천 명의 손님을 모시고 '포항 4반세기 대역사 준공식'을 치렀다. 1968년에 시작된 포항제철 건설은 연간 2천100만 톤의 생산 능력을 확보하게 된 광양 4기 설비 준공식으로 마무리되었다. 25년 만의 대역사였다.

그러나 그에게는 더 중요한 행사가 아직 남아 있었다. 바로 박 대통령에게 임무 완수 보고를 하는 것이었다. 그날 그가 보고를 하는 자리에는 아내 장옥자 여사, 고인의 아들 지만과 딸 근영 그리고 몇 사람의 동행자가 함께 했다. 두 사나이의 '굳은 약속'은 그렇게 25년 만에 완결되었다. 명을 주었던 한 남자와 그 명을 받고 뜨거운 불꽃 속으로 거침없이 걸어 들어갔던 한 남자의 이야기는 그렇게 한국 근대사의 지평을 바꿔놓았던 것이다.

차 례

제 1 장

봄이 오면 벚꽃이 피어나듯

1 포스코를 사랑한 거인, 박태준

『박태준 철의 이력서』를 쓴 작가 이호는 자신의 책에서 박태준을 이렇게 묘사한다.

'박태준은 산업의 황무지 포항과 광양에 조강 규모 2,100만 톤의 세계 3위의 종합제철소를 설립하여 대한민국의 산업화의 기틀을 만든 사람이다. 그는 대한민국의 위상을 세계적으로 높였으며 대한민국이 외교적으로 어려움과 위기에 처했을 때 포항제철과 그는 특명대사의 역할을 충분히 수행하기도 했다. 1980년대 브라질을 비롯한 남미지역과 한국이 외교 단절에 직면했을 때 그 해결의 밀사는 포철과 박태준이었다.

한국과 미국 사이의 정치적·경제적 마찰이 미묘했던 1985년 포철은 미국에 UPI설립1986년 4월 체결을 추진함으로써 냉기류를 온기류로 만들었고, 프랑스, 영국 등 유럽권과 경제적 마찰이 심각했을 때 역시 포철의 힘이 그들을 설득할 수 있었다. 대통령의 특사가 영국 수상대처을 면담하지 못하고 있을 때 포철 회장의 전화가 수상의 스케줄을 뒤바꿔 놓았던 것은 유명한 외교비화이다.

일본의 언론이 제5공화국 출범 직후 권력 심장부와 경제계에 대해 싸잡아 경멸에 찬 시각을 보였을 때 후쿠다 전 수상을 통해 일본의 대표적 언론인 20여명을 한국으로 불러들여 넉 다운시킨 것도 포철의 힘이었음은 일본 스스로가 알고 있는 일이다. 당시 일본의 언론인들은 포철을 비교적 간단히 둘러보았는데 제철소를 보고 자신을 반성했으며 일본은 100년포철 수준까지이 걸렸다고 말했다.'

세계 정치인들에게 미친 박태준의 영향력은 막강했다. 올림픽 개최지 결정권을 쥐고 있는 IOC 위원들에게 경탄과 두려움을 함께 느끼게 했던 것도 포철의 막후 영향력이 아니었나 싶다. 물론 다른 경제인들의 노력도 컸겠지만 포철의 영향력은 의미심장한 바 있다. 포철은 단순히 철을 생산하는 철강기업만은 아니었던 것이다.

최근 국내 역사학자들이 '근현대사 한국을 만든 40곳'을 선정한 적이 있다. 이때 공장으로서는 유일하게 포항제철이 선택되었다. 포철이 한국 근현대사에서 차지하는 영향력과 위치를 상징적으로 보여주는 것이다. 그런데 바로 그런 포철의 설립자가 박태준이었다. 그를 우리나라 근대화의 대표적 영웅으로 예우하고자 하는 까닭은 이 때문이다.

한국 근현대사에 있어 박태준의 위상과 관련해 대단히 흥미로운 점은 이른바 좌파진영의 태도이다. 한국의 근현대사를 바라보는데 있어 지극히 비판적인 입장을 취했던 좌파진영이지만 박태준이 타계했을 당시 좌파진영은 박태준의 타계를 무척이나 안타까워했다. 이런 좌파 진영의 태도는 우리에게 시사하는 바가 크다. 물론 박태준에게는 빛과 그림자가 있다. 또 그러한 양면성 가운데 그림자를 강조하는 평가가 있는 것도 사실이다. 하지만 정치적 진보 진영에서도 박태준을 우호적으로 평가했다는 것은 한국 근현대사에 있어 그가 갖고 있는 영향력이 어떤 것이었는지를 가늠하게 한다. 진보 진영의 한 언론은 그에 대해 이렇게 썼다.

'박태준이 이뤄낸 성취포항제철는 정말이지 '눈부신' 것이었다. 이는 국민경제가 도약적점진적이 아니라으로 발전할 수 있다후진개도국이 선진국을 따라 잡을 수 있다는 것을 실천으로 입증한 세계사적 업적이다.'

박태준이 당시 여당이었던 민정당의 새 대표위원으로 취임했을 때 일본경제신문은 정치가로서보다 포항종합제철의 실력 있는 회장이자 일본의 정계, 재계에도 폭넓은 인맥을 가진 지일파의 대표적인 인물로 그를 소개했다.

1927년 지금의 부산광역시 기장군 임랑리에서 출생한 박태준은 일을 하러간 아버지와 합류하기 위해 6살 때 일본으로 건너가 이후 와세다早稲田 대학 기계공학과 2년을 수료하기까지 14년을 일본에서 보냈다. 해방 이후 귀국한 그는 육사 6기로 입학하며 직업 군인의 길을 택

한다. 육사에서 교관과 생도로 박정희와 운명적으로 만나는 박태준은 군 생활을 하는 동안 박정희와 사제지간, 상하관계, 그리고 동지관계를 갖게 된다.

한국전쟁에도 참여했으며 공사公私를 분명히 가리는 그의 성격은 당시 만연한 부정부패와 담을 쌓도록 했다. 또 5·16 군사 쿠데타 후 주체세력은 아니었지만 박정희의 신뢰 하에서 국가재건최고회의 의장 비서실장, 그리고 상공 담당 최고위원으로 혁명 정부의 경제개발5개년계획 등 국가정책의 수립에 깊숙이 관여하였다. 그리고 육군소장으로 예편한 후에는 대통령 특사 자격으로 일본으로 건너가 장기 체류하면서 한일국교 정상화를 위한 일본 내의 사전 정지작업을 벌였다. 이때 박태준은 일본의 정재계 인사들로부터 깊은 존경을 받으며 막강한 영향력을 행사하던 막후 실력자인 양명학자 야스오카 마사히로安岡正篤와 첫 만남을 갖는다. 야스오카는 5년 뒤 박태준이 포스코의 책임을 맡아 일본의 협력이 필요했을 때 일본 정재계 인사를 박태준에게 폭넓게 소개하는 등 결정적인 도움을 주었다.

일관제철소 건설을 둘러싼 비관적 시각들

당시 한국의 열악한 국내 환경과 국제적인 조건은 도저히 일관제철소를 지을 수 있는 상황이 아니었다. 세계은행IBRD은 '1968년도 한국경제평가보고'에서 '한국이 종합제철소를 건설한다는 것은 건설비용에 비추어 볼 때 경제성이 의심되므로 한국은 종합제철소의 건설을 연기하고 노동 및 기술집약적인 기계공업을 우선적으로 개발해야 한다'고 지적했다.

또 1969년 4월 8일 미국의 국제개발처USAID는 '포항종합제철사업의 확정 재무계획에 대한 분석'에서 세계은행이 내린 결론을 지지한다면서 포항종합제철소가 계획한 규모대로 공기 내에 건설되면 기존 제철소들에게 커다란 위협이 될지 모른다는 우려를 드러냈다. USAID는 이어 이 프로젝트를 추진하려면 기존 제철소들의 공장 가동률을 유지할 수 있도록 고철을 사용하는 전기로 방식을 도입하고 제선 부분 대신 압연 부분에 치중하도록 설계를 변경하는 것이 바람직하다는 견해를 피력했다.

이러한 IBRD와 USAID의 보고서가 담고 있는 진실은 기존의 세계 철강업자들이 포항제철 프로젝트에 위협을 느끼고 있었다는 것이다. 관련된 증언이다.

"제철소 건설이 제2차 경제개발5개년계획의 핵심사업의 하나로 재계획됐다. 미국의 기계메이커인 코퍼스Koppers.co.Inc를 중심으로 하는 미국, 영국, 프랑스, 이탈리아, 서독의 5개국의 8개 철강회사로 이루어진 대한국제철차관단KISA: Korea International Steel Associate과 건설 계약을 맺고 연산 60만 톤의 제철소 건설이 개시되었다. 그러나 실행 가능성에 여전히 강한 의문이 제기되어 결국 2년 뒤에는 KISA의 해산 그리고 건설 중지에 이르게 된다. 일관제철소 계획이 한국의 경제 규모에 비해 얼마나 리스크가 큰 사업이었는지는 적어도 선진국들로부터 그렇게 보여 지고 있는 사업이었다는 것에서 단적으로 나타나 있다."

1969년 4월 대한국제경제협의체IECOK 총회에서 굿맨Raymond J. Goodman 의장은 한국의 제철사업은 중·단기 외채에 너무 의존하기 때문에 외화의 획득분보다 상환부담이 더 커서 국내 자본축적을 해칠 수 있다는 입장을 밝혔다.

특히 1970년대 들어서는 기술에 대한 보호가 강해졌고 석유 위기 등에 따른 자원 전쟁과 함께 보호주의의 거대한 시장 장벽이 만들어졌다. 일본의 개별산업단체들도 기술 이전에는 매우 소극적이었다. 후일 포스코의 건설 지원에 적극 나섰던 야와타八幡 제철의 이나야마 요시히로稲山嘉寛 사장도 당시 국제적인 철강업계의 어려운 상황을 다음과 같이 토로하고 있다.

"나는 1970년경에는 경제가 감속상태로 들어갈 것으로 전망했다. 왜냐하면 장기간에 걸친 호황도 이제 꺾일 시점이 되었고 해외에서는 베트남 전쟁이 정점을 넘어서서 더 이상의 물적 성장 전망이 없었기 때문이다. 이 때문에 일본의 철강기업들도 고로의 증설을 연기하는 상황이었다. 이제부터는 물량을 단순히 늘이는 것이 능사가 아니고 코스트를 낮추는 일이 기업이 살아남을 길이라고 생각했다. 일본 경제의 고도성장도 이제는 끝나가니 고로 증설 경쟁도 그만두어야 한다는 내 생각에 후지富士제철의 나가노 시게오永野重雄 사장도 동조했다."

후지제철 나가노 사장과 협의하는 박태준

해외의 시각만 비관적인 것은 아니었다. 제철소 건설을 둘러싸고 국내 여론도 반대 수위가 높았다. 일부 언론은 제철소 건설 사업이 외자 부담이 크고 생산비가 높기 때문에 수입 강재를 쓰는 것보다 국민경제에 더 큰 부담이 된다고 주장했다. 철광석 등 부존자원이 없는 한국에서 대규모 제철소는 불필요하며 건설된 종합제철은 결국 거대한 부실기업이 될 것이라는 것이 이들 언론의 일관된 논리였다.

언론뿐만이 아니었다. 종합제철소 건설을 바라보는 정치권의 시각 또한 싸늘했다. 농촌 출신 국회의원의 80%는 농수산 부문 개발 용도로 사용될 자금이 종합제철 건설 자금으로 전용되면 자신들의 지지율이 떨어질 것을 우려해 반대하고 나섰다. 야당에서는 1965년의 한일 국교정상화 반대에 이어 박정희 정부의 3대 사업이라 불리는 경부고속도로, 포항제철소, 새마을 운동에 대해 하나같이 반대를 했다. 박정희의 3선을 저지하겠다고 나선 김대중 후보의 주장이 대표적이다.

"박 정권이 2년간 건설 유치에 노력했지만 구미제국이 '채산이 맞지 않는다'고 거절한 '포항종합제철소'와 '만들 필요도 없는 지하철'을 대통령 선거에 맞추어 만들고, 선거 중 여기저기서 지하철의 기공식을 행하며 박 대통령의 표 모으기에 100% 활용하고 있다."

불가능을 가능으로…

KISA로부터 차관 도입이 불가능해지면서 제철소 건설에 필요한 자금 조달이 절망적인 상황에 빠졌다. 이 때 박태준은 일명 '하와이 구상'으로 위기를 타개해 나갔다. 그는 일본의 정계와 내각을 부지런히 설득하여 대일 청구권 자금을 조기 집행시켰다. 원래 이 자금은 양국이 농업용으로 합의했던 것인데 박태준이 제철소 건설용으로 전용轉用한 것이다. 또 일본철강연맹과 야와타제철, 후지제철, 니혼고칸日本鋼管 등 일본의 철강 3사를 설득하여 기술 협력을 이끌어내었다.

일본 철강업계가 한국에 대한 기술 협력을 적극 추진하기로 했다는 일본 산케이産經 신문의 보도기사를 읽은 박정희는 '박태준 사장의 활약이 컸구나'라며 혼잣말을 했다고 한다. 박정희는 일본의 철강 3사가 적극 협조하겠다는 뜻을 밝힌 것은 박태준의 힘이라고 생각했다. 한일 국교 정상화 회담 때 박태준의 막후 핸들링 수완을 보았기 때문이었다.

실제로 한일회담 성사를 위한 최대 막후 종결자를 꼽는다면 와세다 대학 출신의 박태준과 최계월이라고 할 수 있다. 일본에서의 박태준의 폭넓은 사전 정지작업에 힘입어 1969년 8월 제3차 한일 각료회담에서 드디어 일본 정부의 협력을 이끌어낼 수 있었다.

1970년 착공된 포항제철은 1973년 7월 3일 성공적으로 제1기 일관제철소를 준공함으로써 국가산업 육성의 버팀목으로 그 기지개를 켜기 시작했다. 황량한 포항 모래벌판에 103만 톤 규모의 종합제철소 건설을 예정 시기를 앞당겨 완공시킨 박태준은 이 성공 체험을 토대로 증설을 계속해 나갔다. 그가 일본의 협력을 이끌어내어 포스코를 성공시킨 경험은 우리 정부가 1970년대 중화학 공업화를 시작하고 추진할 수 있는 동력이 되었다.

박태준은 일본으로부터 기술 협력을 받으면서 포스코 자체의 기술도 축적해나갔다. 1980년대 초 부메랑 효과를 우려하던 일본 철강업계는 상당히 비협조적인 태도를 보였지만 박태준은 결국 일본의 간접적인 협력을 이끌어냈다. 그리고 우리의 기술로 세계적인 수준의 광양제철소를 완공시켜 포스코 조강 능력 2100만 톤 시대를 열었다.

일본인들은 완벽한 고급 일본어를 구사하며 일본의 문화를 깊이 이해했던 박태준을 좋아했으며 그가 하는 국가 기간산업의 건설에 적극 협력했다. 모모세 다다시百瀨格 한국미쓰이물산 상임고문은 일본인들이 박태준을 좋아했던 이유를 박태준의 눈매 때문이라고 증언한다. 그에 따르면 박태준의 눈매에는 설득력이 있고 포용력이 있으며 상대방을 포근하게 안아 주는듯한 느낌을 주어 한 번 그를 만난 일본 사람들은 박태준에게 반했다고 말한다. 한편 포스코 동경 현지법인에서 근무했던 홍건유는 박태준이 공부를 열심히 한 사람이라고 증언한다.

"한일 관계를 위해서, 국가를 위해서 그렇게 열심히 산 사람은 없을 것이다. 박태준은 특히 책을 많이 읽는다. 신간들을 사서 보낸 다음 만나보면 벌써 다 읽었다고 말했다. 박태준은 책을 읽을 때 대각선으로 읽는 속독의 방법을 터득하고 있었는데 읽는 스피드가 대단했다. 박태준은 특히 지리, 역사를 좋아해 해박한 지식을 가지고 있었으며 한반도에서 과거 일본에 어떤 불경이 언제 몇 권이 들어왔다는 등 정확한 숫자까지 숙지하고 있었다. 일본의 지리에 대해서도 훤히 꿰뚫고 있어서 대화를 하다가 어떤 지역이 나오면 그 지역에 대해서, 또는 인근 지역에 대해 해박하게 얘기하니 당사자인 일본인이 놀라서 혀를 내두른다. 일본인도 모르는 것을 박태준이 알고 있기 때문이다. 그는 새로운 지식을 흡수하기 위해서 늘 신간을 찾아서 읽었다."

박태준의 부인 장옥자도 박태준이 얼마나 책을 좋아하는 사람인지 증언한다. 장옥자는 남편을 아버지라고 말한다.

"문민정부 시절 김영삼 정부의 박해를 피해 4년여 일본 도쿄에서 생활할 때 아버지와 매일 아침 시바芝의 집에서 아오야마青山를 거쳐 긴자銀座까지 산책을 했어요. 긴자에 가면 아버지는 습관처럼 서점에 들러 신간이 무엇이 나왔나 확인을 하고 구입을 해서는 집에서 읽곤 했어요. 그의 손에는 책이 언제나 함께 있었어요. 동경에서는 지진이 잦은데 지진이 나면 자다가도 벌떡 일어났어요. 그 때 아버지는 선반의 책이 쏟아지지 않도록 받치는 일을 제일 먼저 했지요. 자는 머리맡에도 언제나 책이 놓여 있었어요. 잠들 때까지 책을 읽었지요. 평생을 책과 함께 한 삶이었어요."

기독교인이 된 박태준

1980년 박태준은 국가보위비상대책위원회 전두환 위원장의 요청으로 입법회의 제1경제 위원장을 맡으면서 정계에 입문한다. 포스코를 외압에서 지켜내기 위해서였다. 정치에 입문한 후 박태준은 국회 재경위원장과 한일의원연맹 회장을 역임했다. 1981년에는 한일경제협력의 저변 확대와 양국 경제계의 우호 증진을 위해 사단법인 한일경제협회를 설립하고 초대 회장에 취임했다.

하지만 박태준의 정치 인생은 그다지 순탄하지 않았다. 1992년 대선정국에서 여당 대선후보인 김영삼의 협력 요청을 거부했다. 이어 문민정부가 출범하자 정치적인 보복을 피해 4년여 일본에서 망명생활을 했다. 1997년 다시 귀국한 박태준은 포항에서 재·보궐 선거로 국회의원에 당선되며 재기에 성공했다. 모모세百瀨格는 "당시 지역 국회의원인 허화평이 선거구를 물려 줄 연배가 아니었기 때문에 나는 이것이 김영삼에 대한 박태준의 통쾌한 복수라고 생각한다"고 말했다.

이후 박태준은 김대중, 김종필과 함께 DJT연합으로 1998년 국민의 정부 발족과 IMF 외환위기를 극복하는데 크게 기여했으며 총리까지 역임했다. 말년에 그는 포스코 명예회장과 청암박태준의 아호재단의 이사장으로 활동했다. 평생 강철 같던 사나이였지만 박태준도 나이가 들면서는 종교에 귀의했다. 1997년 포항중앙교회 서임중 목사로부터 세례를 받고 크리스천이 되었다. 장옥자는 그가 늦깎이 크리스천이 된 경위를 다음과 같이 증언한다.

"아버지가 일본에 와서 가장 힘들어 했던 것은 본인의 분신으로 평생을 바친 포스코 부하 직원들의 배신으로 인한 정신적 충격이었어요. 마음을 가라앉히려고 붓을 잡아도 도통 글씨가 쓰여 지지 않을 정도로 힘들어 했어요. 붓글씨는 정신통일이 되지 않으면 쓰여지지 안 잖아요? 이 때 한국 교회의 모 장로가 아버지를 찾아와서 기독교를 전도하며 성경을 읽도록 권유했어요. 그 때까지만 해도 아버지의 종교는 철鐵이었어요. 그렇지만 언젠가 종교를 가지게 된다면 천주교라는 생각은 하고 있었어요.

그 때부터 아버지는 성경을 읽기 시작했어요. 그리고 9개월 정도를 딸이 살고 있는 미국에 가 있었던 적이 있었는데 미국의 교민들은 일요일이면 모두 교회를 갔어요. 우리 부부도 딸을 따라서 주일이면 교회를 나갔어요. 그 교회의 담임목사가 김민석 의원의 형이었는데 그분도 운동권 출신이었어요. 그가 아버지와 대화를 많이 나누었는데 나중에는 아버지를 애국자라고 말했어요. 당시 운동권 사람들은 산업화 세력을 백안시했고 자기들만 애국을 한다고 생각하고 있었거든요. 1997년 포항 보궐선거를 위해 귀국한 해에 아버지와 같이 포항 중앙교회에서 서임중 목사님으로부터 세례를 받았어요."

신약성경의 사도행전 7:21~23은 하나님의 지시로 이스라엘 백성을 400여 년간의 이집트 노예생활에서 구원한 모세의 이야기를 기록한 구절이다. 그런데 이 이야기가 마치 박태준의 인생을 표현하고 있는 듯 느껴진다. '모세가 버려진 후에 바로이집트 왕의 딸이 그를 데려다가 자기 아들로 기르매 모세가 애굽이집트 사람의 모든 지혜를 배워 그의 말과 하는 일들이 능하더라. 나이가 사십이 되매 그 형제 이스라엘 자손을 돌볼 생각이 나더니."

박태준도 식민지 종주국 일본에서 14년간 생활하며 엘리트 교육을 받았다. 그 때 체득한 일본의 고급문화와 언어로 40세에 포항제철의 최고 경영자를 맡아 일본의 협력을 이끌어내 포항제철을 성공시키며 대한민국 산업화의 기초를 닦았다. '산업의 쌀'이라 불리는 제철소는 우리나라 중화학 공업의 토대가 되어주었고 이 땅에서 가난을 몰아내는데 크게 기여했다. 관련된 외부 평가를 살펴보자.

"박태준을 사업가적 견지에서 이해하려 하기 보다는 오히려 김구, 이순신, 안중근 등과 같은 애국자의 계열로 이해하는 것이 바람직할 수도 있다. 나라를 되찾아 주권을 회복하는 일이나 적을 물리쳐 국권을 보호하고 백성들의 안위를 확보하는 일이 국가적 사명으로 이뤄진 일이라면, 목숨 걸고 헌신하며 대한민국 경제 발전에 없어서는 안 될 초석을 놓고 민족의 자존심을 공고히 한 일은, 똑같은 국혼國魂 실천의 소산이었다고 하지 않을 수 없다."

박태준은 2011년 12월 13일 폐기종으로 인해 84세를 일기로 세상을 떠났다. 박태준의 타계 후 한국일보는 박태준을 다음과 같이 묘사했다.

'박태준은 일본에서 성장했고 공부했다. 6살에 일본으로 건너가 와세다 대학에서 수학했다. 일본어에 능통하고 일본 문화가 몸에 밴 건 어쩌면 당연한 일. 이런 그에 대해 일각에서는 '너무 일본적이다. 사무라이, 군국주의를 연상케 한다'는 비판이 나오는 것도 크게 틀린 것은 아니다. 하지만 우리나라에 그만한 일본통은 없었고, 포항제철소 건설 과정부터 이후 양국 경제 교류까지 가장 큰 막후 역할을 해 온 것은 분명한 사실이다. 사실 일본이 없었다면 포항제철은 없었을지 모른다. 용광로를 지을 수 있는 돈도 대일 청구권 자금에서 나왔고, 제철소 운영도 일본의 신일철로부터 배웠다. 양국 재계의 교류 채널을 구축한 것도 박 명예회장이었다. 정계에 입문한 뒤에는 한일의원연맹 회장으로서 왕성하게 활동했으며 1983년에는 전두환 당시 대통령과 나카소네 일본 총리와의 정상회담 과정을 진두지휘하기도 했다. 나카소네는 자신의 자서전에서 박 명예회장을 '일본어에 능통하고 일본의 문화를

이해할 뿐 아니라 쉬는 때조차도 한국에 무엇인가를 가져가려고 연구하는 사람'이라고 평했다.'

포스코는 박태준의 분신이었으며 그는 죽는 날까지 포스코를 사랑했다. 그가 남긴 유언에는 포스코에 대한 사랑이 담겨 있다.

"포스코가 국가산업의 동력으로 성장한 것에 대해 만족하며 더 크게 성장해서 세계 최고의 포스코가 되길 바란다. 앞으로 포스코 임직원들은 애국심을 갖고 열심히 일하기 바란다."

2 광양만에 홀로 서다

박태준은 식민지 종주국인 일본에서 학창시절을 보내는 동안 식민지 백성으로서의 서러움을 맛보며 조국 독립의 중요성을 인식했다. 부모님의 높은 교육열에 힘입어 박태준은 일본에서 5년제 사립 명문 아자부麻布 중학교와 와세다 대학에서 수학했다. 이 때 그는 자신의 리더십의 토대가 된 일본의 고급문화와 일본어를 접하고 익힐 수 있었다.

식민지 백성으로서 차별을 받지 않고 살기 위해서는 실력에서 일본 학생들을 앞서야 한다는 생각을 강하게 갖게 된 박태준은 학과는 물론이거니와 수영, 유도, 스키 등 스포츠에서도 두각을 나타낸다. 학과목 가운데서는 특히 수학에 재능을 보였다. 총명한 두뇌와 타고난 성실성으로 열심히 공부를 해서 초등학교, 중학교, 대학에서 언제나 수석을 놓치지 않았다. 그래서 조선인이면서도 일본 학생들로부터 무시를 당하지 않았다. 박태준의 측근으로 특히 대일 업무를 보좌했던 홍건유 전 포스코 부사장은 다음과 같이 증언한다.

"박태준 회장은 아타미熱海 인근의 아지로網走 초등학교를 졸업했으며 학기 내내 1등을 놓치지 않았어요. 초등학교 시절에 아타미 앞바다의 하츠시마初島까지 헤엄을 쳐서가는 대회가 있었는데, 늘 완주하여 모자에 리본을 받고는 했다고 했지요. 그가 아지로 초등학교를 수석 졸업한 성적표를 제게 보여준 적도 있어요. 아지로 초등학교를 수석으로 졸업하고 사립명문인 아자부麻布 중학으로 진학을 했으며, 아자부 중학에서도 1등을 놓치지 않았다고 했어요. 4학년을 마치고 일고동경대학교에 응시를 해서 떨어졌지만 이는 실력이 없어 떨어진 것이 아니었어요. 당시는 태평양 전쟁 말기로 공립학교일고는 국립이었음의 경우 한국인 입학을 허용하지 않았어요. 그래서 입학을 못하고 이듬해 사립인 와세다 대학으로 간 것입니다."

박태준의 올곧은 성품은 아버지를 닮았다. 일본 토목회사의 관리자로 일했던 박태준의 아버지는 사장에게나 한국인 근로자에게 모두 공정하고 정직하게 대했으며 사장의 신임이 두터웠다. 당시 함께 일했던 근로자들이 해방 후에 선물을 가지고 집으로 가끔 찾아왔던 것을 박태준은 기억했다. 일본의 월간지 '모쿠MOKU'의 이하라 코지井原甲二 주간과의 인터뷰에서 식민지 종주국 일본에서의 소년기, 청년기 시절을 박태준은 다음과 같이 회고했다.

'한국은 당시 일본의 식민지였기 때문에 여러 분야에서 필설로 다할 수 없는 쓰라린 날들이었습니다. 나와 동년배의 한국인들은 일본의 식민지 시대에 이 세상에 태어났는데 나라를 잃어버린 선조들에 대한 생각이 복잡했으며, 공적으로도 사적으로도 식민지 정책 하에서 각자의 생활을 영위해야만 했습니다. '왜 내 나라는 이렇게 되었나'라는 생각을 초등학교에 입학하고 중학교에 들어가면서 싫지만 하지 않을 수 없었습니다. 선배들이나 부모님으로부터도 여러 가지 이야기를 들었으며, 어쩌면 성격이 형성되어 가는 과정에서 진정한 인간성을 잃을 가능성마저 있었습니다.

우리들의 성장기라는 것은 그러한 민족의식이 뿌리를 내린 시대로서 '지금은 일본의 식민지로 이렇게 가난하고 불우한 생활을 하고 있지만, 이것이 영원한 것은 아니다. 반드시 독립하는 날이 온다'는 뜻을 품게 되었습니다. 일본의 지도자들 가운데도 언젠가 조선도 독립을 시켜야 한다는 생각을 가진 분들도 있었습니다. 와세다 대학에 들어가면서는 다시 한 번 태평양 전쟁에 대해서 곰곰이 생각하게 되었는데 나는 이 전쟁이 향후 일본에게나 조선에게나 대단히 어려운 환경을 가져올 것이라는 것을 직감했습니다.

학창시절에는 학교 공부를 하는 틈틈이 금지되어 있는 서적이나 선배들의 책을 숨어 읽으면서 '조선인이란 도대체 무엇인가. 식민지로 일본의 보호를 받고 있지만 우리들은 조선 민족이고 일본인은 일본 민족이 아닌가'라고 생각하기 시작했습니다. 1944년 말에 독일의 패색이 짙어지면서 '아, 일본도, 식민지인 우리도 위험하게 되었다'는 생각이 들었습니다. 일본이 진다면 도대체 1910년부터 35년간에 걸친 한일병합은 무엇이란 말인가. 이것은 제국주의 이데올로기로 용서할 수 없다. 해방되지 않으면 안 된다. 그런데 이번에는 미국의 세력권으로 들어가서 또 강제적으로 식민지가 되는가. 어찌되었건 큰일이 났다고 생각했습니다.'

박태준은 와세다 대학 재학 중 미군의 동경 공습 와중에 일본 국민들이 보여준 국가관의 일단을 접하게 된다. 학생들은 방공호로 대피할 때도 책을 가지고 대피해야 했는데 그렇지 않은 학생들은 어른들, 특히 할머니들로부터 꾸중을 들었다. 방공호 입구는 할머니들이 지키고 안쪽에는 촛불을 켜놓아 학생들이 공부할 수 있는 분위기를 만들어 주었다. 밖은 포탄이 떨어지는 상황이었지만 방공호 안은 놀라울 정도로 질서가 정연했다고 박태준은 기억한다. 그리고 이 경험은 박태준에게 새삼 조국에 대한 책임감을 일깨워 주었으며 반드시 살아남아 열심히 배운 지식으로 해방된 조국의 발전에 기여하겠다는 다짐을 했다고 한다.

미군 공습으로 소개疏開를 갔던 군마群馬현에서 일본 천황의 항복소식을 듣고 동경의 하숙집으로 돌아온 박태준은 놀라운 광경을 목격하게 된다. 하숙집 할머니가 반겨주는 가운데 들어 간 자신의 방에는 전시 배급품으로 지급된 게살 통조림과 과자 무더기가 손도 대지 않은 채 그대로 보관되어 있었기 때문이었다.

또 하나 박태준이 놀란 것은 패전 후 일본 유곽 여성들의 애국심 때문이었다. 패전 후 일본에 진주한 미군들이 여자를 겁탈한다는 소문이 돌자 유곽 여자들이 일본의 처녀들과 부인들의 정절을 지켜주겠다며 나섰다고 한다. 그들은 조합을 만들고 조합장들은 결속하여 조합원들의 정신교육을 시켰고, 미군으로부터 받는 화대는 생필품이 아니라 군표미국 군인 전용 화폐를 받으라고 독려했다. 일본이 재기하고 공장을 재건하기 위해서는 외화가 필요했기 때문이다. 그들은 스스로를 윤락 여성이 아니라 애국자라고 생각했으며 화장을 요란하게 하거나 물건을 탐내는 천한 윤락녀를 볼 수 없었다고 한다. 물론 이 부분에 대해서는 박태준의 기억과는 다른 자료들도 있다.

최고의 엘리트 교육을 받다

박태준은 일본에서 생활하는 동안 식민지 백성으로서의 설움을 경험했으며 독립된 조국의 도래를 갈망했다. 한편 그는 메이지 유신을 통해 근대 국가를 형성한 일본이 부국강병을 이룩하고 청나라와 러시아와의 전쟁에서 승리를 거두며 서방 열강과 어깨를 나란히 한 요인이 일본인의 강한 정신력에 있음을 알았다. 그는 일본의 심장부인 동경에서 엘리트들이 다니는 5년제 사립명문 아자부麻布 중학교, 그리고 와세다 대학의 코스를 밟음으로서 일본 상류층의 언어 습관과 고급문화의 소양을 체득할 수 있었다. 이것은 후일 그가 포스코의 책임을 맡았을 때 일본의 지도층 인사들과 교류하며 그들로부터 적극적인 협력을 이끌어오는 기반이 되었다.

박태준의 일본어는 완벽했다고 미쓰비시상사 퇴직 임원인 시모데下出道雄는 증언하고 있다. 홍건유 역시 박태준은 고급스럽고 클래식한 일본어를 구사했으며 요즈음 일본인들이 쓰고 있는 망가진 일본어가 아니라고 말했다. 그래서 일본의 정재계 인사들이 박태준을 좋아했다고 그는 증언한다.

박태준은 영어 실력도 갖추고 있어서 필요한 일상 대화 정도는 가능했으며 청취력은 수준급이었다. 외국 손님을 만날 때 준비된 통역이 없으면 수행했던 설비부장 이상수가 임시 통역을 했는데 통역 시 실수로 빠뜨리는 내용이 있으면 박태준은 아무 말 없이 그 내용을 다음에 말할 때 다시 한 번 얘기를 했다고 한다. 그래서 영어 통역을 할 때는 긴장이 되었다고 이상수는 증언한다.

일본인 이상으로 고급 일본어를 구사했던 박태준은 치밀하고 정확한 성격 탓에 한국인이 부정확한 일본어를 말하는 것을 매우 싫어했다. 그래서 그는 한일경제인회의에서도 반드시 우리말로 발언하도록 했으며 간혹 본인의 일본어 실력을 자랑이라도 하듯 회의 중 일본어로 발언하는 사람이 있으면 한국어로 하라고 제지하는 경우도 자주 있었다. 우리말을 그대로 직역하여 말하는 일본어는 일본어가 아니기 때문이었다. 일본과의 행사 이후 박태준은 반드시 일본의 관계자들에게 편지를 보내어 협조에 대해 정중한 인사를 했는데 이러한 편지는 경험이 있는 전문가에게 부탁해서 쓰게 했고 발송하기 전에 반드시 본인이 읽고 확인했다.

기존 박태준 평전에는 박태준이 나가노長野현에 있는 중학교를 다닌 것으로 나와 있지만 이것은 잘못 전해진 것이다. 동경에 있는 사립 명문 아자부 중학에 입학하기 위해서는 필기시험도 중요하지만 그에 못지않게 면접시험도 중요했다. 면접시험에서는 부모의 재력이나 직업 등이 주요한 체크 포인트였다. 즉 성적이 아주 뛰어난 상류사회 자제들이 다니던 학교였던 것이다. 국내에서는 삼양그룹을 일으킨 호남 재벌 수당 김연수가 아자부 중학을 거쳐 교토대학을 졸업했다.

아자부 중학을 졸업한 미쓰이三井물산 사장 야히로 도시쿠니八尋俊邦는 1981년 2월 포스코의 제4고로 준공식에 참석하여 처음 박태준을 만난 이후 오래 친교를 나누게 되었는데 다음과 같이 증언하고 있다.

"포항 준공식에서의 첫 대면 이후 박태준 회장과 친교를 나누게 되었는데 어느 날 우연한 기회에 박 회장이 같은 중학교 출신이라는 것을 알게 되었다. 따져 보니 내가 그보다 10년 이상이나 선배가 되었다. 그 사실을 안 박 회장은 '아, 그러면 야히로 선생님은 저의 대선배가 되시는군요. 이거 몰라 뵈었습니다.'라며 넌지시 선배 대접을 해주었다. 이런 저런 일이 겹치면서 우리의 우정은 더욱 깊어졌다. 중학교 동문이란 것 하나만으로도 대단한 관계가 아닙니까? 하여간 나는 너무 기뻤습니다. 잊었던 옛 친구를 되찾은 것 같은 기분이었습니다. IHI의 이나바稲葉興作 사장도 박 회장과는 중학교 동창입니다. 그래서 우리들끼리 농담 삼아 다음에 박 회장이 방일하면 셋이서 동창회를 열자고 하면서 즐거워합니다. 우리가 나온 학교에 박 회장 같은 걸출한 인물이 다녔다는 사실 하나만으로도 동창으로서 영광이라고 생각하고 있어요."

야히로나 이나바는 모두 5년제 아자부 중학을 졸업했다.

포항제철 일본기술단JG:Japan Group의 초대 단장을 역임한 후지富士제철의 해외 플랜트 부장 아리가有賀敏彦는 1967년 12월 20일 종합제철건설추진위원회와의 컨설팅 계약에 앞서 한국을 방문하여 박태준 위원장을 처음 만났을 때의 분위기를 다음과 같이 증언한다.

"공식적인 업무 협의를 끝내고 박태준 위원장이 마련한 저녁 식사 모임에는 윤동석 부위원장도 함께 했다. 박태준 위원장의 유창한 일본어는 동경 유학 덕분이었다. 박 위원장은 아자부 중학 4년을 마치고 일고一高를 응시했지만 실패해서 와세다 대학의 이공학부에 갔다고 했다. 놀랍게도 아자부 중학의 8-9년 후배였다. 처음 만난 한국인이 중학교 동창이라니 그야말로 기이한 인연이라고 말할 수밖에 없다. 동석한 윤 부위원장은 일본 동북 대학의 금속공학과를 졸업했다. 이렇게 되니 우리들의 화제가 끊임이 없었다. 통행금지 시간이 다 될 때까지 환담이 계속되었다."

일고一高는 종전 이전의 일본의 학제로서 동경 대학교 교양학부를 지칭한다. 또 홍건유 전 포스코 부사장이나 포스코 기술연구소장을 역임한 김철우도 박태준의 아자부 중학 수학을 증언하고 있다. 당시 중학교는 5년제로서 4학년을 마치면 우수한 학생인 경우 대학 입시 자격을 주었다. 박태준은 성적이 우수해서 4학년을 마치고 대학 시험에 응시할 수 있었다고 한다.

전 신일본제철의 임원으로 일한경제협회 전무이사를 역임한 무라카미 히로요시村上弘芳도 "아자부 중학교는 상류사회, 그리고 있는 집안의 자제들이 다니는 학교였지만 한편 자유분방한 학풍도 있었다."고 증언하고 있다. 1986년 전경련의 차기 회장으로 거론되던 박태준에 대해 일본경제신문은 아래와 같이 소개하고 있다.

"박태준은 일본의 아자부 중학을 졸업하고 와세다 대학을 중퇴했다. 한국의 육군사관학교를 6기로 졸업하였으며 포항제철의 사실상의 창업자이다. 그는 일본이 우려하는 부메랑 효과에 대해서 '가르친 학생이 훌륭하게 되었는데 일본 철강업계의 마음이 좁다.'라고 솔직한 마음을 표현한다."

박태준의 타계 후 일본경제신문의 오시마 시마오大島島雄 특파원이 쓴 추도사를 보자.

"평시 박태준을 찾아가서 한국어로 취재를 시작하려고 하면 박태준은 '시간이 더 걸려. 일본어로 얘기하지'라고 말했다. 외국에서 생활하는 일본인에게 베란메 어투로 하는 그의 말은 따뜻하고 정겨웠다. 양국 정재계의 파이프가 엷어지고 있는 오늘날 한일 양국은 가장 든든한 파이프를 잃었다."

베란메 말투べらんめえ口調란 동경지역의 옛 사투리로서 서민들이 즐겨 쓰는 정감어린 말투다. 일본인들에게 인기가 있었던 영화 '남자는 괴로워'男はつらいよ의 남자 주인공이 쓰는 말투가 대표적이다. 이런 동경의 본바닥 말투는 어린 시절부터 동경에 오래 거주한 사람이 아니고는 자유롭게 구사하기 어렵다.

박태준은 일본에서 오래 살아서 한국어를 배운 일본인이 말하는 것처럼 우리말이 어색했다고 동아제약의 강신호 회장은 증언한다. 박태준이 국회에 출석했을 때 의원들이 부르면 '예'하는 대답대신 가끔 '하이'라는 대답이 나와서 의원들의 웃음을 사곤 했다고 국민일보의 조용래 논설위원도 증언한다. 그렇지만 박태준의 말의 내용은 매우 합리적이고 간결했다고 박태준과 몇 차례 만난 적이 있는 엄구호 한양대학교 교수는 증언하고 있다. 초기 포항제철 건설 현장에서의 14년을 포함해 박태준이 타계하기 직전까지 오랜 친분을 유지했던 모모세는 이렇게 회고한다.

"박태준 회장은 일본사람 이상으로 상류층 일본인의 가치관과 문화를 올바르게 이해하며 고급 문화적 소양이 몸에 배어 있었다. 그의 일본에서의 생활은 경제적인 면에서는 상대적으로 유복했던 것으로 보이며 공식적인 학교 교육 이외에도 일본인이 소중히 여기는 가치관과 고급문화에 대한 소양을 별도로 교육 받은 것으로 짐작된다. (중략) 박태준 회장의 학교 동기 동창인 일본의 모 복장학원의 교장이 박태준을 처음 교실에서 만났을 때의 모습을 일본경제신문에 기고한 글을 읽은 적이 있다. 그가 기억하는 박태준은 매우 똑똑했으며 흰색 셔츠 바탕에 고급 양복지사지로 만든 교복을 입고 있었는데 그런 교복은 당시 부잣집의 아이가 아니면 입을 수 없는 것이었다고 쓰고 있다."

식민지 종주국은 선진국이다. 선진국에서의 엘리트 교육을 통해 자국의 발전에 기여한 사람은 박태준 이외에도 많다. 프랑스의 영웅 나폴레옹의 조국 코르시카는 프랑스의 식민지였으며 나폴레옹의 아버지는 독립투사였다. 나폴레옹은 프랑스의 육군사관학교에 진학했다. 식민지 종주국의 심장부에 들어가 포병장교가 되었으며 프랑스 혁명정부 편에 섰다. 나중에 그는 황제가 되어 프랑스를 근대국가로 만들었다.

동양의 지도자인 리콴유 싱가포르 대통령도 같은 케이스라고 할 수 있다. 그는 싱가포르 근대화의 아버지이다. 그가 자랄 때 싱가포르는 영국의 식민지였다. 하지만 그도 나폴레옹처럼 식민지 종주국의 심장부인 런던으로 갔다. 옥스퍼드 대학을 수석으로 졸업한 그는 후일 변호사가 되었고 조국으로 돌아와 애국적인 독재로 나라를 크게 발전시켰다.

20세기 최고의 성인으로 추앙을 받는 인도의 마하트마 간디도 당시 식민지 종주국이던 영국의 런던법학원에서 공부하여 변호사 자격을 취득하고 인도로 돌아와 인도 독립의 아버지가 되었다.

대나무처럼 맑고 청렴했던 원칙주의자 박태준

일본에서 귀국하여 군인이 된 박태준은 전쟁터에서, 그리고 부대의 지휘관으로서의 경험을 거치면서 점차 '박태준 리더십'의 골격을 형성해간다. 한국전쟁이 발발하고 3년 여 전투가 계속되는 동안 박태준은 지휘관으로서 수차례 사선을 넘는다. 그 과정에서 박태준은 전사한 수많은 전우들에게 살아남은 자로서 부채감을 느끼며 '짧은 인생을 영원한 조국에' 바치겠다는 신념을 세웠다.

휴전 협상에 들어간 이후에도 양측의 어처구니없는 소모전이 계속되고 있었는데, 당시 후방인 5사단 참모본부에 배치되어있던 박태준은 조만간 휴전협정이 조인될 것이라는 예측이 무성한 가운데 스스로 일선 지휘관을 자청하여 치열했던 전투 현장에 다시 뛰어 들었다. 전투 현장이 아닌 자리에 너무 오래 머물렀다는 부채의식의 무게를 줄이고 싶었던 박태준은 중공군과 인민군의 공세가 치열했던 화천의 '949고지' 사수 현장에 뛰어들었다. 목숨을 걸고 조국을 지켜야 한다는 강한 신념과 행운이 그와 함께 해 박태준은 화천 수력 발전소를 사수하며 살아남았다.

과거 동경 유학 시절 미군의 동경 공습이 심하던 1945년의 어느 날 밤새 방공호에 피신해 있던 그는 아침이 되자 바깥으로 나갔다. 미군의 공습으로 그가 살던 동네는 폐허로 변해 있었다. 박태준의 하숙집 근처에는 일본 육군 기갑훈련소가 있었다. 그런데 사방의 집들이 폭격으로 내려앉은 가운데 박태준의 하숙집만은 기적적으로 멀쩡했다. 그가 소개령에 따라 군마群馬현으로 피난을 다녀왔을 때에도 그의 하숙집은 아무런 피해를 입지 않았다.

화천기지 전투를 비롯해 총알이 빗발치는 한국전쟁의 전투 현장에서도 총알은 그를 피해 다녔다. 스스로는 요행으로 살아남았다고 말하지만 그보다는 종합제철소를 만들어 최빈국 대한민국 국민들을 가난에서 해방시키라는 사명을 띤 그를 하늘이 죽게 버려두지 않았다는 생각이 든다.

전쟁이 끝난 후 군 지휘관으로서의 박태준은 당시 만연하던 우리 사회와 군 내부의 부정부패와는 철저하게 거리를 두었다. 또 공과 사를 분명히 하며 청렴의 정신을 실천했다. 병사들의 사기진작을 위해서 복지에 관심을 기울이고 현장에서 병사들과 함께 하며 솔선수범하는 양명학의 지행합일과 현장 중시의 리더십을 발휘했다.

육사 교무처장 시절 박태준은 이화여대 정외과를 졸업한 장옥자와 결혼했다. 결혼한 박태준은 아내가 생겼다는 이유로 교무처장 관사의 당번병을 없애고는 이 임무를 아내에게 맡겼다. 한 달간 직접 시범을 보인 그는 그녀에게 이 일을 맡겼다. 웬만한 지휘관이면 결혼한 아내에게 자기의 지위를 자랑하고 싶어서라도 규정상 두게 되어 있는 당번병을 그대로 두었을 것이다. 이것이 박태준이 여느 지휘관과 다른 점이다. 1955년 대령으로 진급하면서 국방대학에 입교하게 된 박태준은 관사를 비워주고 얻은 셋집에서 첫 아이를 급성 폐렴으로 잃었다. 사적인 일로 부대차를 쓸 수 없다는 그는 공과 사를 철저히 구분하는 원칙을 고수하며 통행금지 해제를 기다리다 아이를 잃은 것이다.

일선 지휘관 시절 박태준은 부대 물건의 사적인 사용을 철저히 금지했다. 당시에는 장교나 하사관들이 부대 부식을 영외로 반출하거나 차량의 휘발유를 빼내 몰래 파는 일들이 횡행했다. 어떤 면에서 이런 일들은 당연한 일처럼 여겨지던 시절이기도 했다. 그렇지만 그는 관사에서도 부대 부식을 일체 사용하지 않았다. 유격훈련에 나간 당번병을 대신해 나온 병사가 이런 일을 모르고 부대 식당에서 생선을 가져 왔다가 크게 혼나고 원대 복귀 당하는 에피소드도 있었다. 그가 지휘하는 부대에서는 밖에서 거주하는 장교나 하사관들도 털끝만큼도 딴마음을 먹을 수 없었다. 부식으로 육류나 생선이 나오는 날이면 아예 가방을 들고 오지 않아야 몸수색을 피할 수 있었다.

군납업을 하던 박태준의 지인 정두화에 따르면 원칙주의자 박태준이 둘째 아이 역시 잃을 뻔했는데 한밤중에 그의 차로 아이를 태우고 서울로 옮겨 목숨을 건졌다고 한다. 당시 연대장에게는 사택에서 쓰는 차와 부대에서 쓰는 차가 따로 있었지만 박태준은 우리 군대 형편에 사택에서 쓸 차가 어디 있느냐며 부대에서만 차를 썼다고 한다. 박태준의 오랜 지기로 해군 제독을 지낸 이맹기 대한해운 회장의 증언에 따르면 박태준이 연대장으로 복무하던 시절 1군단 산하 연대장 회의가 있어 출장을 가게 되었다. 그의 성품을 잘 모르던 연대 재무 담당관이 그에게 여비를 주었다. 당시 이것은 관례였는데 박태준은 재무관에게 왜 함부로 공금을 쓰냐고 하면서 그러려면 군을 떠나라고 호통을 쳤다고 한다.

군 지휘관으로서 박태준은 국방부 인사과장, 사단참모장, 연대장, 국방부 인사처리과장 등 요직을 두루 거쳤다. 부정부패가 만연하던 당시 상황에서 박태준은 부정부패와는 철저하게 거리를 두었다. 박태준은 당시 두 가지 원칙을 세우고 이를 철저하게 지켜나갔다. 즉 어떤 경우에도 비리와 부패의 유혹에 넘어가지 않으며 정권 실세와 결탁된 부패한 군 고위 실력자들 곁에 다가가지 않는다는 것이었다.

박태준이 1957년 10월 1군 산하 25사단 참모장으로 자리를 옮긴 후의 '고춧가루 사건'은 유명한 일화이다. 그가 부임한 부대의 부대원들이 톱밥에 붉은 물을 들인 엉터리 고춧가루로 만든 김치를 먹고 있다는 사실을 알게 된 박태준은 상하좌우로 복잡하게 얽힌 부패구조의 사슬 속에서도 철저히 진상을 밝혀내었다. 그리고는 양심적인 업자를 찾아내 결국 부대원들이 진짜 고춧가루로 만든 김치를 먹을 수 있도록 만들었다.

2011년 NHK의 대하드라마 '사카모토 료마坂本龍馬'가 일본 국민들의 높은 인기 속에 방영되었다. 이 드라마에는 사카모토의 어린 시절 친구인 이와사키 야타로岩崎弥太郎, 사카모토와 같은 하급무사로서 미쓰비시 그룹의 창업자의 아버지가 뇌물을 먹은 관리로부터 억울한 판정을 받자 두 사람이 참정参政을 찾아 목숨을 걸고 항의하는 장면이 나온다. 당시의 하급무사는 인간 취급을 받지 못하던 시절이었으며 참정에 대한 항의는 목숨을 걸어야하는 위험한 일이었다.

자유당 정권 하의 한국사회도 마찬가지였다. 군대는 당시 부패구조에 물든 우리 사회의 축소판이었다. 기업인뿐 아니라 당시 우리 사회의 모든 분야에 공통되는 이런 현상에 대해 김용서는 아래와 같이 지적한다.

"외세의 식민 통치에서 해방된 지역의 기업인들은 외세 통치자들의 탄압과 수탈에 의하여 권력에 충실히 복종하지 않을 수 없었던 시절의 체질을 가지고 해방을 맞이하였다. 한국 기업인들의 기회주의적인 체질은 새로운 외세에 신속하게 영합하든가 새롭게 대두되는 국내 정치 세력에 안전하게 유착하기 위한 신속한 처신의 기술만 발달됨으로써 그들에게는 부정부패 또는 배신이나 변신이라는 비난이 중요한 것이 아니라 혼란과 위기를 절묘하게 헤쳐 나가며 생존해야 하고 여건이 허용하는 한 모든 수단을 동원하여 최대로 성장하는 것이 최선의 과제였다고 할 수 있다. 다시 말해 명예가 생명보다 더 귀중한 서구적 전통이나 일본의 풍토와는 환경이 다른 것이다."

1958년 71연대장으로 부임한 박태준은 사기가 바닥에 떨어져 있던 최하위 부대를 국군의 날 시가행진 부대로 선발되도록 한 후 직접 제식훈련을 지도하는 등 열성을 기울인 결과 단숨에 최상위 부대로 탈바꿈시킨다. 시가행진 부대로 지정을 받았다는 사실만으로도 장병들의 사기는 달라졌다. 모든 물품이 새것으로 지급되었고 새 군화에 새 군복을 입은 장병들의 눈동자는 빛났고 온 몸에서 생기가 뻗치고 있었다. 연대장 박태준이 직접 지휘봉을 들고 제식훈련을 지도했다.

대령이 직접 지휘봉을 휘두르며 앞장서자 사병들의 긴장과 기쁨은 금세 단합된 훈련효과로 나타났다. 박태준은 국군의 날 시가행진에서도 맨 앞에서 부대를 이끌었다. 이날 행사에서 대호평을 받은 박태준은 결국 꼴찌부대를 일등부대로 만들어 내었다. 일본 양명학의 지행합일 정신이 체화된 박태준은 연대장임에도 불구, 직접 현장에 나가 솔선수범하는 자세를 보여주었다. 이것이 장병들의 사기진작에 큰 영향을 미쳤다. 이는 후일 포항제철의 건설 및 경영에도 그대로 접목되며 성공요인이 되었다.

박정희와의 운명적 만남

박태준의 군 지휘관 시절 가장 특기할 만한 사항으로는 박정희와의 운명적인 만남과 신뢰 관계의 구축을 들 수 있다. 박태준은 육사생도 시절 박정희를 교관으로 우연히 만나게 된다. 첫 만남에서 상대방을 서로 강하게 의식하게 된 이들은 그로부터 한 사람이 먼저 생을 마치는 날까지 20여 년간 불가분의 관계를 형성했으며, 대한민국 근대화의 초석을 만드는 운명적인 만남으로 발전한다. 박정희와의 만남의 순간을 박태준 평전의 저자 이대환은 다음과 같이 묘사한다.

"1948년 5월 박태준 생도가 교관 박정희 대위와 인상 깊게 마주친 것은 탄도학 첫 수업시간이었다. 강의실에 들어서는 박정희 교관을 처음 본 순간, 박태준은 싸늘한 새벽공기가 앞문으로 불어 닥치는 느낌을 받았으며 자신도 모르게 자세를 빳빳이 고쳐 앉았다고 한다. 강의실의 공기가 삽시간에 팽팽해졌으며 깐깐하게 생긴 교관의 작은 체구는 온통 강한 의지로 똘똘 뭉쳐진 것 같았고 목소리는 카랑카랑했다. 박정희 교관이 탄도궤적 문제를 칠판에 적었지만 해석기하학, 미분,

삼각함수 등 각종 수학 원리의 이해가 필요한 이 문제에 손을 드는 생도가 없었는데, 박태준이 지명을 받아 술술 풀어내어 박정희에게 강한 인상을 심어주었다. 박태준은 학창시절 수학을 좋아했으며 이 분야의 성적이 뛰어 났었다."

박태준은 1959년 부산 군수기지사령부 사령관인 박정희의 권유로 인사참모로 부임하여 박정희가 의도한 시험을 무사히 통과하며 강한 신뢰를 얻게 된다. 부임한 지 며칠이 지나 참모끼리의 술자리에 참석하게 되는데, 이는 박정희가 박태준을 시험하기 위해 만든 덫이었다. 다음날 아침 사령관에게 보고해야 할 일거리가 있는 그에게만 술잔이 집중되었다. 술자리의 의도를 눈치 챈 박태준은 얼른 작전을 세우고는 주는 대로 받아 마시되 돌려주는 잔은 약해보이는 사람부터 집중적으로 공격했다.

'박태준 뻗게 만들기'의 술자리에서 거꾸로 최후 생존자로 남은 그는 쓰러진 동료들을 숙소까지 지프에 태워 안전하게 배달하고는 부대로 돌아와 다음 날 사령관 보고 자료를 마무리했다. 다음날 아침 8시에 사령관실로 들어선 그를 보고 박정희는 반가움과 놀라움을 감추지 못했다. 한가로운 후방부대에서 거사를 꿈꾸던 박정희에게는 무엇보다 사람이 중요했다. 그는 능력과 신의와 신념을 공유할 진짜 동지를 발굴해야했던 것이다.

5·16 군사 쿠데타를 일으킨 박정희와 주체세력은 새롭고 부강한 대한민국을 건설하고자 하는 의욕에 불탔다. 한국의 5·16 군사 쿠데

타와 일본의 메이지 유신은 100년의 시차가 있지만, 둘 다 유사한 성격의 '근대화 혁명'이었다. 메이지 유신의 주역이 20-30대의 하급 사무라이들이었던 것처럼 5·16의 주역도 젊은 장교들이었다. 박정희는 40대 초반이었고 그를 따르던 장교들은 30대였다. 이 때 박태준은 34살이었다.

메이지 유신의 주역들이 천황제 국가를 세운 다음 정부 주도하에 산업화를 추진한 것처럼 5·16의 주역들도 강력한 정부를 구성한 후 정부 주도하에 산업화를 추진했다. 이것은 먼저 시민사회가 형성되고 나서 민주 정부를 세운 유럽의 상향식 근대화 과정과는 정반대였다. 그 결과 민주화는 후순위로 밀려났지만, 일본과 한국은 눈부신 근대화 성공 사례를 100년이란 시차를 두고 만들어냈다.

군사 쿠데타를 일으키면서 박정희는 거사 명단에서 박태준을 제외한다. 만약 쿠데타가 실패해서 주동자들이 사형을 당할 경우 지도자로서 군을 이끌어줄 것과 개인적으로는 남은 가족들을 돌보아달라는 부탁의 차원이었다. 박정희 사후 두 명의 부모를 충격으로 잃은 아들 지만이 마약을 하며 방황할 때 이를 붙잡아주고 포스코 관련 회사에 취직을 시켜주며 정상적인 삶의 길로 인도해준 사람도 박태준이었다.

박태준은 1989년 구속되었다 석방된 지만을 삼양산업오늘의 주식회사 EG의 부사장으로 앉혔다. 이 회사는 포스코의 냉연강판 생산과정에서 나오는 폐산을 독점 공급받아 전자제품에 들어가는 산화철을 만드는 회사이다. 다음 해 지만은 김우중 대우그룹 회장으로부터 9억 원을 빌려 이 회사의 지분 70%를 인수하며 대표이사가 되었다. 이 회사는 이후 과학기술부 등이 주관하는 '벤처기업상'을 수상하는 등 초고속 성장을 했다. 지만이 결혼할 때 그리고 자식을 낳았을 때 누구보다도 진심으로 기뻐하며 부모처럼 살뜰하게 챙겨준 사람도 다름 아닌 박태준 부부였다.

박태준에 대한 박정희의 깊은 신뢰를 보면 박태준이 그의 부친을 닮았다는 생각이 든다. 박태준의 부친은 일본 토건회사에 근무하면서 일본인 사장과 한국인 노무자들에게 깊은 신뢰를 받았다. 그는 조선인임에도 불구하고 비상 시 천황의 피난처인 마쓰시로松代 대본영 구 일본군 최고 사령부의 지하기지 공사에 참여했다. 모모세는 이것이 박태준의 아버지가 일본인 사장으로부터 깊은 신임을 받고 있었다는 증거라고 말했다.

혁명정부에서 박태준은 국가재건최고회의 의장인 박정희의 비서실장과 상공 담당 최고위원을 맡아 새로운 국가를 건설하는 데 핵심적인 역할을 수행한다. 박정희, 박태준 두 사나이는 모두 문약文弱에 찌든 조선조 500년 동안 거의 자취를 감추었다가 다시 부활한 '무사武士'였다고 볼 수 있다.

눈부신 한일국교정상화 사전 정지작업

대통령이 된 박정희는 박태준에게 국회의원에 출마할 것과 상공부 장관직을 권유했다. 하지만 박태준은 아는 것이 없다며 사양하고 미국으로 공부를 하러가겠다고 말했다. 1964년 1월 어느 날 박정희가 청와대로 박태준을 호출했다. 서재에 서서 책을 보고 있던 박정희는 박태준이 "박태준입니다"라고 2번이나 온 사실을 알렸지만 들은 체도 하지 않았다. 세 번째 얘기를 해도 모른척하면 그냥 돌아가려고 생각하고 다시 본인이 온 것을 밝히자 박정희는 고개를 들며 "임자는 무엇이 불만이야?"라며 화난 얼굴로 말했다.

박태준은 솔직하게 아는 것이 없어 맡을 수 없으며 공부를 하고 싶어 미국으로 가고 싶다고 말했다. 그러자 박정희는 굳이 미국에 가지 않더라도 이번 일로 일본에 다녀오면 미국 가는 것 못지않게 좋은 공부가 될 것이라고 말했다. 그러면서 오노 반보쿠大野伴睦 일본 자민당 부총재가 보낸 친서를 그에게 보여주며 읽어보라고 했다. 경제개발자금의 확보를 위해 조속한 한일회담 타결과 국교 정상화를 추진하고자 했던 박정희에게 오노 부총재가 특사 파견을 요청해왔던 것이다.

오노가 제시한 특사의 조건은 첫째 대통령이 신임하는 인물, 둘째 통역 없이 자유롭게 대화할 수 있고, 셋째 가능하면 일본에서 학교를 다녔던 인물이어야 한다는 것이었다. 이 일은 공식적인 국교 정상화에 앞서 일본에서 사전정지 작업을 하는 역할이었다. 일본의 지도층에서도 반한파가 적지 않으므로 그들의 반대를 최소화할 필요가 있었다. 친한파에서 반한파까지 많은 일본 지도층 인사와 접촉하여 그들이 평소보다 한국에 대해 좀 더 호의를 갖도록 만드는 일이 박태준에게 맡겨진 역할이었다. 당시의 일본에서도 한국과의 국교 정상화에 대해서 찬반이 엇갈리고 있었다.

당시 야당의 입장은 이런 것이었다.

"박 정권과 관료적인 테크닉으로 협정을 만들고 대충 청구권 문제를 처리하게 되면 민정으로 정권이 이관되었을 때 민중들이 가만히 있을 것 같은가. 힘들게 협정이 체결됐지만 한국 국민들의 반발을 사고 미움을 사는 결과가 되어서는 한일 우호에 플러스가 되지 않는다. 조약의 내용이 그렇게 엉성하고 높은 사람들끼리 이면에서 법률 해석 등을 끼워 맞춰서 잘 알 수 없는 결정을 내리는 것은 말도 안 되는 일이다. 향후 국민들의 반발을 살 것이다. 박 정권과 교섭을 하지 않는 것이 양쪽의 민중에게 플러스가 되므로 회담을 중지하는 것이 진정한 한일 우호에 유익하다고 생각한다."

"한일경제협력이라고 하는 것이 한국 국민 희생자 개개인에게 전달되는 것이 아니고 자재 및 역무로 제공되는 것이다. 그 결과 일부 특정 일본기업은 돈을 벌지 모른다. 이것은 불황인 지금 매우 기쁜 일일지 모르지만 그래서는 한일 우호의 본질적인 확립은 어렵다."

"사회당은 국회에 상정되기 전부터 한일조약을 절대 저지하고 분쇄한다는 점을 내세우고 대처해 왔다. 그것이 일을 이렇게 혼란 속으로 몰아넣었다고 해도 과언이 아니다. 우리 당은 정부가 제안하는 조약안건 등의 의문점을 국민들 앞에 분명히 밝히고 정상적인 심의를 통해서 결정해야 하며, 이것이야말로 우리 당이 항상 주장하는 바 의회민주주의이다. 따라서 민주정치를 기조로 하는 정당인 자민, 사회 양당에게 나는 강하게 반성을 촉구한다."

하지만 여당인 자민당과 한일 국교 정상화에 찬성했던 민사당 의원들은 입장이 달랐다.

"현존의 세계 정치는 미·중 대립이 최대의 초점이 되었고 국제 분쟁의 주요 무대가 아시아로 옮겨 왔다. 이것이 우리에게 미치는 영향은 매우 크며, 더구나 4년 후에는 미일안보조약의 개정이 기다리고 있다. 국론이 분열될 우려가 크며 경우에 따라서는 국운이 위태로워질 수도 있다. 이 중대한 국면에서 미국의 중공 봉쇄와 힘의 대립으로부터 자유세계를 지키려는 반공외교의 길, 이것이 역대의 자민당 외교노선이다. 이와는 반대로 미 제국주의를 인류의 공동의 적으로 삼고 힘으로 대결하려고 하는 중공의 외교노선을 따르는 것이 우리나라의 사회당과 공산당이 취하고 있는 길이다. 이는 우리나라를 실질적으로 공산진영으로 끌어넣어서 국내에 38선을 만들려고 하는 외교노선으로 결단코 이 길을 취해서는 안 된다. 기본조약 제3조에 준거해서 한국을 휴전선 이남을 실효적으로 지배하는 한반도 유일의 합법 정부로 승인하는데 이의는 없지만, 북한에 대해서도 휴전선 이북의 사실상의 정권, 또는 오소리티Authority로 취급하고 우리의 자주공존 외교에 준거하여 경제, 문화 등의 면에서 우호를 쌓아가야 한다."

박정희 군사정부가 들어서면서 경제 개발 자금을 확보하기 위한 한국의 국내 사정과 한국에 경제적으로 진출하고자 했던 일본의 입장, 그리고 냉전체제 속에서 소련과 중국, 북한에 대항하여 한국과 일본을 반공전선의 동맹국으로 묶고자 했던 미국의 이해관계가 일치되면서 한일 양국은 14년간이나 끌어오던 한일회담을 마무리 짓고 국교 정상화에 이르게 됐다. 당시 한국과 미국, 그리고 일본의 상황을 정리해보자.

1961년 5월 16일 군사 쿠데타로 정권을 장악한 군부는 한일회담에 적극적이었다. 박정희 국가재건최고회의 부의장은 6월 1일 외국인 기자들을 초청한 파티석상에서 이렇게 말한다.

"일본은 과거를 사죄하고 성의를 가지고 회의에 임해야 한다는 등의 이야기는 지금의 시대에는 통용되지 않는다. (중략) 과거의 일은 물에 흘려보내고 국교 정상화를 하는 것이 현명하다고 생각한다."

박정희는 이어 7월 4일에는 최덕신 전 베트남 대사를 단장으로 하는 방일친선사절단을 파견해서 이케다 하야토池田勇人 수상에게 친서를 전달하며 5·16 군사 쿠데타 이후 중단된 한일회담 재개를 요청한다.

미국의 케네디 정부는 민정 이양이 완료되는 1963년까지 한국의 군사정권에 대해서는 외자를 일체 제공하지 않았고, 그 때문에 1962년에 시작되는 제1차 경제개발 5개년 계획은 처음부터 자금부족으로 어려움을 겪었다. 국제수지 역조로 고민이 많았던 미국은 대한 경제 원조의 짐을 일본에게 대신 짊어지도록 요구했고, 그런 상황 속에서 한국은 일본의 협력을 받아들이지 않을 수 없었다.

1960년 7월 19일 미일안보조약을 체결한 기시岸信介내각이 물러나고 이케다 내각이 들어섰다. 이케다는 경제를 중시하고 소득 배증 정책을 내걸었다. 한국에 대해서도 정치 안정은 경제 안정에 의해서 이루어진다는 인식을 가지고 있었다. 이것은 미국 아이젠하워 정부의 '자유주의적 자본주의 체제의 유지·확립이 냉전에서 승리하기 위한 최대의 무기임과 동시에 그 목적이라고 하는 신념'과 같은 것이었다. 일본에도 한국과의 경제 협력을 우선하는 내각이 성립된 것이다.

한일회담에 적극적인 정권이 한국에 탄생했다는 점은 일본측의 적극론자들을 고무시켰다. 기시 전 수상과 이시이 코지로石井光次郎 자민당 일한문제간담회 좌장 등은 1960년 안보 투쟁의 재판이 될까 두려워 한일회담에 소극적이었던 이케다 수상에게 한일회담을 촉진하도록 압력을 넣었다. 또 케네디John F. Kennedy 대통령도 1961년 6월 미국을 방문한 이케다 수상에게 한일회담에 본격적으로 임할 것을 권유했다. 그 해 7월 북한이 소련과 '상호방위조약'을 체결하고 계속해서 중국과 '우호협력 상호원조 조약'을 체결한 것도 한일회담 적극론에 박차를 가하게 했다.

한국은 무엇보다도 신생국으로서, 또한 전쟁 피해국으로서 일본의 배상을 강력하게 바라고 있었다. 때문에 국교 재개는 필수과제였다. 하지만 일본은 '배상'이라는 말에 저항감을 가졌을 뿐만 아니라 어떠한 형태로든 한국에 대한 경제적 부담을 지려고 하지 않았다. 더 나아가 한국에 대한 경제적 부담이 불가피한 상황이 되더라도 가능한 한 가볍게 하고 미루려고 했다. 더욱이 한국의 정치적 상황도 불안정했다. 미국의 압력이 없었더라면 일본은 아마도 한일 국교 재개에 적극적으로 나서지 않았을 것이다.

한국의 생각과는 달리 국교 정상화에 나섰던 일본은 과거 식민지 시대에 대한 배상이 아니라 미국의 압력, 그리고 일본의 경제적인 이익이라는 측면에서 한일회담을 서둘렀다. 한일기본조약의 체결에 이르기까지 양국은 도합 14년에 걸친 마라톤 교섭을 벌였는데, 이 교섭을 난항과 파란으로 이끈 최대 요인은 조선 식민 통치에 대한 양국의 현격한 인식의 차이였다. 한국은 기본적으로 식민 통치를 불법적 침탈의 역사로 규정하고 일본에게 응분의 사죄와 보상을 통한 역사 청산을 요구했다. 그러나 일본은 한국의 역사 청산 요구를 외면하고 국가 분리에 따른 민사적 차원의 재산 청구권 문제 해결을 통해 국교 정상화를 꾀할 목적으로 교섭에 임했던 것이다.

당시 일본 외무성은 '재산 청구권 문제는 떼어놓고 생각하는 것이 적절하다. 그러나 일한회담 타결을 위해서는 한국에 어떤 형태이든 경제 협력을 할 필요가 있다. 과거에 대한 배상이 아니라 한국의 장래의 경제에 기여한다는 취지라면 이러한 경제원조의 의의는 인정된다'는 내부 방침을 확정하고 있었다. 더구나 이 경제 협력은 돈이 아니라 일본의 물품, 기계, 역무 등에 의해 이루어지는 것이었다.

12월 27일 일본 재계의 거두인 아다치 타다시足立正 일본상공회의소 회두와 일본경제단체연합회 우에무라 코고로 植村甲吾郎 부회장, 그리고 재일한국경제인의 대표격인 이강우 삼아약품공업 회장과 서갑호 사카모토坂本방적 회장이 발기인이 되어 일한경제협회 설립총회를 개최하였다. 한발 빠른 일한 경제 협력 관계의 수립이었다.

1964년 3·1절 기념식 연설에서 박정희는 "한일 양국은 거시적인 입장에서 대담한 결단으로 정상적인 국교를 열어야 할 시점이 되었다'"고 말했다. 일본의 식민지 지배에 대한 저항을 오래도록 기념하기 위해 제정된 바로 그 기념일에 그런 발언을 한 것은 획기적이며 대통령의 엄청난 결의를 보여주는 부분이다.

14년간의 한일회담 전개 과정을 볼 때 회담을 타결로 이끌어간 첫째 동력은 안보 논리에 의해 주어졌다. 전후 냉전체제 하에서 안보 논리는 미국의 동아시아 전략의 산물이기도 했지만, 한일 양국에게도 양국을 접근시키는 구심력으로 작용하며 교섭 타결을 촉진시켰다. 미국은 회담의 개시 단계부터 마지막에 이르기까지 끊임없이 다양한 형태로 압력을 행사했다.

미국이 이처럼 한일회담 타결을 위해 노력을 기울인 것은 전후 냉전 체제 하에서 공산권에 대한 봉쇄정책을 효과적으로 수행하기 위해서였다. 즉 미국은 서방진영에 속한 한국과 일본을 정치·경제적으로 결속시킴으로써 소련, 중국, 북한으로 이어지는 공산권에 대항하는 범아시아 반공전선을 구축하고자 했던 것이다. 미국의 타결 압력은 베트남 정세의 악화와 1964년 중국의 핵실험 성공으로 최고조에 달하게 되었다.

1964년에 들어서자 로버트 케네디Robert Kennedy 법부장관과 딘 러스크Dean Rusk 국무장관 등의 방한이 이어지고, 한일회담에 대한 미국의 압력도 증가해 한일 양국의 움직임이 활발해졌다. 일본 국회 자료를 보면 "쿠데타로 생긴 군사정권이지만 대대적으로 경제 협력을 하자. 배후에는 한일 간의 조정을 미국이 하고 있다는 점도 있는데, 이것은 바로 새로운 식민지주의적인 방식으로서 미국의 시사나 알선에 의해 하는 것이라고 이해할 수 있다."는 표현도 나와 있다.

이런 상황 속에서 박태준은 한일 국교 정상화 사전 정지작업을 맡게 된다. 대통령 특사 자격으로 10개월 간 일본에 체류하게 된 박태준은 이미 패전을 딛고 경제 선진국으로 부상한 일본을 보면서 한국의 경제발전의 필요성을 절감하고 극일의 각오를 다진다. 북으로는 북해도에서부터 남으로는 규슈까지 전국을 10개월간 돌며 일본의 정치, 사회, 지자체 관계자들을 만나고 산업시설도 골고루 돌아보았다. 야스오카를 비롯한 다양한 일본 지도층 인사들과의 만남과 대화를 통해 새롭게 변모한 일본을 배우며 이해하게 되었으며, 일본에서의 인적 네트워크의 기초를 만드는 기회로 활용했다.

박태준은 1964년 1월부터 장장 10개월에 걸쳐 일본에 체류하며 박정희의 지시, 즉 일본 지도자들에게 한국의 상황을 제대로 인식시키고 경제 협력을 얻어내기 위한 기반을 다지라는 업무를 성실히 수행했다. 귀국 보고를 받는 자리에서 박정희는 박태준이 일본 현지에서 매주 정기적으로 보낸 보고서는 아무리 바쁜 일이 있어도 빠뜨리지 않고 읽었다며 박태준의 노고를 치하했다. 박태준은 매일 같이 현지에서 술대접을 받았는데, 아무리 취해도 호텔로 돌아가서는 그날의 상황을 느낀 점과 함께 기록을 했다. 이렇게 해서 매주 1통씩의 보고서를 외교 행낭을 통해 박정희에게 보냈다.

만년 적자 공기업을 1년 만에 흑자로

1964년 10월 박정희는 일본에서 귀국한 박태준에게 대한중석 사장을 맡겼다. 대한중석은 1960년대 초반 한국 경제에서 연간 총 수출액 3천만 달러 중 500~600만 달러를 점유할 만큼 막강한 공기업이었지만, 이승만 자유당 정권과 장면 민주당 정권 하에서 자주 정치적 스캔들에 말려들곤 했다. 대한중석의 당시 상황을 홍건유는 다음과 같이 증언한다.

"한국에서는 당시 세계 최고 품질의 텅스텐을 달성과 상동 광산에 채굴하고 있었으며, 이 재료는 선진국에서만 사용하고 있었습니다. 중국에서도 텅스텐을 채굴해 이를 전량 소련으로 수출하고 있었지요. 그런데 중국과 소련의 사이가 나빠지면서 스탈린이 중국으로부터의 텅스텐 수입을 금지하자 중국은 이를 서방 국가들에게 수출하기 시작했습니다. 그런데 중국의 텅스텐 수출 가격은 한국의 1/10 수준에 불과했습니다. 대한중석의 경영이 어려워지면서 직원들의 급여를 주기 위해 은행에서 융자를 받아야만 하는 처지가 되었습니다. 이때 박태준이 사장으로 취임을 하게 된 것이지요. 그전에는 이익이 많이 나서 직원들 급여도 좋았고 주주 배당도 많았습니다. 이런 회사를 박태준 사장이 맡아 1년 만에 흑자로 전환시켰습니다."

박태준은 거부할 수 없는 박정희의 제안을 받아들이기는 했지만 조건을 내걸었다. 즉 정부나 당을 포함해서 어느 누구도 회사 경영에 간섭하지 못하도록 해준다면 사장직을 맡아 반드시 경영정상화를 이룩하겠다고 건의했으며, 박정희는 이를 받아들였다.

박태준은 '사람'을 가장 중시했다. 인재의 적재적소 배치, 외압 배격과 투명한 인사 원칙의 확립, 선진적이고 합리적인 회계 관리, 영업 방식의 개선, 사원의 후생복지 개선 등 모든 일을 일사불란하게 개선해나가려면 자신의 철학과 원칙을 실제로 실행해 줄 '사람'이 있어야 했다. 다행히도 대한중석에는 일등 직장답게 인재들이 여기저기 산재했다. 그는 회계 관리와 인사 관리를 맡을 적임자로 군 후배들을 전역시켜 데려오는 등 조직을 보강했다. 회계 전문가로 황경로와 노중열을, 물자 관리 전문가로 홍건유가 그들이었다.

개혁은 일종의 수술인데 혼자서는 할 수 없는 일이었다. 유능한 인재들의 도움이 필요했다. 한국 최고의 수출 기업에 현대식 관리 기법이 도입되었다. 대한중석 사장에 부임한 박태준은 '철저한 공정 인사와 인사 청탁 배격'을 내걸고 이를 어기면 가차 없이 불이익을 주겠다고 공약했다. 신임 사장으로서는 명예와 진퇴를 건 폭탄선언이었지만, 이를 곧이곧대로 듣는 직원은 별로 없었다. 불과 며칠 만에 청와대 고위 인사의 메모가 사장실로 날아들었다. 특정인 하나를 승진시키라는 압력이었다. 박태준은 인사위원회를 열어 '특정인'에게 권고사직을 통보했다. 조롱당한 권력자가 전화를 걸어왔지만 박태준은 단호하게 대응하며 원칙을 관철했다는 후문이다.

현황 파악을 끝낸 박태준이 제일 먼저 한 일은 현장인 강원도 상동광산을 찾아간 일이었다. 그는 현장소장을 앞세우고 1,500m 지하 막장까지 내려갔으며 광부들의 주택단지, 병원 등 현장을 샅샅이 찾아다녔고 광부 부인들의 애로사항도 청취했다. 사장이 지하 막장까지 내려간 것은 대한중석 창사 이래 처음 있는 일이었다. 박태준은 직원과 가족들에게 앞으로는 빈대에 뜯기지 않고 잘 수 있고, 아프면 치료받을 수 있고, 제때 월급 받으며 일할 수 있도록 하겠다고 약속했다. 박태준은 약속을 지켜 직원들의 후생복지를 완전히 바꾸어 놓았다. 대한중석은 1년 만에 만성 적자의 늪에서 벗어나 흑자를 기록했다.

1965년 6월 22일 마침내 한일 국교 정상화를 선언하는 '한일협정'이 체결되었다. 박정희 정권은 대일 청구권 자금과 베트남 특수라는 두 밑천을 경제개발 자금으로 확보했다. 미국 방문을 앞둔 박정희가 대한중석의 사장으로 경영 정상화에 매진하고 있는 박태준을 찾았다. 박정희는 미국에 가면 피츠버그로 가서 철강인들과 만날 예정이라며, 박태준에게도 일본에 가면 제철소를 잘 살펴보라고 말했다. 더불어 종합제철이 절대적인 급선무라고 강조했다. 그때 박정희는 이미 머릿속에 종합제철소를 그리고 있었고 그 책임자로 박태준을 어렴풋이 생각하고 있었다.

대한중석의 경영 경험은 박태준에게 매우 유익했다. 3년여에 걸친 대한중석 경영을 통해 초기 포항제철 건설에 필요한 분야별 인재들을 발굴하고 이들과 호흡을 맞추며 팀워크를 구축할 수 있었기 때문이다. 대한중석의 '박태준 사단'은 그대로 포항제철 창립 준비요원으로 옮겨가게 되며, 이것이 포스코 성공의 바탕이 되었다.

제 2 장

박태준의 강철리더십

1 영일만으로 가는 길
포스코 설립 배경

박정희 대통령은 한일 국교 정상화를 이루며 일본으로부터 대형 경제 협력을 이끌어냈다. 또 이를 발판으로 신흥재벌을 육성하고 자급적 농업경제에서 근대적인 중화학 공업경제, 수출지향형 공업화로 변혁을 시도했으며 이러한 시도를 성공시켰다. 일본과의 경제 협력으로 일본의 산업기술을 적극 도입하였으며 여기에 참여한 대표적인 일본기업들로 철강新日鉄, 조선川崎重工業, 자동차三菱自動車 등을 들 수 있다. 동시에 각종 사회제도행정사법기구, 경제계획, 세제, 교육, 교통, 산업단체를 일본으로부터 도입하고 벤치마킹했다.

박정희 정부가 1960년대 추진한 경제개발정책의 성과는 매우 컸다. 1965년 한일 국교 정상화에 따라 유·무상 차관 5억 달러와 3억 달러의 상업 차관을 도입할 수 있게 되었다. 이를 통해 산업화에 필요한 재원을 마련하고 미국에 의존하던 경제 발전 구조를 해소할 수 있게 되었다. 또 수출 진흥을 위한 정책도 적극적으로 추진되었다. 그 결과 1960년대 연평균 경제 성장률은 8.4%에 달했다.

한국의 신 정권은 고도 경제 성장에 의해 확대된 수요와 무엇보다 선진국의 쇠퇴 산업 출현으로 노동집약적인 제품시장에 대규모 수출이 가능할 것이라는 확신을 가지고 있었다. 국제 시장의 환경을 올바르게 꿰뚫어보고 이에 맞는 수출 지향 공업화 정책을 과감하게 채택할 수 있었던 능력은 분명 탁월한 것이었다. 제2차 세계대전 이후 대부분의 개도국들은 보호주의적인 공업화 정책을 채택해왔다.

1973년 1월 12일 연두기자회견에서 박정희는 '중화학공업정책'을 선언했다. 중화학 공업화 선언은 유신체제 이후 산업 구조의 고도화를 통해 경제 발전을 지속해야 한다는 정치적 목표와 더불어 미소 냉전 체제가 변화하면서 북한 위협에 대응한 자주 국방체제를 구축해야 한다는 안보적 위협 인식이 복합적으로 작용한 결과였다. 류상영2012은 박정희가 유신과 중화학 공업화는 북한과의 체제 경쟁에서 승리하고 북한의 위협에 보다 효과적으로 대응할 수 있는 국가 전략이라고 인식했을 것으로 판단한다.

생산 노동 인구 가운데 군대에 종사하는 인구는 언제나 40만에서 50만 명이고, 군사비가 국가예산의 40%를 점유하는 현실은 한국 경제 발전에 있어 큰 부담이었다. 그러나 한국의 중화학 공업화를 추진한 주요한 요인은 이러한 과중한 짐을 지탱하는 국민적인 정열에 있었다. '부국강병'이 메이지 일본의 공업화 이데올로기였던 것과 마찬가지로 '멸공통일'이 중화학 공업화의 중요한 이념으로 기능한 것이다. 일본의 오무라 히로시大村浩 역시 한국의 중화학 공업화를 촉진한 중요한 요인을 방위산업의 육성으로 보고 있다. 그의 말이다.

"한국의 방위산업이 우선 중화학공업의 중핵인 것은 틀림없다. 물론 고도의 정밀도를 요하는 만큼 중화학공업이 어느 수준 이상에 도달하지 않으면 방위산업은 궤도에 오르지 않는다. 그렇기 때문에 방위산업의 중점 육성이야말로 중화학 공업화로 가는 가장 효과적인 정책 방향이라고 할 수 있다."

10월 유신체제는 일본을 모방하여 위로부터의 혁명을 통해 한국을 빠른 시일 내에 강력한 국가로 만들겠다는, 다름 아닌 국가 민족 중흥주의자의 사고가 최고도로 반영된 결과이다. 후진성, 식민지성, 분단, 가난 등의 유산을 안고 있는 한국사회를 중흥하기 위한 민족주의는 개인의 자유와 권리 등에 기초한 서구식 자유 민주주의와는 그 뿌리와 상황이 다를 수밖에 없다는 것이 박정희의 인식이었다. 따라서 한국에 주어진 가장 시급한 과제는 국가의 경제 근대화이며, 이를 위해서는 어떠한 희생도 감수할 수밖에 없다는 것이다.

이러한 대내외적인 정치·안보적인 이유도 한국의 중화학 공업화의 중요한 요인 가운데 하나였지만, 제1~2차 경제개발 5개년 계획으로 추진해온 경공업 위주의 수출 정책이 여러 가지 대내외적인 이유로 한계에 봉착하게 된 것도 중화학 공업화 추진의 배경이 되었다. 대통령 비서실장을 역임한 김정렴은 이렇게 밝힌다.

"중화학 공업화로의 정책 전환의 근본적인 이유 가운데 하나는 그 때까지 추구해 온 경공업 위주의 수출입국 전도가 밝지 않았기 때문에 수출 주도에 의한 경제발전을 계속 시도하기 위해서는 중화학 공업화로 전환하는 것이 더 긴요했다."

중화학 공업화 구상은 사실 일본의 발전 경험에서 비롯된 것이었다. 중화학 공업화 정책이 적극적으로 검토되기 시작한 시점은 1972년 상반기부터다. 국내외적 정세 변화에 따라 경제발전을 통해 '부국강병'을 꿈꾸던 박정희의 지시를 받은 청와대 제2수석 경제비서관 오원철은 '일본의 중화학공업 육성 성공사례'에 대해 보고했다. 일본은 1957년 중화학 공업화 정책을 추진하기 시작하여 10년 후인 1967년에 100억불의 수출을 달성했다.

한국의 중화학 공업화 추진을 위한 제반 법령은 일본 법령을 크게 참고하였으며, 일본에서 중화학 공업화를 효율적으로 추진하기 위해 만들어진 기구들도 적극 벤치마킹했다. 산업 전략과 생산품목의 결정도 일본의 발전 경험을 모델로 했다. 한국의 중화학 공업화는 자본재, 중간재, 그리고 기술 공급원으로써 일본을 활용하면서 일본의 성장 경험을 '압축'하여 달성하는 것을 목표로 했던 것이다. 단기간에 수출 시장에서 경쟁력 있는 제품을 생산하기 위해서는 일본의 기계설비와 부품소재를 수입하는 것은 불가피한 선택이었다. 그 결과 중화학 공업화는 한국산업의 일본에 대한 구조적 의존도를 심화시키는 요인이 되었고, 한국의 수출 증가는 필연적으로 대일 수입의 증가를 초래하게 되었다.

중화학 공업화를 위해 조선, 자동차, 기계, 제철, 석유화학 등 산업의 고도화 부문에 집중적인 투자가 이루어졌지만, 투자 재원에서 국내 민간 저축이 차지하는 비중은 20% 미만이었고, 나머지는 외자와 해외 직접투자를 통해 조달되었다. 포항제철의 경우 1~4기까지 거의 모든 주요 설비는 일본의 것이었고, 1기의 경우는 청구권 자금이 일부 들어갔고, 이후 2~4기까지는 일본의 차관으로 건설했다고 홍건유는 증언한다.

자본뿐만 아니라 중화학공업의 육성을 위한 기술, 인력 등의 도입 역시 중요한 과제였다. 1962년부터 81년까지 일본의 연평균 직접 투자액은 4천100만 불로 전체의 55%를 차지했다. 이는 25%를 점유하고 있는 미국이나 9%에 불과한 유럽에 비해 월등히 높은 것이다. 기술 도입액의 경우 1962년부터 1981년까지 일본은 평균 1천만 달러로 36%를 점유하여 미국이나 유럽에서 도입된 기술 도입액보다 높았다.

한국의 중공업은 수입 대체로부터 시작하여 1984년도에는 한국의 주요한 수출 부문이 되었다. 이것이 1980년에 시작된 경기 후퇴로부터 경제를 구출하고 이후 제조업의 추진력이 되었다. 중화학 공업화 정책은 박정희가 국내의 정치·경제적 구조와 제약을 극복하기 위하여 고안한 정치적 선택의 결과로 아직도 논쟁과 이견의 여지가 있다. 그럼에도 불구하고 박정희의 원래 의도대로 한국의 산업구조를 전환하고 급속한 경제 성장을 가져오는 데 커다란 역할을 했음을 부인할 수 없다. 1인당 GNP는 박정희 시대에 북한보다 낮은 98달러에서 시작했지만,

1,644달러가 되었으며, 오늘날은 이미 2만 달러를 넘어섰다.

그렇지만 1990년대 초까지만 해도 1970년대 박정희 정부가 추진했던 중화학 공업화 정책에 대한 평가는 대부분이 부정적인 것이었다. 그런 가운데서도 5공화국 시절 고위 경제 관료를 역임했던 문희갑은 "한국이 당시 중화학 공업화를 추진하지 않았다면 현재 철강, 자동차, VTR을 수출할 수 있는 기반이 없었다고 생각한다."고 말하며 중화학 공업화의 성과를 높게 평가하고 있다. 하지만 급속한 중화학 공업화에도 불구하고 부품 등의 중간제품, 기계설비 등의 자본재의 생산기반은 여전히 취약하고, 이들을 일본으로부터의 수입에 의존하면서 수출 확대를 도모하는 가공무역형의 발전 경로는 여전히 한국경제의 큰 약점 중 하나다.

일관제철소의 설립 경위

한국 최초의 제철소는 식민지 시절 황해도 겸이포에 신일본제철이 설립한 겸이포제철소이다. 일본제국은 전쟁 수행 목적으로 이후 제철소를 연이어 건설했지만, 중국 본토 침략을 위한 전쟁 수행 목적상 철광석의 매장량이 많은 북한지역에 집중적으로 건설했다. 1945년 해방이 되자 몇 개 되지 않았던 남한 제철소의 일본인 제철 기술자들은 모두 귀국하게 되었고 남쪽은 철강업 공백상태를 맞게 되었다. 그나마 남아있던 공장들도 대부분 한국전쟁 중에 파괴되었다.

전쟁이 끝난 후 이승만 정권시절부터 제철소 건설이 시도되었지만,

신생 독립국인 한국의 국제 신용도로는 차관 도입이 불가능했다. 결국 5·16 군사 쿠데타를 일으킨 박정희의 제철소 건설에 대한 강력한 신념과 박태준의 추진력이 어우러지면서 본격적으로 건설이 시작되게 된 것이다. 1976년 포항제철 2기 공사가 완료되면서 비로소 한국의 제강 능력이 북한을 앞지르게 되었다.

구 분	내 용
포스코 설립 이전	1. 1918년 일본제철주식회사(日本製鐵株式會社)에 의해 황해도에 연산 5만 톤의 겸이포(兼二浦)제철소가 설립됨.
	2. 일제는 전쟁이 치열해지고 미국이 고철의 금수조치를 취한 1940년을 전후하여 12개에 달하는 철강공장을 한반도에 건설함. 日本高周波重工業(1937년:城津), 三菱鑛業株式會社(1939년:青津), 朝鮮理研金屬株式會社(1941년:仁川), 朝鮮製鐵株式會社(1941:平壤), 渡邊鑄鋼株式會社(1941:海州 및 平壤), 加渡製鋼工場(1941:富平), 日本製鐵株式會社(1942:淸津), 是川製鐵株式會社(1943년:三陟) 등.
	3. 해방 전 한국의 철강공업은 일본의 부수적 존재로서의 기능을 가졌기 때문에 철강제품의 상품화가 배제되고 선철을 중심으로 한 소재 생산과 군수용의 특수강 위주의 기형적인 성장을 초래하였음.
	4. 대부분의 철강공장은 일제의 중국 본토 침략을 위한 전쟁 수행상, 그리고 철광석, 유연탄, 전력 등의 자원이 풍부한 북한지역에 집중적으로 건설됨. 철강업의 대종을 이루고 있는 금속공업의 생산은 1940년 북한의 생산 비중이 총 생산량의 90%를 차지하였으며, 일본의 패망 이후 일본인 제철 기술자들이 한꺼번에 귀국하여 기술자의 공백 사태가 발생.
	5. 전후 일제가 남긴 설비도 주요 제철기술의 미 전수, 운영 인력 미확보, 원료 및 소재 공급 단절로 가동이 거의 중단됨. 남한에 일부 남아있던 시설마저 한국전쟁으로 대부분 파괴됨.
	6. 광복 직후 분단된 남한에 발생한 철강 산업의 공동화 사태로 이후 20년간 철강 산업 분야의 민족자본 전무, 철강 산업의 북한지역 편중으로 남한 제철산업의 열세, 철강 기술 인력의 절대적 부족이라는 3가지 문제가 고착화. 냉전시대 북한이 월등한 철강 생산력을 보유하고 있다는 사실은 안보 불안 요인이기도 하였음.

	7. 정부는 경제 재건과 정치적인 독립을 위해서는 철강업의 건설이 필수적이라고 믿고 이승만 정권 이후 특히 휴전협정을 조인한 후 제철소를 건설하려는 노력을 계속함. 1956년 8월에는 '철강 개발 5개년 계획'을 입안하고 국제기구와 적극적인 접촉을 하였지만, 외국 투자기관은 한국 제철산업의 성공 가능성이 희박하다고 판단하고 응하지 않음.
	8. 5·16 군사 쿠데타 후 군사 정부는 제철산업을 위한 외자 유치를 위해 노력하며 '울산 철강공장 사업계획'을 발표하고 미국 철강업계와 접촉하였으며 '한국종합제철주식회사'를 설립함. 연산 35만 톤 규모의 종합제철소를 짓기로 하고 가계약까지 체결했지만, 미국 국제개발처(USAID)가 한국의 제철소 건설을 회의적으로 전망함으로써 불발됨.
	9. 박정희가 의욕적으로 추진코자 했던 종합제철소 건설 프로젝트는 외부 여건의 미비로 결국 제2차 경제개발 5개년 계획으로 연기되었으며, 박정희는 1965년 미국 방문 길에 유에스스틸(US STEEL)과 한국에서의 제철소 건설을 협의하고 피츠버그 철강단지를 방문.
	10. 1966년 철강 생산량은 18만5천 톤에 불과하였으며 대부분 수입 반제품에 의존하고 있었음. 공업화와 국방산업의 발전을 위해서는 양질의 철강 제품을 저렴한 가격으로 공급해야 한다는 인식하에 정부는 현대적인 철강업을 일으키는데 우선순위를 두었음.
	11. 정부는 2차 경제개발 5개년 계획(1967~1971년) 기간 중 철강 자급률 향상에 우선 중점을 두었음. 1966년 2월, 연산 60만 톤 규모의 일관제철소 건설을 위해 4개국 7개사로 구성된 컨소시엄인 대한국제제철차관단(KISA)이 발족됨.
포스코 설립 이후	1. 정부는 1967년 9월에 대한중석의 사장인 박태준을 종합제철사업추진위원회 위원장으로 임명한데 이어 9월 28일 KISA와 1억3,070만 불(국제차관 9,570만 불, 내자 3,500만 불)을 투자하여 1972년 9월 조업 개시 목표로 제철소를 건설하기로 하는 기본각서에 서명함. 1968년 4월 1일에 포스코가 설립되고 박태준이 초대사장으로 임명되었으며 포항 영일만이 공장부지로 선정됨.
	2. 1968년 세계은행(IBRD)은 한국의 일관제철소 건설이 시기 상조라는 보고서를 내었으며 대한국제경제협의체(IECOK)도 한국에 제철소 건설을 위한 차관 제공을 거절함. 결국 제철소 건설을 위한 자금 조성이 실패로 돌아가며 KISA는 와해됨.

3. 세계은행의 승인 없이는 선진국들로부터 차관 조달이 어려우므로 박태준은 기술과 자금 조달을 위해 일본으로 눈을 돌림. 일본의 인맥을 총동원하여 농업용도로 남아있던 대일 청구권 자금 잔여금을 제철소 건설로 전용하고 조기 집행할 수 있도록 일본 정부를 움직임. 일본으로부터 소요 자금을 확보한 박태준은 이어 일본의 철강 3사를 중심으로 한 일본철강연맹의 협력을 이끌어내었으며, 일본 측은 일본기술단(JG:JAPAN GROUP)을 파견하여 건설에 적극 협조함.

4. 포스코가 창립된 지 2년 후인 1970년 4월 1기 건설이 착공되었으며 궁극적으로는 대규모 제철소가 될 것이라는 비전을 가진 박태준은 처음부터 광활한 부지를 확보하였음. 초기 건설에는 포항지역의 토지 소유주들로부터 반발이 심했으며, 방파제를 건설해야할 만큼 모래와 바다 폭풍이 심했음. 또한 일본의 설비 공급업자들은 포스코가 경험이 없다는 점을 이유로 납기일을 늦추려 했고, 원료 확보 문제와 중동 건설 붐으로 건설 노동력도 부족하여 어려움이 가중되었음.

5. 원료 공급업자들은 여러 가지 불확실성 때문에 개발도상국에서 건설 중인 제철소와 원료의 장기 공급 계약을 기피하였음에도 불구하고 이들을 설득하며 철광석과 원료탄을 조강 규모 1억 톤의 일본과 같은 조건으로 계약을 이끌어냄. 계획 대비 3개월 이상 지연된 공기를 비상사태로 간주한 박태준은 전 직원을 투입, 철야 공사를 통해 공기를 만회함.

6. 당초 계획 대비 54일이나 단축된 1973년 6월 8일 역사적인 고로 화입식이 있었고, 1고로에서 용선(鎔銑)이 성공적으로 흘러나왔음. 1973년 7월 3일 준공식이 거행됨.

7. 세계 철강 공급이 수요를 능가할 것이라는 경고에도 불구하고 국내 수요의 지속적인 증가에 따라 설비 능력을 확장하기로 함. 2기 공사가 1973년 7월에서 1976년 5월에 걸쳐 이루어져 설비 능력이 배증되었으며 이후 증설을 계속함. 1983년 5월에 4기 확장공사 2차가 준공되었는데, 이로써 포스코의 연간 조강능력은 910만 톤으로 실질 생산량에서 단일 제철소로는 자유세계 최대를 과시하게 됨.

8. 일본과 유럽, 미국이 설비능력을 축소하는 가운데 한국정부는 예상되는 국내 공급 부족을 해소하기 위해 제2제철소의 건설이 필요하다고 판단함. 박태준은 제2제철소의 실수요자로 포스코가 선정되도록 정부를 설득함. 또한 아산을 주장하는 정부를 끝까지 설득하여 광양으로 입지를 확정함. '21세기 제철소' 건설을 목표로 한국 기술로 건설된 광양 제철소는 1992년 10월 4기 공사가 준공되면서 조강 생산 1,140만 톤 규모로 포스코의 연간 총생산능력은 2,100만 톤에 이르게 됨.

중화학 공업화와 포스코

한국의 중화학 공업화를 상징하는 것은 1973년 7월에 조강 생산 103만 톤 규모로 제1기 공사가 완료된 포항제철이다. 한국의 전체 조강 생산량에서 포항제철이 차지하는 비중은 1973년 39%에서 1976년 58%를 거쳐 1984년에는 66%에 달했다. 박정희는 국가 주도의 경제 개발을 추진하는 과정에서 제철의 중요성을 확인하고 구체적으로 실천에 돌입했다. "나는 혁명을 했을 때부터 제철소의 건설을 생각해 왔소."라는 그의 말은 제철소 건설에 대한 그의 의지를 말해준다. 박태준도 일본 언론과의 인터뷰에서 박정희의 제철업에 대한 강한 신념을 증언하고 있다.

"당시 박정희 대통령이 '제철업에 착수하지 않으면 한국 경제에 앞날은 없다'라고 결심하신 일, 그 정열과 결의는 대단했습니다. 21세기는 정보통신이 중심이 되겠지만, 그 당시는 중화학 공업화가 한국 경제의 중심이었으며, 일찍 시작하지 않으면 국민의 소득이 증가하지 않으므로 무슨 일이 있어도 완수하라는 명령을 받았습니다."

박정희의 제철소 건설에 대한 의지는 홍건유의 증언을 통해서도 확인할 수 있는데, 그는 이 이야기를 후지노藤野忠次郎 미쓰비시상사의 사장으로부터 직접 들었다고 한다.

"1960년대 초반 삼척 시멘트 공장의 준공식에 후지노 사장이 우쓰

포항제철 1기 착공 버튼을 누르는 박태준, 박정희 대통령, 김학렬 부총리(좌로부터)

미 부장을 대동하고 참석했다. 박정희 대통령은 준공식이 끝난 후 후지노 사장을 헬기에 태우고 귀경했다. 귀경한 후 청와대에 도착해서 박정희는 후지노에게 헬기를 타고 아래를 내려다보면서 느낀 점이 무엇이냐고 물었다. 그래서 후지노가 군부대가 많다고 했더니 박정희는 현재 한국군은 총알과 대포알을 모두 미국에 의존하고 있어 자급을 하기 위해서는 제철소가 필요한데 일본에서 하나 지어달라고 했다. 그때 후지노는 불가하다는 뜻을 박정희에게 밝혔다고 한다. 후진국은 모두 항공기와 제철소, 그리고 고속도로를 가지고 싶어 하는데 수요가 없어 실패한다. 개도국들, 예를 들면 브라질, 터키, 동남아시아의 몇 나라가 제철소를 시도했지만 모두 실패했다. 따라서 우선 경제를 재건하고 10년 정도 지난 다음에 제철소를 짓는 것이 좋을 것이라고 조언했다. 박정희는 후지노의 의견을 듣더니 경제학적으로 맞는 지적이지만 현실은 그렇지 않다. 한국은 지금 반공의 최전선에서 북한과 대치하고 있다. 일본이 야와타제철을 만들 때도 경제적인 이유만으로 만든 것은 아니다. 국가 안보나 국방상의 필요에서 만들었으며 국가가 전폭적으로 지원하고 관여했다. 당시 일본 경제에 비해 지금 한국 경제가 1인당 GNP가 높다. 그리고 북한과 대치하고 있는 우리로서는 자본주의가 공산주의보다 잘 살 수 있다는 자신감을 국민들에게 심어주어야 한다. 지금 북한 경제가 남한을 앞섰다. 그래서 반드시 제철소를 지어야겠다고 박정희가 말했으며 후지노는 귀국해서 일본 정부에 한국 정부의 뜻을 전달했다."

한국이 포항제철 건설을 본격화한 당시의 국제 환경은 매우 부정적이었다. 신일철 회장 이나야마는 당시 상황을 이렇게 설명했다.

"미국에 대한 제1차 자율 규제의 기한이 만료되는 1972년이 되기 직전인 1971년 8월 15일 닉슨성명이 발표되고, 동년 12월 스미소니언 합의로 엔화는 달러당 308엔으로 대폭 절상되었다. 이는 우리들 철강업계에게는 문자 그대로 쇼크였다. 더욱이 1974년에는 새로이 EC, 영국에 대해서도 수출자율규제가 시작되었으며, 내외의 격변하는 환경 속에서 철강업은 새로운 대응이 불가피했다."

한국에서 철강업은 중화학 공업화의 전략산업 가운데 하나로 위치를 잡고 1970년대 이후 착실하게 성장했다. 한국 철강업의 성장은 1970년대 1억 톤의 조강 생산량을 달성한 이후 오랫동안 변화가 없는 일본 철강업계와는 대조적이었다.

포항제철의 건설은 한일 간의 경제 협력 관계가 본격화되었음을 상징적으로 보여주고 있었으며, 한국 경제의 대일 의존도가 급격하게 고조되고 있음을 말해주고 있었다. 닉슨 독트린1969년 7월과 함께 '멀어져가는 워싱턴'을 대신하여 '일본의 재등장'을 결정적으로 만든 장면이었다. 포항제철의 건설에서 준공까지의 경위는 말 그대로 한일 연계가 얼마나 깊은지를 반영하고 있다.

한일경제협력을 기반으로 1973년 연간 조강 능력 103만 톤 규모의 제1기 설비를 준공한 포스코는 정부의 중화학공업정책 추진으로 지속적인 수요가 창출되면서 이후 4기에 걸쳐 확장을 계속하게 된다. 중화학공업정책과 산업구조의 고도화로 철강제품의 내수시장이 지속적으로 확대되었고, 이는 포스코가 성장할 수 있었던 가장 확실한 경제적 기반이 되었다. 류상영1995은 포스코가 있었기에 중화학공업정책을 추진할 수 있었지만, 포스코는 중화학공업정책의 진척에 맞추어 단계적으로 생산 능력과 설비를 확장하고 개선해나갔다고 평가했다. 포항 1기 준공식이 있었던 1973년 7월 3일 기념식에 참석한 박정희의 축사를 모모세는 아직도 똑똑히 기억한다.

"박정희 대통령은 연설에서 무려 3번이나 박태준이라는 이름을 언급했으며 그 목소리에 애정이 담겨 있었다. 박태준을 발탁해서 제철소를 맡긴 것이 정말 옳은 판단이었으며, 박 대통령의 기대 이상으로 120% 목표를 달성하고 성공시켰다고 하는 신뢰와 감격이 담겨진 목소리였다. 테이프가 남아 있다면 다시 한 번 그 연설문을 듣고 싶다."

북한의 도발과 미군의 일부 철수로 인한 자주국방의 확립이 불가피해지면서 무기 제조를 위한 소재인 철강은 철강 산업을 통해 조달될 수밖에 없었다. 고성능의 정밀한 기계와 무기 생산을 위해서는 제선-제강-압연의 일관공정을 갖춘 종합제철의 육성과 고급강의 개발이 필수적이었다. 1973년부터 중화학공업정책의 실질적인 완성 연도인 1979년까지 중화학공업에 투자된 금액은 총 4조1,357억 원에 달했는데, 철강공업35.7%과 석유화학공업30.7%에 중점적으로 투자되었다.

1973년 포항제철소 제1기 공사의 완공으로 철강업의 수입 대체가 진행됐다. 동시에 조강 베이스로 본 수출 의존도는 1970년 중반 무렵 30%를 넘어섰으며, 1980년대에 들어서면서는 50%를 상회했다.

1995년의 강재무역반제품을 제외을 보면 일본이 44만 톤 수입 초과였는데, 2005년에는 수입 초과량이 337만 톤으로까지 확대되었다. 과거 한국의 대일 무역 적자의 증대는 한국에서는 만들 수 없는 자본재, 중간재를 일본으로부터 수입하기 때문이었다. 일본은 한국보다 부가가치가 높은 재화, 즉 가격이 높은 제품을 수출했다. 그러나 강재에서는 이 상황이 적용되지 않았다. 많은 강재 분야에서 1995년부터 2005

년까지 한국의 상대적인 수출 가격이 대폭적으로 개선되었다.

포스코는 1980년대 말부터 현재까지 1990년대 초기의 한 시기를 제외하고는 높은 이익률을 실현하고 있다. 신일철은 일본의 다른 고로 메이커에 비하면 실적이 상대적으로 양호하기는 하지만, 그래도 버블 붕괴 후인 1990년대 중반부터 2000년대 초기까지 장기간 저조한 실적을 보이고 있다.

포스코가 고수익을 실현한 요인으로는 월등한 가격 경쟁력을 지적할 수 있다. 한국의 냉연코일의 제조원가는 선진국과 비교해서 현저하게 낮다. 중국과 브라질이 더욱 낮은 원가를 실현하고는 있지만, 품질을 고려하면 한국이 세계 최고 수준의 가격 경쟁력을 갖고 있다고 보아도 무방하다. 포스코의 강재류는 가격 경쟁력을 무기로 1980년대 후반부터 동남아시아, 나아가서는 일본시장에 유입되었다. 낮은 가격 경쟁력은 무엇보다도 높은 생산성에 있다. 포스코 종업원의 1인당 물적 생산성은 세계의 다른 유력기업들을 월등하게 능가하여 신일철과 어깨를 나란히 하고 있다.

포스코의 성공이 국민경제에 미친 영향

포스코가 선도한 중화학 공업화는 포스코의 발전과 함께 1977년 목표를 앞당겨 달성했다. 제3차 경제개발5개년계획은 1970년대 '남북 간의 긴장 고조, 석유 위기, 미군 철수' 등 외부여건의 변화로 당초 계획과는 근본적으로 다르게 진행되었다. 한국은 여러 난관에도 불구하고 이를 극복했다. 그리고 중화학 공업화 정책의 목표를 조기 달성했다. 1970년에는 수출액이 10억 불 규모였으나 불과 7년 뒤인 77년에는 10배인 100억 불에 이르렀다. 중화학공업 비율도 50%를 넘어섰다. 한국은 1970년대에 완전히 선진 공업국으로 성장했다. 1인당 GNP는 1977년 1,034불이 달성되었다. 이런 점에서 보면 중화학 공업화는 1977년까지를 1차로 볼 수 있지만, 분명 1978년도에도 중화학 공업화는 지속적으로 추구되었다.

한국정당학회와 한국갤럽의 설문조사 결과에 따르면, 한국의 산업화에 가장 큰 기여를 한 사건으로 한국 국민들은 새마을운동35.5%, 경제개발5개년계획24.5%, 경부고속도로 및 포항제철 건설20.8%을 들고 있다. 이 결과가 의미하는 바는 포항제철이라고 하는 한 기업의 설립이 전 국가적 사업인 고속도로 건설과 같은 영향력을 가진 것으로 평가되는 동시에 경제개발5개년계획보다 크게 뒤지지 않는 파급효과를 가진 것으로 간주된다는 것이다. 그만큼 한국 국민은 포항제철의 성장을 한국 경제 발전의 주된 원동력으로 인식하고 있다. 전후 신생 독립국인 대한민국이 산업의 황무지에서 모든 선진국들이 그 실현을 의심했던 종합제철소를 보란 듯이 성공시켰다. 그 평가를 들어보자.

"포항제철은 아시아 개발도상국 가운데서는 최초의 일관종합제철소이다. 신일본제철의 전면적인 협력으로 건설되었다. 일관제철소의 완성으로 한국의 중화학 공업화를 견인하는 역할을 다해왔다. 그 이후 계속해서 생산 능력의 확대를 도모하여 1981년 2월에 끝난 제4기 공사로서 부대설비를 확장하고 910만 톤의 생산 능력에 달하게 되어 신일철이나 유에스스틸 등과 어깨를 나란히 하는 세계 유수의 철강 메이커로서의 지위를 구축했다."

포항제철의 성장이 한국 경제에 미친 영향을 서지적 방법론과 계량분석을 동원하여 분석한 김병연과 최상오2012는 다음과 같이 결론짓고 있다.

첫째, 종합제철 공장의 건설은 당시 최대의 프로젝트였고, 중화학공업화가 본격적으로 추진되기에 앞서 건설되었다는 점에서 포항제철은 가장 중요한 선발기업의 위치에 있었다. 포항제철은 한국의 대표적 선발기업으로서 불확실성 하에서의 정부의 역할, 정부와 기업의 관계에 관해 중요한 학습 기회를 제공했다.

둘째, 제1기 공사에 비해 2배 이상 규모가 컸던 2기 확장공사의 완성은 성공에 대한 자신감을 확산시키는 주요 계기가 되었다. 이 시기 포항제철은 한국 공업화와 성공의 상징이 되었고, 대내외적으로 널리 홍보되기 시작했다. 즉 포항제철의 성공은 '하면 된다'는 신념과 할 수 있다는 자신감을 갖게 해준 계기가 되었다.

셋째, 1980년대에는 글로벌 기업으로 성장한 포항제철의 위상과 성공요인에 대한 보도가 크게 증가했고, 이는 국제적 경쟁력에 대한 자신감의 증가와 더불어 포항제철의 사례연구에 대한 관심을 통해 학습효과를 제고시켰다. 광양제철소 제2기 공사가 종료된 1988년 포항제철은 세계 3위의 철강 기업이 되었고, 일관 공정을 갖춘 단일 공장으로서는 세계 최대 규모의 공장이 되었다.

한편 포스코가 국민 경제에 미친 영향을 곽상경1992은 '포항제철과 국민 경제'에서 다음과 같이 거시적으로 분석하고 있다.

첫째, 국가 경쟁력 향상에 대한 기여도를 들 수 있다. 포스코는 철저한 품질관리를 통해 열연 및 냉연 일반 제품의 품질 수준을 일본 제품과 동등한 수준으로 끌어올렸다. 또한 포스코는 초기부터 독자적인 기술 확보를 위한 노력을 지속적으로 추진하였으며, 그 결과 일반강 분야에서는 세계 최상의 기술 수준을 보유하게 되었다. 또한 특수강 및 고급강 분야에서도 기술개발 및 연구에 집중적인 투자를 통해서 국제 경쟁력을 강화하고 있다.

둘째, 국민 경제 내실화에 대한 기여도를 들 수 있다. 국내 철강 수요에 대한 기여로서 포스코 설립 초기인 1975년 국내 철강 총 소비 중 공급 비중은 27.3%에 불과하였으나, 1983년 63.5%까지 증가하였다. 그 후 다소 비중이 감소했지만, 여전히 국내 철강 수요에 대해 절반 이상을 공급하고 있다. 기간산업으로서의 역할과 활동을 통한 경제 활동의 안정에 기여했으며, 수입대체효과와 수출 상품 구조 변화를 통해 국제수지 개선에 기여하였다.

셋째, 포스코가 국민 경제의 질적 향상에 미친 영향을 들 수 있다. 포스코는 국제 수준보다 낮은 가격의 철강 제품을 국내에 안정적으로 공급함으로서 관련 산업의 생산비 절감에 기여하였다. 이는 결국 기업의 제품 가격에 영향을 미치면서 경제 전체적으로는 제품의 저가격 정책을 통해 국내 물가 안정에 기여하고 있다. 그리고 포스코가 국제 수준보다 낮은 가격의 철강 제품을 안정적으로 국내 관련 산업에 공급함으로서 철강 제품을 사용하는 기업들에게 수입대체효과를 주었고, 이는 기업들의 수입 비용 절감 효과를 강화했다. 수입 비용 절감 효과는 관련 기업들의 생산 비용 절감 효과로 연결되어 궁극적으로는 국내 제품 가격의 안정으로 물가 안정에 기여하게 되었다.

2 사람을 보고 미래를 계획한다

박태준 리더십

포항제철의 건설은 경제적인 측면에서 중요한 의미를 지니지만, 동시에 박태준의 리더십과 관련해 중요한 시사점을 제공한다. 포항제철의 건설과 성공 과정에서 결정적인 역할을 한 것이 박태준의 리더십이다. 여기에서는 포항제철의 성공을 견인했던 박태준의 리더십에 대해 살펴보고자 한다. 박태준의 리더십과 관련해서는 많은 이야기를 할 수 있지만, 우선 몇 가지로 크게 요약하면 다음과 같다.

첫째, 인간관계. 박태준은 언제나 인간관계를 중요시했다. 박태준은 인간관계가 조직의 화합을 가져오고 사기를 올려 목표를 달성하게 하며 상대방의 마음을 얻을 수 있도록 만든다는 것을 잘 알고 있었다. 그래서 좋은 인간관계를 형성하기 위한 노력을 게을리 하지 않았다.

둘째, 긴 안목. 박태준은 포스코 회장 시절, 부장은 1년, 임원은 3~

5년, 사장은 최소 10년 뒤를 내다보고 판단하라고 주문했다.

셋째, 현장 중시. 박태준은 모든 문제의 해답은 현장에 있다고 확신했다. 그래서 포스코 건설 기간 중 해외 출장 시를 제외하고는 언제나 현장을 지켰다.

넷째, 지행합일. 박태준은 언제나 실천하는 사람이었다. 공적인 석상에서 한 말이나 연설은 대부분 실천으로 이어졌으며 항상 솔선수범했다.

다섯째, 장인정신. 박태준은 특히 장인을 존중하고 과학 기술을 최우선으로 생각했다. 장인을 존중하는 것은 일본의 뿌리 깊은 전통이다. 세계 최고의 품질을 위해서라면 목숨이라도 거는 일본의 사회 풍토는 수많은 장인을 육성해냈다. 어떤 분야라도 성심성의 매진하면 도道에 이를 수 있다는 양명학의 사상은 일본인이 지닌 기존의 생활 전통과 일치했다. 기능 분야의 일인자를 기성技聖으로 삼는 제도는 국내 산업계에서는 포스코가 제일 먼저 도입했다.

여섯째, 사명감. 국가의 기간산업인 제철소 건설에 목숨을 건 박태준의 모습은 메이지 유신을 성공시키며 국가 건설에 매진한 막말幕末의 하급 무사들의 모습을 연상시킨다. 일본의 역사를 보면 에도막부 말기부터 메이지시대에 걸쳐 수많은 걸출한 인물들이 배출되었다. 유신에 목숨을 건 이들에게 무서운 것은 아무 것도 없었다. 막말부터 메이지 유신에 걸쳐 활약한 선각자들의 공통점은 분출하는 정열과 기개다. 문민정부 시절 청와대 정책기획수석을 역임한 이각범은 다음과 같이 회고한다.

"제가 1987년 서울대학교 교수로 있을 때 박태준 회장을 처음 만났으며 그 후 많은 만남을 가졌습니다. 국가의 미래전략에 관심이 많은 저에게 박 회장은 1992년 40억 원을 대주겠다며 '국가미래전략연구소'를 설립해보라고 하셨지요. 그러면서 먼저 일본에 가서 일본의 메이지시대를 연 지사들이 어떤 기개와 정열을 가지고 새로운 나라를 만들었는지 그들과 관련된 유적지를 한 번 둘러보라고 권하셨어요."

일곱째, 청렴 정신. 포스코 회장을 지낸 황경로는 포스코의 성공 원인을 박태준의 청렴 정신에 두고 있으며 그 밖의 많은 사람들송복, 김민정, 박철순, 남윤성, 박헌준, 백기복, 서상문, 후쿠다, 나카소네도 공통적으로 박태준 리더십의 특징으로 청렴을 꼽고 있다.

3 사무라이는 실용주의자다

인간관계를 중시하고 실용적이며 장인정신을 지지하고 사명에 목숨을 거는 등 박태준의 리더십은 다분히 일본의 무사도를 연상시킨다. 사실 박태준은 어린 시절 일본에서 교육을 받았고 양명학 등 일본의 사상체계에 많은 영향을 받았다. 이러한 영향력이 그의 리더십에 기초가 되었고 그의 리더십은 포스코에서 활짝 꽃피었다고 볼 수 있다. 따라서 박태준의 리더십을 이해하기 위해서는 먼저 일본의 정신세계를 이해하지 않으면 안 된다. 가정을 중시하고 양명학을 기초로 한 실용주의적 무사도를 이해하지 않으면 박태준의 리더십은 제대로 이해될 수 없다.

일본인의 정신세계

동양적인 관점에서 볼 때 리더십은 인격을 기초로 형성된 그 무엇이다. 그래서 성숙한 인격을 갖추지 못한 리더는 아직 리더로서의 자격을 제대로 갖추지 못한 것으로 평가했다. 동양적인 관점에서 파악되는 '인격'은 뛰어난 문제 해결 능력뿐만 아니라 지혜와 덕성을 골고루 갖추고 있고 때로는 파사현정破邪顯正하는 모습까지 보여야 하는 전인적인 자질이다.

그러나 같은 동양이기는 하지만 일본은 좀 다르다. 일본에서는 단지 인간관계의 조절 능력이 뛰어나면 리더가 될 수 있다고 생각한다. '사람의 마음을 휘어잡는 능력', 즉 다른 사람의 마음을 조종하고 손에 넣을 수 있는 능력을 매우 중시하는 것이다. 그래서 단지 연장자라는 이유만으로 그 방면의 권위자로 칭송되고, 또 그런 직함을 가지고 각광을 받기도 하는 모습은 확실히 일본적인 풍경이다.

일본은 천황을 정점으로 하는 거대한 하나의 가족사회이다. 그래서 대부분의 일본인들은 천황을 중심으로 하는 '가족적 국가관'의 틀을 벗어나면 생존할 수 없다는 인식이 강하다. 2013년 일본의 공영방송 NHK에서 방영된 주말 대하드라마 '야에八重의 사쿠라'에는 이런 인식이 잘 드러나 있다. '야에八重의 사쿠라'는 3·11 대지진과 원전 폭발 피해로 복구 작업이 진행 중인 후쿠시마 지역을 무대로 한 역사물인데, 다분히 이 지역의 복구를 응원하기 위해 기획된 드라마라는 인상을 준다.

그런데 외국인인 우리의 눈으로 볼 때 이 지역의 복구 작업은 너무

속도가 느린 감이 있다. 사실 후쿠시마는 근세 메이지 신정부에 대해 끝까지 저항했던 지역이었다. 그래서 일본의 지인에게 후쿠시마의 그런 역사가 이번 재해 복구에도 영향을 미치고 있는 것이 아니냐고 물었더니 그는 한 마디로 아니라고 잘랐다. 그런 역사가 있었던 것은 사실이지만 그것은 어디까지나 과거의 일이라는 것이었다. 이런 것이 가능한 것은 천황이 구심점이 되는 일본의 사회 시스템 때문이다.

메이지明治 유신으로 새로운 근대국가가 형성되기 전 일본은 700여 년에 걸쳐 군사정권인 막부의 지배를 받았다. 막부의 핵심계층은 사무라이였다. 사무라이는 군사와 행정을 담당하며 조직의 중심그룹을 형성하고 있었다. 사무라이 계층은 메이지 유신으로 근대국가가 형성되면서 형식상으로는 사라졌지만, 이들의 정신세계를 지배했던 '무사도'는 지금까지도 일본의 정치 및 경제 지도자들에게 큰 영향을 미치고 있다. 동시에 일반 국민의 도덕적인 기준으로 면면히 그 전통을 이어 오고 있다.

무사도와 함께 일본인들의 정신세계에 큰 영향을 미치고 있는 또 다른 가치관은 '양명학'이다. 양명학은 메이지 유신의 주역을 담당했던 하급무사들의 실천철학이자 행동지침이었다. 양명학 역시 현대 일본의 전통적인 사회관이나 미의식을 지탱하는 무사도와 함께 일본사회의 저류에 여전히 흐르고 있다. 그리고 메이지시대에 더욱 강화되며 일본을 천황 중심의 거대한 가족국가로 만든 '이에家'제도 역시 일본 국민들에게 큰 영향을 미친 문화적인 가치이다.

거대한 가족, '이에家'제도

불교는 6세기경 한반도를 거쳐 일본으로 전해졌다. 일본에 전해진 불교는 현실생활의 평온과 사후의 영혼을 구원하는 가르침을 설함으로써 사람들의 마음을 사로잡았다. 사자死者의 공양과 추선追善을 위해 사원이 건립되고 행운과 번영을 빌기 위해 불상이 만들어졌다. 하지만 불교는 일본인의 생활이나 가치관을 형성할 정도로까지 일본인의 삶 속으로 깊이 파고들지는 못했다. 그것은 일본에는 옛날부터 아마테라스 오미카미天照大神 이래 신도神道가 있었고 그 역사적인 유산을 계승한 황실이 있었기 때문이다. 따라서 일본 문화의 발신원發信源은 황실이었다. 7세기 초엽 섭정을 맡은 쇼토쿠타이시聖德太子는 불교를 받아들이면서 법륭사를 비롯해 몇 개의 사원을 건립했지만, 동시에 천황제의 이론적인 지주인 신도神道는 그대로 남겨두었다.

일본이 세계 그 어느 나라보다도 가정을 중시하는 나라라는 것은 일본의 근대를 이룩한 메이지 유신을 보면 알 수 있다. 일본은 메이지 유신을 계기로 나라를 하나의 거대한 가족국가로 만들었다. 일본의 무사들은 오랜 봉건시대 동안 무사도라는 도덕을 중심으로 한 무가武家로서 가정을 이루고 살았다. 그러나 1867년 에도시대가 끝나면서 메이지 천황이 등극하게 되고 서양의 새로운 문화를 받아들이는 메이지 유신이 일어난다. 이 때 일본은 '이에'제도家制度라는 가정 제도를 확립한다.

'이에'제도의 내용을 보면 가계家系를 계승하는 것은 큰 아들이다. 여성은 자식을 낳기 위해 시집을 가며 여성에게 있어 결혼이란 가계를 이어가기 위해 '배를 빌려주는 의식'에 지나지 않았다. 아버지는 집에서 최고의 권한을 갖고 조상에 대한 제사는 물론이고 가족의 진퇴를 결정했다. 특히 딸들은 아버지가 정한 곳으로 시집을 가야 했다.

1945년 패전으로 새 헌법이 제정되고 헌법에 맞추어 민법이 개정되면서 '이에'제도가 강조하던 장자 상속의 가부장제家父長制는 폐지되었다. 그러나 '이에'제도가 무너졌다 하더라도 관습은 그리 쉽게 사라지지 않았다. 일본은 서양처럼 부부 중심의 가정이라기보다는 자식을 중시하는 부모와 자식 중심의 가정이었던 것이다.

일본은 에도江戶시대1603-1867에 들어와 효孝를 중심으로 하는 새로운 도덕이 정착되었다. 특히 메이지明治시대1867-1912에 들어와서는 천황을 주인으로 하고 국민을 신민으로 하는 하나의 가족국가론을 형성하며 충忠, 효孝, 서恕를 도덕의 기반으로 하는 교육칙어教育勅語를 철저히 실천한다. 그 결과 일본인은 '현세 중심의 원리', '상대를 생각하는 마음의 원리', '원만한 인간관계의 원리'라는 원칙을 '철저한 정확성의 원리'에 의거해 실천하게 되며 거대한 하나의 가족국가를 이루게 된다.

'이에'제도의 생성과 쇠퇴

일본의 집단주의는 그 기원이 혈연적 '이에家'가 아니라 장소적 부락 또는 촌락 공동체로부터 시작되었다. 각 '이에'는 이러한 부락이나 촌락의 집단적 규범의 한 구성원이고 그 연장의 장소이다. 하지만 근대적 의미의 자본주의가 정착하면서 이러한 부락 혹은 촌락 공동체에서 이탈된 구성원들은 대도시로 모여들어 새로운 '의제擬制 촌락 공동체'를 형성한다. 이것이 바로 기업이다.

일본의 근대화는 '이에' 사회가 발전하고 쇠퇴하는 프로세스와 불가분의 관계에 있다. '이에' 사회란 '이에'를 집단 형성의 원칙으로 삼는 사회이다. 일본의 근대화를 구축한 것은 이 집단 형성의 원칙이며 결코 근대적 개인이 아니다. '이에' 사회는 11세기 동쪽에 있는 변경의 작은 국가들인 개발 영주의 '이에'에서 시작된다. 그리고 수세기에 걸쳐 진화를 이룬 뒤에 근대국가의 성립과 함께 쇠퇴하기 시작한다. 일본의 근대화는 그러한 생성·진화·쇠퇴라고 하는 '이에' 사회의 장기적인 사이클을 배경으로 달성된 것이다.

혈연을 넘어 집단이 영속성을 확보하기 위해서는 혈통보다는 계보를 유지하는 일이 중요해진다계보성. 즉 수장首長과 그 적자를 직계로 하는 계보가 중요해지는 것이다. 변경의 험한 환경에 있었던 초기의 '이에'에서는 군사와 농경의 양면에서 효율적인 작업수행과 신속한 의사결정이 필요했고 이를 위해 집단은 기능적이며 경영체적인 성격을 띠게 되었다. 여기에 업적주의에 토대를 둔 기능적인 계급 질서가 발달했다기능적 계통제. 아울러 '이에' 간의 항쟁과 대립에서 살아남는 과정에서 자급능력이나 자기방위를 위한 군사력을 가지게 되었다.

이러한 특징에서 주의해야 할 점은 '이에'형 집단이 한편으로는 혈연과 비혈연의 차이를 초월해 구성원 간의 '동질성'을 추구하면서도, 다른 한편으로는 기능적인 계층질서를 형성해 구성원 간의 '이질성'을 낳았다는 점이다. 이런 것을 양립시켜온 과정이 '이에'형 집단의 역사이며, 또 이 점이 바로 일본의 독특한 근대화를 이끌었다.

그럼 근대화 이전까지 '이에'형 조직의 발달은 어떻게 이루어졌을까? 초기의 '이에'는 분할상속을 원칙으로 하고 있었지만, 분가分家끼리는 '동족단同族團'으로 결집되어 있었다. 이러한 형태의 집단을 '초기 이에'라고 부른다. 가마쿠라鎌倉막부는 이러한 '초기 이에'의 수장들이 모여서 겐源이라고 하는 거대한 '이에'의 가신家臣이 됨으로써, 즉 의제擬制적인 '이에'를 형성함으로써 느슨한 연합국가를 형성하게 된다. 이후 전국戰國시대를 거쳐 '대 이에'의 기능적 합리화를 추진한 사람이 오다 노부나가織田信長다. 오다 노부나가의 기능적 합리화는 이후 토요토미 히데요시豊臣秀吉와 도쿠가와 이에야스德川家康에 의해 계승되었다. 특히 도쿠가와 막부는 다이묘大名를 강력히 통제하며 공전의 거대한 '이에' 조직을 만들어냈다.

일본인의 정신 속으로 스며든 '이에'제도

그러면 메이지 유신은 '이에 사회'에 어떤 영향을 주었을까. 구미열강의 도래로 '대 이에'는 자발적으로 해체되어 갔다. 다이묘大名 분국제가 폐지되었기 때문이다. 그러나 '이에 사회'는 이것으로 소멸된 것이 아니었다. 사민四民 평등화 속에서 많은 국민이 소규모의 '이에형 조직'擬似 小이에을 만들기 시작했다. '이에형 소조직'은 사회의 기초적인 주체로 일반에 보급되어 갔으며 이 과정에서 부농이나 부유한 상인계층의 '준準이에'가 활성화되고 대지주나 재벌 등과 같이 대규모화한 것도 있다. 결국 '이에형 조직'의 해체 후에도 '이에 원칙'은 일종의 문화적 유전정보로써 사람들의 행동양식을 규정한 것이다.

메이지정부가 수립되고 집권화集權化가 어느 정도 달성된 후에는 '이에 원칙'이 의도적으로 동원되기 시작했다. 먼저, 가족 국가관의 도입인데, 이것은 '이에 원칙'에 기반을 두고 메이지정부를 단일 '이에 국가'로 이해하려는 움직임이었다. 그리고 산업분야에서는 기업 일가주의경영가족주의가 생겨났다. 지방에서 돈을 벌기 위해 온 노동자나 직인職人계급의 노동자에게는 기업에 대한 귀속의식이 없었기 때문에 기업을 '이에'에 비유하여 경영자와 종업원을 일체화시키려는 움직임이 나타났던 것이다. 이에 따라 학력과 연공을 기준으로 하는 계층제나 종신고용제를 특징으로 하는 일본적 경영이 만들어졌다. 도쿠가와 막부 시대에 이르러 준準 이에형 경영체가 산업화에 적합한 형태로 쇄신된 것이다.

그러면 제2차 세계대전에서의 패전은 이에 사회에 무엇을 가져왔는가. 가족 국가관의 부정, 이에 개념이나 재벌의 해체 등은 충격적이었다. 그러나 전전戰前에 산업화를 성공으로 이끌었던 이에 사회의 요소는 전후에도 강화되었다. 기능적인 이에형 기업체, 분립적인 행정 시스템, 대연합을 지향하는 정치 시스템 등이 성립된 것이다. 다만 이에적인 관념이 터부시되었기 때문에 과거의 단일 이에 국가처럼 통합적인 주체는 구상되지 않았다. 오히려 한정된 목표 하에서 각 집단이 평등하게 결합하는 느슨한 무라村:지역적인 생활관계를 중심으로 한 생활단위 공동체적인 결합이 전후 일본사회의 각 영역에서 나타났다.

실용을 강조했던 일본의 양명학陽明學

박태준은 전후 패전의 혼돈 속에서 일본 정재계의 지도자들에게 굳건한 사상적 토대를 제공한 양명학자 야스오카 마사히로安岡正篤와 깊은 교류를 가졌으며 그의 양명학 사상으로부터 많은 영향을 받았다. 야스오카는 18세기 중엽의 양명학자로서 유명한 『언지사록言志四錄』을 저술한 사토 잇사이佐藤一齋의 맥을 잇는 양명학자로 알려져 있는데 사토는 당시 그의 문하생이 3,000명에 이르렀다고 한다. 그의 저서는 메이지 유신의 주역들에게 큰 영향을 미쳤고 메이지 시대 사상의 기초가 되었다고 한다.

전전戰前 일본의 정신세계에는 무사도 정신과 더불어 행동을 중시하는 양명학의 실천사상이 큰 영향력을 미쳤다. 박태준은 이런 일본에서 14년간 학창시절을 보냈으며 양명학의 대가 야스오카와 오랜 교류를 가졌던 탓에 양명학적인 리더십 특성을 뚜렷이 드러내고 있다. 박태준의 지행합일知行合一과 현장주의現場主義, 그리고 장인정신匠人情神은 이러한 양명학의 영향을 받은 결과였다.

무인들에게 환영받았던 양명학

일본 사회에서 양명학이 본격적으로 영향력을 행사하기 시작한 것은 막말幕末 메이지유신 시기였다. 근세 이후 일본 지식인층이 이해하는 유교사상은 다름 아닌 중화사상中華思想에 대한 초월과 극복의 과정이었다. 이런 배경 하에서 양명학은 막말기幕末期 일본 지식인층에게 지사정신志士精神으로서 높이 숭앙받던 사상적 조류였다. 그것은 아마도 양명학의 지행합일知行合一과 같은 혁명·실천적 요소가 일본의 지식인층에게 매력적인 요소로 다가갔기 때문이었을 것이다.

군인 관료로서 크게 두각을 드러냈던 왕양명의 학문과 양명학은 일본에서 특히 '실천'을 중시하는 혁명적 사상으로 이해되었는데, 그 이유는 일본에서 신유교의 주요 담당자들이 대개 무사나 군인이었기 때문이다. 도쿠가와 시대에 이르면 원래 무인이었던 무사가 문관의 역할도 수행하게 된다. 무인으로서는 병학兵學을 배우고 문관으로서는 유학을 배우는 것이 가장 바람직한 무사상武士像이었다. 이러한 환경과 분위기 속에서 왕양명의 생애와 사상 및 그 후학들의 지행합일적 삶의 태도는 일본의 무사들에게 매력적인 것으로 인식되었고 양명학을 '실천·행동 사상'으로 받아들이게 된 것이다.

일본인은 사변적이기보다는 행동적인 양명학에 흥미를 느꼈다. 일본 양명학의 시조는 나케에 도주中江藤樹, 1608~48로, 이후 농민 반란을 주도한 오시오 헤이하치로大塩平八郎와 이토 히로부미伊藤博文를 비롯해 수많은 혁명가를 기른 요시다 쇼인吉田松陰, 정한론을 주장하다 할복한 사이고 다카모리西鄉隆盛 등 유신지사와 아나키스트인 고토쿠 슈스이幸德秋水로 이어졌다. 그 외에도 제국시대 군부 쿠데타를 시도한 2·26사건의 주모자 노나카 시로野中四郎 대위가 이 계열에 속한다. 또 최근의 양명학 신봉자로는 노벨문학상 후보에도 오른 작가이자 천황 친정親政을 부르짖다 할복 자살한 미시마 유키오三島由紀夫가 있다.

이들 대부분은 혁명가이자 실천가로서 문자 그대로 지행합일의 정신을 스스로의 행동으로 구현하고 있다. 실제로 미시마는 야스오카安岡正篤가 보내준 저서를 읽고 보낸 답장에서 지행합일知行合一의 양명학이 무엇인지를 증명하고 싶다는 엄청난 야심을 품고 있다며 은연중에 할복에 대한 의지를 내비치고 있다.

일본 특유의 양명학으로 발전

왕 하이잉王海鷹은 중국에서 생긴 양명학이 일본으로 전래되어 일본의 역사·문화와 충돌하면서 일본 특유의 양명학으로 발전하게 되었다고 말한다. 즉 일본 양명학은 '행위行란 마음心의 용用'이라는 중국 양명학의 관점을 버리고 실천과 경세치용經世治用을 강조하였으며, 사회적인 실천성을 통해 지행합일 사상을 지고한 이념이나 신앙과도 같이 생각했다. 신념이나 사업을 위해서라면 자신의 생명을 버릴 수도 있다고 여겼던 것이다.

또한 치엔밍錢明은 일본 양명학이 처음에는 유학자들의 문화적인 지식으로 시작하였으나 나중에는 실질적인 수요에 부응하여 점차 무사 계급의 사상적 무기로 변모하게 되었고, 특히 일본의 양명학자들은 도구주의적이고 실용적인 태도에 입각하여 양명학설을 이용하고 개조하였다고 지적한다.

양명학의 창시자인 왕양명은 사농공상士農工商에서 공업과 상업도 모두 본업本業이라고 주장하며 주자학의 본업과 말업末業 구분을 비판했다. 즉 직업은 달라도 유학의 정신道은 같다는 이업동도異業同道의 사상을 전개하며 새로운 신사민론新四民論을 주장했다.

석문심학石門心學을 창시한 이시다 바이간石田梅岩은 "상인의 이익은 무사의 봉록과 같으며 이문을 남기지 않는 장사는 봉록이 없는 무사와 같다. 따라서 장사는 이익만을 욕심내므로 도道가 아니라고 말하지 말라"고 말하며 무엇 때문에 상인만을 천시하고 싫어하느냐고 말했다. 그는 "천하를 위해서 만물을 통용시키며 재물을 융통시키는 것이 교역"이라며 상업의 사회적 기능을 당당하게 주장하고 조금도 경멸받을 이유가 없음을 밝혔다.

일본에 양명학이 들어오기 전에 이미 장인정신은 일반화되어 있었으며 새로 수입된 양명학의 이업동도 사상은 특히 기술자와 노동자들에게 자기의 직업에 대한 자부심을 갖게 만들었다. 또한 상인들은 자기 직업을 더욱 자랑하게 되었다. 임진왜란 때 포로가 되어 일본으로 끌려갔다 귀국한 강항姜沆: 1567~1618은 4년간의 포로생활을 기록한 『간양록看羊錄』에서 당시 일본사회의 장인정신에 대해 언급하고 있다.

"왜놈들은 어떠한 재주, 어떠한 물건이라도 반드시 천하제일을 내세웁니다. 그들은 천하제일이라면, 명인의 손을 거쳐 나온 것이라면, 제아무리 추악하고 하찮은 물건이라도 천금을 아끼지 않고 덤벼듭니다."

천하제일이 되기 위해서는 열심히 노력하는 것이 가장 중요했다. 목숨을 걸고 일하며, 때로는 자결함으로써 일에 전력투구했다는 사실을 증명하기도 했다. 죽음을 각오하고 한다, 죽도록 애썼다는 말이 있듯이, 목숨까지 걸고 노력하는 데서 미美를 발견하고 선善을 감득하도록 부추기는 사회풍조가 생긴 것이다.

일본 정신의 원류, 무사도武士道

문인이 세상을 이끌었던 이씨 조선 500년, 그리고 그 맥을 잇는 오늘의 한국에서 무사의 전통을 찾아보기는 힘들다. 이것은 20세기 중반까지도 무사정신이 사회 전반을 지배했던 이웃나라 일본과 큰 대조를 이루는 점이라고 하겠다. 따라서 무사의 정신을 토대로 한 박태준의 리더십은 그 근본을 일본의 무사도에서 찾을 수밖에 없다.

박태준이 국가의 기간산업인 포스코 건설에 목숨을 걸거나 부정부패가 만연했던 자유당 시절 군의 핵심요직을 맡아 일을 하면서도 청렴의 리더십을 견지하고 실천할 수 있었던 사상적 토대는 바로 무사도이다. 일본의 지도급 인사들은 일본인들의 최고 이상이었던 무사도 정신을 현장에서 실천했던 박태준과의 교류를 자랑스럽게 생각했으며, 박태준이 열정을 불태웠던 포스코 건설에 물심양면으로 최대한 협력했다.

일본의 유명한 격언 중에 "꽃은 사쿠라, 사람은 사무라이"라는 말이 있는데, 이는 무사도를 수호하는 무사야말로 일본인들이 이상으로 추구하는 만인의 귀감이라는 의미이다.

일본의 참모습

오늘날 우리나 서양 세계에 소개된 무사도는 근대의 일본 지식인들에 의해 재발견, 재구성되어 '일본적 가치'로서 서구세계에 제공된 것이다. 1868년 일본이 메이지 유신明治維新을 거쳐 서양에 문호를 개방하면서 이 '무사도'라는 말은 근본적인 변화를 겪는다.

개국 직후 일본은 서양 열강으로부터 열등한 비문명국이라는 멸시를 받았다. 이러한 상황을 타개하기 위해 일본의 지식인들은 자국이 서구열강과 대등한 정신적 유산을 지니고 있음을 증명하고 싶어 했다. 그 열망의 결과물들이 오카쿠라 텐신岡倉天心의 『동양의 이상The Ideal of the East-with special reference to the art of Japan』1903, 스즈키 타이세츠鈴木大拙의 『선 불교에 관한 에세이Essays in Zen Buddhism』1927, 그리고 니토베 이나조新渡戸稲造의 『무사도Bushido: The Soul of Japan』1900였다.

오늘날 우리가 알고 있는 무사도의 개념을 심어준 것은 미국에서 영어로 발간된 니토베의 『무사도』가 계기가 되었다. 이 책은 서구인들에게 일본의 참모습을 알려 주었다. 미국의 루스벨트 대통령은 이 책을 읽고 감명을 받아 대량으로 책을 구입하여 측근들에게 읽어 보라고 권유했다고 전해진다.

니토베는 『무사도』에서 "무사도는 명백한 형태를 지니고 있지는 않지만, 그럼에도 그 도덕적 분위기는 여전히 일본인들에게 강한 영향을 끼치고 있다. 봉건제도의 산물로 생겨난 무사도는 그 모체 노릇을 한 제도가 사멸한 뒤에도 여전히 살아남아 일본인들의 도덕을 비추고 있는 것이다."고 말한다. 니토베는 이어서 무사도의 성립과정에 영향을 끼친 사상 유파 즉 불교, 신도, 유교 등을 설명하면서 특히 양명학이 일본 무사 계급에 더 큰 영향을 주었다고 평가한다.

"명대明代 왕양명王陽明, 즉 왕수인의 책을 읽고 감화를 받은 무사계급이 많다. 심즉리心卽理라는 표어에서 마음이 곧 모든 사물을 재는 근본, 규칙으로서의 기능이 영향을 주었다고 강조하는 것이다. 왕양명은 자신의 양심무류설良心無謬說, 양심에는 오류가 없다는 설을 극단적인 초월주의로까지 밀고 나가 정사正邪의 구별뿐만 아니라 심리적 사실과 물리 현상의 성질까지 인지하는 능력이 바로 양심 안에 있다고 보았으며 인간의 능력을 초월한 사물의 존재를 부정하기에까지 이르렀다. 이러한 양명학의 마음의 철학이 사무라이들의 마음을 감화시켰다."

니토베는 무사도의 가장 풍요로운 근원은 공자의 가르침이라고 말하고 "공자가 주장하는 정치도덕은 평정과 관용, 처세의 지혜가 풍부해서 민중 위에 군림했던 무사의 뜻과 특히 잘 맞아떨어졌다. 또 공자의 귀족적이며 보수적인 언설도 정치가적인 요소가 있는 무사에게 잘 들어맞았다. 공자의 뒤를 이어 맹자 역시 무사도가 기댈 중요한 근거였다. 설득력 있고 민주적인 요소가 다분한 맹자의 가르침은 많은 무사들의 마음을 움직이고 이들을 감동시켰다"고 말한다.

니토베는 무사도의 근원이 되는 요소를 1. 의義 혹은 정의(正義 2. 용기·대담함과 인내의 정신 3. 인仁·측은지심惻隱之心 4. 예의 5. 진실과 성실 6. 명예 7. 충의忠義 8. 교육과 훈련 9. 극기 10. 할복과 복수 등으로 정리한다.

니토베의 『무사도』는 기독교 중심의 서구 세계관으로 일본의 정신을 해석하고 그 정당성을 서양인에게 묻는 담론이라고 할 수 있다. 니토베가 이 책을 저술한 것은 청일전쟁1894-1895의 승리로 인한 일본의 국제적 지위 향상과 국제 정세의 변화와 밀접한 관련이 있다. 일본은 청일전쟁을 거치면서 서구 제국주의로부터 동아시아에서의 지배권을 보장받기 원했고 이를 위해서는 다른 아시아 여러 국가와 차별화할 수 있는, 즉 서양세계와 동등한 정신문화를 만들어낼 필요가 있었던 것이다.

무사도는 군인의 윤리의식

중세 일본 상인들의 에토스는 사무라이들의 생활과는 차이가 있었다. 국가적인 공공의 과제는 사무라이들이 담당해야할 분야이고 자기들은 사무라이들의 지배 하에서 가족과 한정된 사회의 질서와 건전한 이익을 추구하는 것이 봉건적 신분제도 하의 책임을 다하는 것이라는 인식을 갖고 있었다. 다시 말해서 그들이 성장하며 사회화되는 교육과정이나 종교생활 또는 사회경제적 생활환경을 통해 체제가 그들에게 주입시키는 이데올로기적 인식 훈련은 기존 질서와 기존 가치체계의 수동적 수용이었고, 그것은 근면정치, 신용사회, 절약경제의 3대 윤리를 강조함으로써 이루어졌다.

이러한 서민의 3대 윤리는 사무라이들의 3대 윤리라고 할 수 있는 충성정치, 의리사회, 검소경제에 해당되는 내용이라고 할 수 있다. 후자를 무사도라고 하면 전자는 '상인도'가 될 것이다. 명칭에는 차이가 있어도 내용상으로는 봉건제도의 질서유지를 위한 동일한 논리라고 할 수 있다. 그러한 의미에서 중세 상인의 에토스는 무사도의 신분적 기능을 분담하는 성격을 갖고 있고 신분적이기 때문에 소극적이고 수동적인 한계가 있다고 할 수 있다.

메이지 시대에 천황이 반포한 '칙유勅諭'와 '칙어勅語'는 일본인에게 유일한 성전이라고 할 수 있었다. 군인칙유軍人勅諭는 1882년에 메이지 천황이 하사한 군인의 덕목으로서 복무 중인 군인에게 내려졌지만 학교에서도 이를 가르쳤다. 전통적인 사무라이 정신의 계승이라고 할 수 있는 군인칙유는 일본 군국주의가 발전하는 데 광범위하고 흔들림 없는 사상적 기반이 되었다. 민속학자 야나기다 쿠니오柳田國男는 "메이지 유신 이후로는 과거 소수의 사람들을 통해서만 이어져 내려오던 사무라이 계급의 생활방식이 전 국민에게 파급되었다."고 지적했다. 다시 말해 일본 국민이 모두 사무라이처럼 변해갔던 것이다.

김용서는 무사도에 대해 다음과 같이 말한다.

"무사도의 내용을 보면, 집단을 위해 구성원의 자기희생을 강조하는 군인의 윤리의식이라고 할 수 있다. 현세적 향락과 권력욕을 억제

하는 금욕적 계율 또는 교리가 기독교의 윤리와 비슷한 의미와 기능을 갖고 있었다. 그것은 '사무라이'의 종교적 신앙의 기능을 갖는 이념이며 가치체계였다. 무사가 충성을 가장 높은 가치로 삼고 주군과의 의리를 지키기 위하여 생명을 희생하는 단계에 이르기까지 최선을 다해야 한다는 '국가윤리'이다. (중략) 그것은 우선 제1단계로서 몰아적沒我的 헌신을 체질화시켜야하고, 제2단계로는 가족·가문·지역에 대한 효도나 지역감정보다 국가에 대한 충성을 더욱 중시해야 한다. 이처럼 무사도는 자기의 이해를 자기가 속한 정치집단의 이익을 위해 희생하고 자기가 속한 일차집단인 가족, 가문이나 고향의 지역적 이해 등 특수성보다 보편성을 갖는 국가적 이해를 앞세우고 있다. 주군과 동료에 대한 사무라이의 '의리'는 가족관계에 대한 '의리'보다 훨씬 철저하게 이행되었다. 그것은 명예를 중시하는 사람이 상사와 동료에게 바치는 충성으로서 사무라이의 덕목으로 간주되었다.

명예에 대한 의리는 자신의 명성을 귀하게 여기고 티끌만큼의 오점도 없게 하는 것을 가르킨다. 이런 의리는 수많은 덕을 토대로 한다. 명예에 대한 의리를 지키려면 자신의 신분에 맞는 모든 예절을 행하고, 고통을 인내해야 하며, 전문적인 직업과 기술 분야에서 자신의 명성을 옹호하고, 자신을 향해 온갖 비방과 모욕을 가하는 사람들에게 복수해야 한다. 명예에 대한 의리를 지키기 위해 일본인은 가능한 모든 수단과 방법을 동원하며 심지어는 살인이나 자살과 같은 극단적인 방법을 사용하기도 한다. 그들은 자신의 명예를 훼손하는 일을 절대 태연하게 보아 넘기지 않는다."

메이지 무사도와 쇼와 무사도

일본 근대기의 수많은 지식인들은 양명학을 높이 평가했다. 왕양명의 사상 속에 깃든 강한 실천주의적 요소예를 들면 지행합일가 사무라이들을 감화시켰던 것이다. 왕양명 또한 칼을 차고 전쟁에서 전투하던 군인이자 학자요 정치가였다는 사실을 상기하면 사무라이들이 왕양명의 사상에 깊이 공감할 수밖에 없었던 배경을 쉽게 이해할 수 있을 것이다. 사무라이들은 무사도의 기초로서 왕양명을 가장 높이 숭앙했다.

막말幕末의 지사志士들은 대개가 하급 사무라이 출신이었다. 이들은 명 말기明末期 최대의 양명학 계승자로 유종주劉宗周, 1578-1645를 지목하고 명조明朝에 대한 그의 순사殉死를 무사도의 충군忠君 · 애국愛國정신과 연결시킴으로써 그 죽음을 찬미했다. 일본의 근대기에 양명학은 '지사정신志士精神'으로 재탄생하게 된 것이다. 일본에서 주자학과 양명학의 중심적 담당자가 주로 무사나 군인이었기 때문이다.

잘 알려져 있다시피 왕수인은 최후에 농민 반란군을 진압하고 돌아오던 중에 죽음을 맞이했다. 주군主君을 위한 결연한 죽음, 칼에 깃든 무사의 혼, 명예, 할복 등등 무사도에서 가장 중요한 요소들과 매우 잘 어울리는 유학자가 왕수인과 유종주 두 사람이었던 것이다.

근대 일본은 천황을 중심으로 하는 권위주의적 군국국가로서 대외팽창을 위해 전쟁을 끊임없이 반복했다. 군인의 본분은 천황에게 충절을 바치는 것에 있다고 한 군인칙유軍人勅諭나 국민도덕의 기본인 충忠은 효孝 이하의 모든 덕목과 일치한다고 가르친 교육칙어1890년 등이 군대와 학교를 통해 국민에게 주입됨으로써 충군애국과 진충보국의 사상이 퍼져갔는데, 그 과정에서 무사도가 이용되었다.

1941년 육군대신 도죠 히데키東條英機는 군인이 전장에서 지켜야할 도덕과 마음의 자세로 전진훈戰陣訓을 각 부대에 시달한다. 이 전진훈戰陣訓은 무사도의 주요 사상을 전반적으로 많이 이어받으면서 세세한 각론에서는 전장에서 군인이 지키고 명심해야할 규칙들을 강조하고 있다. 군인칙유가 '메이지 무사도'라고 한다면, 전진훈은 쇼와昭和시대에 나타난 '쇼와 무사도'라고 할 수 있다. 그리고 쇼와 무사도는 또 황도皇道 무사도이기도 했다. 군인칙유처럼 무사도의 여러 정신을 그대로 유지한 것으로서 무사도가 군인정신으로 바뀌었고 역시 주군에 대한 충성을 천황에 대한 충성으로 바꾸고 있다.

메이지 일본의 발전은 과거 일본의 유산 위에서 비로소 가능했다. 예컨대 일을 열심히 하고 그것을 낭비하지 않는다고 하는 윤리와 도쿠가와德川 시대에 통일국가를 형성하고 있었던 점들은 중요한 유산이었다. 보다 정확하게 말하자면 도쿠가와 시대의 평화롭고 정체적이며 고립되었던 260년은 일본에게 '사회자본'을 마련해주었던 것이다. 유럽제국의 경우와 마찬가지로 봉건제도는 근대국가의 기초를 만들었다. 특히 통치를 담당할 계급으로서 사무라이 계급이 쌓은 경험은 관료제와 조직 능력을 가진 인간을 만들어 내었다. 산업육성에 있어 구 무사들의 큰 강점은 조직에 의해 행동하는 능력을 가지고 있었다는 점이다.

무사도 정신의 양면성

서구의 많은 일본 연구가들이 이구동성으로 주장하는 바와 같이 일본인들은 서구적인 유일신기독교 종교가 아닌 다신교의 입장그것은 오히려 비종교적인 경향을 의미임에도 불구하고 무사도를 통해 결과적으로는 '프로테스탄트의 윤리와 자본주의 정신'에 나타나고 있는 '금욕성'과 '합리성'으로 서구와 유사한 발전을 달성할 수 있었다. 전후 일본인들이 경제 분야에 총력을 집중했던 상황에서 이러한 '금욕성'과 '합리성'의 전통은 그 효과를 군사 분야에 집중시켜 오던 '전전戰前'보다 한층 증대되었다. 그것은 분명히 '전전'과는 다른 현상이면서도 역시 '전전'부터 지속되어 온 전통적 요소라는 점에서 '전통의 현대적 적응'이라고 표현할 수 있을 것이다.

그러한 의미에서 '전전'의 일본을 이끌어 온 리더십의 바탕은 다시 메이지 유신의 정신으로 소급되며, 그것은 곧 충성과 금욕적 자기희생의 '무사도' 정신으로 귀착된다고 할 수 있다. 그러한 정신은 항상 새로운 상황을 개척해가는 도전의 용기임과 동시에 전통을 고수하는 보수주의적 침착성을 의미한다. 따라서 전통과 오늘을 연계시키는 매개 기능이 바로 '무사도 정신의 양면성'이라고 할 수 있다.

일본이 300여개에 가까운 작은 국가로 나뉘어져 있을 때 각 번藩, 소국가은 젊은이들의 교육에 열심이었다. 이 교육은 단순히 책만 읽는 것이 아니었다. 사서오경을 읽어 지식이나 덕을 높임과 동시에 무도武道에도 시간과 에너지를 쏟게 했다. 검술이나 궁술뿐만 아니라 유도나 합기도로 발전하는 유술柔術과 같은 기술, 창술이나 봉술이나 장술杖術

은 물론이거니와 말 타기와 물 속에서의 수련도 했다. 에도 시대의 무사 수업은 대략적으로 말하자면 책을 읽는 공부와 무도의 비율에 균형을 맞춰 인생의 수양을 쌓도록 한 것이다.

무도수련의 가장 큰 성과는 지속적인 담력이나 순간적인 판단력의 함양이었다. 부대의 우두머리였던 사무라이에게는 지성과 체력이 균형을 이룬 기초능력이 필요했다. 전시에는 전쟁터에 나가고 평시에는 행정에 임하는 기본적인 능력이 뛰어난 사람이 무사였던 것이다. 행정 업무와 달리 전쟁터에서는 순간적인 판단력이 중요했다. 따라서 평상시에 여러 가지 무도에 정진하여 자연스럽게 몸이 반응을 하도록 훈련을 해두지 않으면 안 되었던 것이다.

무도와 책 읽기로 단련한 무사들은 막말幕末의 테러나 내전에서도 충분히 그 담력을 발휘했다. 정치가로서 공적을 쌓은 사카모토 료마坂本龍馬나 기도 다카요시木戸孝允는 모두 일류 검객이었지만 무도 솜씨를 자랑스럽게 사용한 적이 없었다. 그들은 오히려 검술을 비롯한 무도를 통해 정치라고 하는 사지死地에서도 살아남을 수 있는 타이밍이나 담력을 본능적으로 체득하려고 했던 것이다.

도레이東レ-의 대표이사를 역임한 이이지마 히데타네飯島英胤는 일본인은 무사도의 정신을 옛날부터 가정이나 학교에서 지도하여 왔으며, 지금도 일본인의 마음속에 정착되어 있다고 말한다. 그 가운데서도 '측은惻隱의 정情'은 중요한 가르침의 하나라며 '약자에 대한 배려', '열등한 사람에 대한 동정', 그리고 '패자에 대한 공감'을 든다. 이러한 무사도의 가르침은 일본의 전통적인 스포츠인 검도, 유도, 궁도, 스모는

물론이고 꽃꽂이, 다도 등에도 녹아있다. 일본에서 경영의 신神으로 존경받았던 파나소닉 그룹의 창업자 마쓰시타 코노스케松下幸之助도 '마음열린 마음 경영'에서 마음을 무사도의 충忠과 연결시키고 있다.

봉건 무사의 실천적인 규범이 현대 일본인의 생활을 규제하고 있다는 사실을 보면 무사의 사상이 가지는 역사적인 의의가 의외로 크다는 사실에 놀라지 않을 수 없다. 메이지 이후 일본은 형태상으로는 근대화 사회이다. 그러나 메이지 이후 일본을 지배한 도덕은 근대 시민의 도덕이라기보다는 봉건 무사의 전통이었다.

메이지 유신으로 사민평등이 이루어져 무사계급이 사라졌기 때문에 무사도도 없어질 것으로 생각되지만 사실은 그렇지 않다. 근대의 무사도는 출판물과 군인 정신, 전진훈 등에서 뚜렷하게 엿볼 수 있는데, 이것은 한결같이 천황을 위해 절대 충성을 강요하는 무사도로 일관되어 있다. 근대의 무사도는 2차 대전 때 천황을 위하여 옥쇄를 하는 가미가제神風 특공대와 같은 극단적 형태로 나타났고, 그 영향이 오늘날도 알게 모르게 일본 국민에게 이어지고 있다고 보아야 할 것이다.

4

우향우, 포스코와 함께 살고 함께 죽는다

포항제철소가 건설되기 전 우리나라의 철강 산업은 거의 황무지 상태였다. 한국 정부가 철강 산업의 중요성을 인식하고 처음으로 종합제철소 건설 계획을 세운 것은 1958년 자유당 정부 시절이었다. 그러나 연간 선철 20만 톤 생산을 목표로 한 이 계획은 한국의 대외 신용도 부족으로 인한 자금 부족, 정국 혼란 등으로 무산되고 말았다. 결국 다섯 차례에 걸친 자유당 정부의 제철소 건설 시도는 모두 무위로 끝났다.

이후 종합제철소 건설이 좀 더 구체화된 것은 박정희 대통령이 취임하면서부터다. 박정희 정부는 철강 산업을 다른 산업에 기초 소재를 제공하는 근간 사업으로 인식하고, 조국 근대화라는 국가적 비전을 이루기 위해 종합제철소 건설을 구상했다. 이를 위해 1966년 12월 미국 코퍼스사를 중심으로 종합제철소 건설을 위해 5개국 8개사가 참여하는 대한국제제철차관단KISA: Korea International Steel Associates이 정식 발족했다. 하지만 이 사업에 대한 세계은행의 부정적인 보고서를 계기로 서방 참여기업들이 발을 뺌으로서 한국은 다시 한 번 절망적인 상황에 직면하게 되었다. 이러한 상황 속에서 유일하게 남은 희망은 일본의 협력이었다.

당초 종합제철소 건설에 대한 일본 정재계 지도자들의 반응은 모두 부정적이었다. 하지만 그런 그들이 나카소네 전 총리의 표현처럼 '기꺼이' 협력했다. 이들이 태도를 바꾼 것은 바로 박태준 때문이었다. 후쿠다 전 총리는 일본의 정재계 인사들이 국경을 초월해 박태준을 흠모했다고 밝히고 있다. 이 때문에 전폭적으로 포항제철의 건설에 협력했을 뿐 아니라 그와의 친교를 자랑스럽게 생각했다. 박태준이 일본의 협력을 이끌어내며 포스코를 성공시키는 과정에서 발휘된 그의 리더십의 일본 문화적 속성은 7가지로 분석된다. 이 부분과 관련해서는 앞에서 다소 간략하게 정리했으나 여기서는 좀 더 자세하게 설명하기로 한다.

중요한 것은 인간관계

박태준은 군 지휘관 시절이나 대한중석 사장 시절부터 인간관계를 소중히 했다. 직원은 물론이거니와 그 가족에게까지 세심하게 배려하며 복지에 관심을 쏟았고 이것이 조직의 사기앙양에 크게 기여했다. 인간관계를 중시하는 박태준의 리더십은 국내외를 가리지 않았다.

포스코 초창기 시절, 박태준은 담당 부장이 고참 직원의 승진을 건의하자 그 건의를 받아들일 수 없는 이유를 담당 부장에게 구체적으로 설명할 수 있을 정도로 직원의 신상을 환하게 꿰뚫고 있었다이상수 증언. 또 일본기술단 단원들의 신상도 놀라울 정도로 숙지하고 있었으며모모세 증언, 안전사고를 일으킨 직원을 처벌하기에 앞서 해당 직원의 집을 직접 방문하는 등 사고 원인을 종합적으로 파악하여 조직의 인사 관리 시스템을 개선하는 기회로 활용했다이상수 증언. 더불어 임원의 장례식에 참석해서는 진심어린 추도사를 통해 참석자들을 울리기도 했고모모세 증언, 일본의 지인과 거래처 인사들에게는 성심성의를 다해 대했다.

그뿐만이 아니었다. 박태준은 이들이 현업을 떠난 후에도 변함없는 애정을 보였다홍건유, 우쓰미 증언. 당사자가 죽은 뒤에는 산소를 찾아가 참배하고고니시, 고레나가 증언, 제철소 사장임에도 불구하고 거래처 실무자들까지 만나 감사를 표하거나 식사를 대접하는 등 상하를 가리지 않고 인간관계를 소중히 여기는 리더십을 보여주었다야히로 증언.

박태준은 특히 약속에 철저했다. 일단 약속을 하면 반드시 지켰고, 특히 상대방이 일본인인 경우에는 더욱 철저했다. 그래서 일본인들은 박태준의 약속은 틀림없다는 신뢰감을 가졌다. 대한국제제철차관단의 협력이 불가능해진 절망적인 상황 속에서 박태준이 이른바 '하와이 구상'을 들고 동경의 야스오카를 찾아갔을 때 야스오카는 흔쾌히 그의 부탁을 들어주었다.

야스오카는 박태준이 대일특사로 일본에 갔을 때 단 한 번 인사를 나누었을 뿐이지만, 일본 철강업계의 거물 야와타제철의 사장 이나야마를 소개해주었다. 단 한 번의 만남이었지만 박태준의 인간됨을 간파했던 그는 흔쾌히 조력자로 나서주었던 것이다. 양명학의 권위자였던 야스오카는 일본 정재계 인사들의 존경을 받으며 큰 영향력을 행사했던 막후의 실력자였다.

사토 에이사쿠佐藤英作 수상은 재임 기간이 7년 8개월로 전후 최장수 총리였는데, 야스오카를 스승으로 모시고 국정 운영에 그의 자문을 받았다. 이와 관련된 증언이다.

"사토의 수상 재임 중 야스오카는 대략 월 1회, 혹은 2개월에 1회 꼴로 사토의 요청으로 수상 관저를 방문했다. 항상 오후 3시경 수상 집무실에서 만나 30여 분간 환담을 나누었다. 이와는 별도로 사토는 매월 1회 저녁시간에 요정 '후쿠다야'에 야스오카를 초청해서 2시간 가량 환담을 나누었다. 여기서는 수상인 사토가 아래에 앉고 야스오카를 늘 상석에 앉게 했다."

박태준을 만난 이나야마는 한국의 제철소가 일본의 설비, 기자재, 기술 등을 가지고 세워지면 양국 모두에게 큰 이익이 될 것이라고 말하고, 지리적으로 가깝고 문화적으로도 공통점이 많아서 의사소통에 따르는 문제도 그만큼 줄어들 것이라며 한국의 종합제철소 건설에 적극적인 관심을 표명했다. 박태준을 처음 만났을 때 이나야마는 과거의 한일 관계에 대해 편견이 없었고 오히려 사과하는 입장이었다고 박태준은 기억한다.

1969년 8월 하순에 열린 제3차 한일각료회담에서 '대일 청구권 자금 전용'에 대한 합의를 끌어내야 한다는 결정이 내려지자 박태준은 바로 동경으로 날아갔다. 일본철강연맹의 협조를 얻고 일본 정계와 내각의 중심인물들을 만나 그들의 마음을 돌려놓기 위해 로비활동을 전개했다. 정계에서는 기시 노부스케岸信介 전 수상, 가야 오키노리賀屋興宣 전 대장대신, 치바 사부로千葉三郎 전 노동대신, 이치마타 히사토一萬田尙登 자민당 해외경제협력위원장, 재계에서는 해외협력기금총재 다카스기 신이치高杉晉一, 경단련 회장 우에무라 코고로植村甲吾郎 등을 만났다.

야스오카는 현직 수상인 이케다 하야토池田勇人에게도 협조를 부탁했으며, 관방부대신 기무라 토시오木村俊夫, 외무대신 아이치 기이치愛知揆一, 대장대신 후쿠다 다케오福田赳夫, 나카소네 야스히로中曾根康弘 운수대신, 오히라 마사요시大平正芳 통산대신 등도 만날 수 있게 주선했다. 당시 40세의 젊은 사장 박태준이 이러한 일본의 거물들을 만날 수 있었던 것은 야스오카의 협조가 있었기에 가능했던 것이다.

물론 모든 주요 인사들이 박태준에 호의적이었던 것은 아니었다. 경제학자로 자처하는 일본의 통산대신 오히라는 끝까지 포항제철 건설에 반대하며 박태준을 힘들게 했다. 오히라는 중의원 10선으로 뛰어난 협상 수완으로 명성을 얻은 인물이었다. 제2차 이케타池田 내각의 외무상1962으로 한국과 국교를 회복하기 위해 김종필과 교환한 '김·오히라 메모'로 물의를 일으키기도 했지만 결국 한일회담을 타결시켰다1965. 다나카田中 내각에서도 외무상으로 중국과 국교를 정상화시켰으며 1978년 자민당 총재 선거에서 승리하여 총리를 역임했다.

오히라도 야스오카로부터 협력 요청을 받기는 했지만 박태준의 사람됨과 인내력을 테스트했다. 그는 박태준과의 두 번에 걸친 면담에서 한국의 제철소 건설은 시기상조이므로 농업개발에 힘을 기울여야 한다고 어깃장을 놓았다. 박태준은 오히라에게 세 번째 면담을 신청한 다음 동경의 정부간행물 보관소에 들러 대응 논리를 준비했다.

세 번째 면담에서 박태준은 포항제철의 설립이 단순히 경제적인 이유가 아니라 북한과 최전선에서 대치하고 있는 한국의 안보상황과 깊이 관련돼 있다는 사실을 설명했다. 메이지시대 제철소가 없었던 일본은 청일전쟁을 앞두고 영국에서 비싼 돈을 주고 군함을 구입했다. 이어 러시아와 또 전쟁을 해야 할 상황에 처한 일본은 또다시 비싼 돈을 주고 군함을 구입해서는 경제가 파탄 날 상황이었기에 제철소를 건설하지 않을 수 없었다. 박태준은 이 점을 상기시켰다.

"한국은 지금 중화학 공업화를 추진하지 않으면 안 되는 상황에 있다. 지금 국제 공산주의에 대항해 민주주의 국가들이 투쟁을 하고 있는데 한국이 최전선에 있다. 언제까지 무기를 미국으로부터 원조 받을 수 있을는지도 알 수 없다. 때문에 박 대통령은 결심을 하고 적어도 최전선의 무기 정도는 자국의 손으로 만들려는 것이다. 일본이 노일전쟁에 대비해서 군함을 만들어야겠다고 결심한 것과 같다."

이렇게 설득하자 오히라는 더 이상 반대를 할 수 없게 되었다고 후일 토로했다. 박태준의 집중적인 로비로 일본 정재계 수뇌부의 협력이 확보됐다. 1969년 8월 26일부터 3일간 동경에서 열린 제3회 한일 정기각료회의에서 한국은 종합제철소 건설을 대한 경제 협력의 최우선 과제로 올리고 일본 측의 협력을 요청할 수 있었다.

한일 정기 각료회의에서는 종합제철소 건설 문제가 한일 간의 경제 협력 혹은 청구권 자금과 관련해서 집중적으로 토의되었다. 청구권 자금은 협정에 '대한민국의 경제 발전에 도움이 되는 것이어야 한다.'고 규정되어 있어서 무상無償은 주로 농업개발, 유상有償은 중소기업과 도로, 철도, 항만 등 기초부문의 투자에 사용한다는 조항이 있었다.

종합제철소 건설로 청구권 자금을 전용하는 것은 이 조항에서 벗어나는 것이었으므로 통산성, 외무성, 대장성 등 실무 당국은 난색을 표시했지만, 야스오카의 사전 부탁을 받은 사토 수상 등 정부 수뇌부는 협력할 마음을 이미 굳히고 있었다. 그런데 사토로부터 적극적인 협력을 이끌어낸 사실을 한국의 정부 당국이 발설하면서 사토는 국회에서 야당의 집중 공격을 받게 된다.

박태준은 포항제철을 건설하는 과정에서 일본의 정재계 인사들로부터 많은 도움을 받았다. 하지만 그런 도움을 준 사람들이 현직을 떠난 뒤에도 박태준은 그들을 살뜰하게 챙겼다. 수상직에서 물러난 스즈키 젠코鈴木善幸가 야인으로 있을 때 박태준은 포스코 동경지사장을 보내 고급 백자와 직접 붓으로 쓴 장문의 두루마리 편지를 보냈다. 그때 스즈키는 감명을 받고 눈물을 글썽였다고 이상수는 증언한다.

1981년 5공 시절 시작된 한일 경협 40억 불 건은 스즈키가 수상으로 있을 때 추진되었다. 하지만 교과서 파동으로 중단이 되었다가 후임인 나카소네 수상이 들어서서 완전 타결이 되었다. 당시 박태준은 일본 측 창구였던 세지마 류조瀨島龍三와 빈번한 접촉을 가지면서 일의 성사를 위해 뛰었던 적이 있다.

미쓰비시상사의 중기重機부장으로 포항제철과 처음 인연을 맺은 우츠미 기요시內海淸 전 부사장은 심근경색으로 수술을 받고 회사를 떠나 요양을 하고 있었다. 그런 우울한 시기에 박태준이 전화를 걸어와 한국으로 초청하고 싶다는 뜻을 전해왔다. 건강이 다소 호전이 된 후 그는 박태준의 호의를 받아들여 방한하여 환대를 받았다. 육체적, 정신적으로 우울했던 당시 그는 이미 한국 관련 업무를 떠난 지 오래되었다. 그런 그를 기억해주고 사기를 북돋아준 박태준의 우정에 그는 감명을 받았다. 이러한 소문은 박태준에 대한 일본 정재계의 신뢰를 더욱 높이고 계속적인 협력을 얻어내는 데 큰 도움이 되었다.

포스코의 4기 공장 준공식에 포스코의 은인인 후지노 츄지로藤野忠次郎 미쓰비시상사의 전 회장을 초청했지만 그는 건강 악화로 참석할 수 없었다. 홍건유 당시 포스코 동경사무소장이 준공식 행사가 끝나 귀국하겠다고 박태준에게 보고하자 그는 가는 길에 포스코 4개의 고로가 다 들어간 사진을 찍어 액자에 담아 후지노 회장에게 선물로 가지고 가라고 했다. 그가 액자를 가지고 동경의 후지노 전 회장의 병상을 찾아갔더니 그는 액자의 사진을 손으로 어루만지면서 "어느새 850만 톤 규모의 제철소를 만들었느냐"며 감개무량해 했다고 한다.

상호신뢰에 기초한 인간관계

박태준과 이나야마의 우정의 씨앗은 후대에도 이어진다. 철강업계 최고 지도자들이 월 1회 모이는 일본철강연맹의 운영위원회에서의 일이다. 2000년 2월 25일 이 해에 2회째 회장을 맡고 있는 신일본제철의 지하야 아키라千速晃 사장이 운영위원회에 모습을 나타내지 않았다. '철의 결속'을 상징하는 회합에 회장이 결석하는 일은 과거 공무를 이유로 두 번 밖에 없었다.

이때 지하야는 서울에 있었다. 포항종합제철의 사장이었던 박태준의 총리 취임을 축하하기 위한 방한이었다. 지하야는 신일본제철 초대 사장이었던 이나야마의 비서를 할 때부터 박태준을 알고 있었다. 지하

야와타 제철 이나야마 사장과 업무 협의하는 박태준

야가 사장에 취임한 후 2개월 만에 발표한 포항제철과의 지분 공유 구상은 박태준의 "옛날에 부탁한 일을 아직 기억하고 있는가"라는 한 마디가 계기가 되었다.

2000년 8월 2일 신일본제철은 조강 생산량 세계 1위인 한국의 포항종합제철과 전략적 제휴를 맺었다. 자본 제휴를 포함하는 세계 제1위와 2위의 연합은 업계를 깜짝 놀라게 했다. 일본의 철강업계로서는 '불구대천不俱戴天의 적'이라고 할 수 있는 포항제철과 신일본제철이 손을 잡은 것이다. 옛 사장인 이나야마와 박태준의 신뢰 관계가 이어져서 각각의 측근이었던 지하야와 포항제철의 당시 회장 유상부가 결정한 제휴였다.

박태준의 인간관계는 신뢰에 기초한 인간관계였다. 단순히 비즈니스를 이어가기 위한 인간관계가 아니었던 것이다. 인간관계를 소중히 여기는 그의 태도는 부하 직원들에 대한 애정에서도 고스란히 드러난다. 특히 부하 직원이 실수를 저질렀을 때 그는 전후 사정을 상세히 살펴서 본인의 잘못이 아닐 경우에는 큰 품으로 감싸 안는 넓은 아량을 보여주었다.

한번은 제강공장에서 크레인 기사가 쇳물을 옮기다가 조작 실수로 바닥에 쇳물을 쏟는 안전사고가 일어났다. 급거 귀국한 박태준은 공항으로 마중 나간 설비부장 이상수를 대동하고 바로 크레인 기사의 집으로 향했다. 크레인 기사의 집을 직접 방문해 사정을 알아보니 부양가족이 많은 사고 기사는 낮에는 연탄배달을 하고 저녁에는 포항제철에서 크레인 기사 일을 하고 있었다. 쉬는 시간이 없다보니 수면 부족으로 사고를 낸 것이 확인 되었다. 박태준은 크레인 기사를 처벌하지 않았다. 대신 유사한 안전사고를 막을 수 있는 정확한 대책을 강구했고 이후 포스코에서는 안전사고가 재발하지 않았다. 이렇듯 박태준은 생각하는 관점이 보통 사람과는 달랐다고 이상수는 증언한다.

이상수가 포스코에서 일반설비부장을 할 때 그의 부하 직원들이 500명에 달했다. 그때 고참 직원이 계장으로 승진을 시켜달라고 요구했다. 그래서 사장인 박태준에게 건의를 했더니 "이혼을 해서 가정이 정상적이지 않고, 일상생활도 문제가 많은 사람인데 그래서 승진이 되겠느냐?"고 반문했다. 이상수가 놀라서 확인해보니 사실이었다. 박태준은 사람을 보면 그 사람의 적성을 생각하고, 이 사람을 어떻게 조직에서 활용할 것인지 파악한 다음, 그에 합당한 보직을 부여하고 연수를 보내는 등 세심하게 관리를 했으며 인사 담당자 못지않게 직원들의 신상을 파악하고 있었다.

박태준은 특히 인정이 많았다. 하지만 본인이 인정이 많다는 사실을 알게 되면 상대방이 가볍게 대할까봐 이를 의도적으로 숨기려했다. 미쓰비시상사 소속으로 일한경제협회에 파견 나와 있던 고레나가 카즈오是永和夫 전무이사는 2000년 일한경제협회 회장으로 취임한 사사키 미키오佐々木幹夫 회장을 수행해서 서울을 방문했을 때 박태준을 3회 만났다. 두 번은 신라호텔에서 같이 식사를 했고, 한 번은 박태준의 사무실로 예방했는데, 박태준은 포스코 건설 당시를 회고하면서 눈물을 많이 흘렸다고 한다. 특히 신일철의 이나야마 회장, 미쓰비시상사의 후지노 회장 그리고 우쓰미 중기부장이 화제에 오르면 눈물을 많이 흘리면서 그들을 그리워했다고 한다.

정이 많고 눈물이 많은 박태준의 인간적 특징은 그의 수십 년 지기인 한국 미쓰이물산의 상임고문 모모세도 증언한다. 기계 파트의 전문가인 울산의 한국알미늄 임원 한 사람이 스카우트되어 와서 포스코에서 일을 했는데 그가 암으로 순직했다. 회사장으로 장례식이 치러졌는데 박태준은 조사를 읽으면서 그만 울고 말았다. 그의 우는 모습을 본 임직원들까지 모두 울음을 터뜨려 장례식장은 눈물바다가 되었다.

박태준과 관련해 모모세는 이런 기억도 갖고 있다.

"박태준이 모친상을 당했을 때 조말수 전 포스코 사장이 부산광역시 기장의 상가로 문상을 왔다. 문민정부 들어 사장을 맡아 포스코에서 박태준의 흔적을 지우는데 앞장섰던 사람이었다. 당시 포스코에서는 박태준과 관련이 있는 인사들에 대해서는 임원에서 말단 직원에 이르기까지 대대적인 숙청이 이루어졌다. 상가에 나타난 그를 보고 포스코의 전직 임직원들이 모두 냉랭하게 대하는 가운데 그를 발견한 박태준은 구석에 불편하게 앉아있던 그를 불러서 정중하게 인사를 했다. 그 모습을 보고 나를 비롯해서 장례식에 참석했던 모든 사람들이 놀랐다. 조말수는 박태준의 비서실장을 역임한 측근이었다."

박태준이 김영삼 문민정부의 예상되는 박해를 피해 일본으로 갔을 때 가장 힘들어했던 것이 과거 부하 직원들의 배신에 대한 인간적인 아픔이었다. 이 아픔이 가장 견디기 어려워 숱한 밤을 잠을 설쳤다고 한다. 마음을 잡기 위해 좋아하는 붓글씨를 써보려고 종이를 펼쳐도 마음이 흔들려서 글이 제대로 써지지 않았다고 부인 장옥자는 증언한다.

장기적인 시야

박태준은 리더는 눈앞의 이해에 사로잡혀서는 안 되고 장기적인 관점에서 판단해야 한다고 생각했으며, 또 이를 실천했다. 그는 부장은 1년, 임원은 3-5년, 그리고 사장은 최소한 10년 뒤를 내다보고 판단하라고 주문했다. 모두가 30만 톤 제철소 계획에 매달려있을 때 박태준은 과감하게 최소 100만 톤 공장이 필요하다고 주장했다. 이를 위해 공장의 도로를 일본 기술자들이 만든 설계도보다 최소 두 배 이상 확장토록 지시하는 바람에 당시 중앙도로를 보고 활주로를 만드느냐는 비아냥까지 들었다이상수 증언.

향후 선진국에 대한 수출을 염두에 두고 박정희와 3회에 걸친 토론을 통해 결국 상법상의 주식회사로 설립했으며, 후방 건설 방식을 택해 제철소 역사상 최초로 조업 초년도에 흑자를 시현했다. 주변의 반대를 무릅쓰고 미래 효자산업이 된 전자산업을 위해 전기도금강판 공장을 대규모로 만들었으며김동재, 2012, 꿈의 제철소인 파이넥스 공법을 개발하라고 아이디어를 낸 사람도 박태준이었다.

포항제철은 포항에 한국 최초의 잔디구장을 건설했으며, 월드컵 개최지 결정을 위해 방한한 피파FIFA 조사단은 당시 국내에서 유일했던 포스코의 잔디구장을 시찰했다. 박태준이 일본에서 성장하면서 체득한 일본 문화 가운데 가장 특징적인 것이 미래지향적인 사고방식이다. 자연재해가 특히 많은 일본인들은 과거는 곧 강물에 흘려버리고 미래에 대비하는 생활 자세로 살아간다.

박태준은 박정희에게 제철소에 대한 자신의 생각을 밝히면서 종합제철소는 수많은 공장과 부대설비로 구성되기 때문에 소규모로는 성공하기 어렵고 장기적 안목에서 대규모로 건설해야 경제적으로 유리하고 국가에도 이득이 될 것이라는 주장을 했다. 일본에서 초청한 가와사키川崎제철의 니시야마 야타로西山弥太郎 사장도 국내의 제철소 후보지를 둘러본 다음 포항을 추천했으며, 100만 톤부터 시작해야 한다는 점과 항만시설의 중요성을 박태준에게 강조했다. 당시 한국은 겨우 30만 톤부터 시작하는 계획에 매달려 있었다.

포스코 1기에 투입된 일본기술단JG은 포항제철이 잘해야 200-300만 톤 정도를 건설할 것으로 생각했다. 1기 공사를 앞두고 일본기술단이 초안한 '공장 위치 계획도'를 보고 박태준은 도면에 연필로 선을 그었다. 모든 도로를 설계도보다 두 배 더 넓히는 것이었다. 이튿날 아침, 일본기술단의 간부가 항의를 하자 박태준은 "일본기술단은 자문하는 역할이며 결정은 책임자인 사장이 한다. 자문은 100% 수용할 수도 있지만 안할 수도 있다"며 항의를 일축했다. 포스코 중앙도로를 보고 많은 사람들이 비행기 활주로를 만드느냐고 비아냥거렸지만 지금 와서는 이 도로도 좁게 느껴진다고 한다. 일본 기술자들의 생각과는 달리 박태준의 머릿속에는 이미 1000만 톤의 제철소가 그려져 있었다.

종합제철소의 설립 형태를 놓고 박태준은 대통령과 3회에 걸친 열떤 토론을 했다. 박태준은 상법상의 주식회사 형태를 주장하고 박정희는 박태준을 배려한 '특별법에 의한 국영기업체'를 주장했다. 박태준은 대한중석 경영 경험을 통해 관료주의와 정부 간섭의 폐해를 절감했기 때문에 종합제철은 정치적 영향과 관료의 간섭을 적절히 막아낼 수 있는 민간 기업으로 가야 한다고 판단했다. 여태껏 국영 기업체들이 적자를 내고 있는 것은 최고 경영자의 책임 의식 부족 때문이라고 말한 박태준은 그가 가진 제철소의 비전을 밝혔다. 이와 관련해 초대 일본기술단의 단장 아리가는 다음과 같이 증언한다.

"일본에서도 철강업은 100년 전인 1896년메이지 29년 관영 야와타 제철소로부터 시작했지만, 이후 언제나 국가 목적에 의한 통제나 국가의 비호를 필요로 했다. 이것이 주식회사로서 야와타제철소와 후지제철소로 되기까지에는 태평양 전쟁을 사이에 끼고 반세기의 시일이 필요했다. 그때야 비로소 국가 보호에서 자립하고 관료의 지배를 벗어나서 자주적인 경영이 가능해진 것이다. 한국에서는 이 50년을 생략하고 창업부터 주식회사로 시작했다는 점은 박태준 위원장의 혜안과 그 의견을 받아들인 박정희 대통령의 영단에 의한 것이었다."

박태준은 포스코의 건설 방식을 '후방 방식'으로 선택했다. 제선-제강-압연이라는 철의 제조방식을 따르는 전방 방식과 달리 압연공장을 제일 먼저 건설하고 마지막에 고로를 건설하는 것이 후방 방식이다. 후방 방식은 쇳물이 나오기 전부터 반제품인 슬래브를 수입해서

일본기술단(JG)과 협의하는 박태준(우측에서 세 번째 안경을 쓴 사람이 단장인 아리가)

완제품인 압연강판을 생산할 수 있기 때문에 철강 공급과 회사 수익을 훨씬 앞당길 수 있는 방법이다. 실제로 포스코는 조업을 시작한 지 여섯 달 만에 1,200만 불의 순이익을 올렸다. 이것은 포스코의 국제적 신인도를 급등시켰고 외국 투자 유치의 강력한 동인이 되었다. 모모세는 증언한다.

"후방 방식은 박태준의 아이디어이다. 이런 것은 일본에도 없다. 정식으로 고로에서 선철이 나오기 전에 먼저 준공된 압연공장에서 신일철에서 수입해 온 슬래브를 가지고 제품을 만든다. 이렇게 해 시험 가동도 해보고 이를 팔아서 수익도 내는 것이다. 독특한 아이디어다."

1977년 박태준은 전자·전기 메이커가 필요로 하는 전기도금강판 공장 건설을 주변의 반대 속에 결정한다. 당시 세계적으로는 2-3개 국가의 10여개 공장에서 이 제품을 생산하고 있었으며 기술 장벽이 높았다. 당시 한국의 전자업계는 아직 초보적인 수준의 영세업체여서 대부분의 전기도금 강판을 수입에 의존하고 있었다. 하지만 박태준은 향후 전자산업의 성장을 내다보았고 전자산업의 발전과 장기적인 경쟁력 확보를 위해서는 반드시 이 공장이 필요하다고 결론을 내렸다.

포스코가 건설하려는 공장 규모와 예상 생산량은 당시 우리 전자업계의 수요를 훨씬 능가하는 규모였다. 주변의 반대와 우려 속에서 박태준은 이 공장 건설로 야기되는 문제는 그것이 무엇이든 본인이 전적으로 책임을 지겠다고 선언했다. 박태준이 그린 비전은 조상의 혈세로 만든 포스코인만큼 국가의 번영을 생각해야하며 전자산업은 미래 대한민국의 중요산업이 될 것임으로 이에 대비해서 어떠한 어려움이 있더라도 포스코는 전기도금강판을 생산해야 한다고 생각했다.

공장을 건설하고 1980년부터 제품을 출하했지만 수요 부진, 낮은 설비 가동률 등으로 적자가 계속되었다. 높은 생산비의 악순환에서 벗어나기 위해 포스코는 생산성 제고와 경비 절감을 위해 최선을 다했다. 1980-1985년까지 연속 적자를 기록했던 전기도금강판 분야는 1986년 초부터 이익을 내기 시작했으며 포스코의 여러 사업 분야 중 가장 이익을 많이 내는 효자 분야가 되었다.

장기적인 시야를 중시하는 박태준의 특성은 이각범 전 청와대 정책기획수석의 증언에서도 드러난다.

"1986년 11월 서울대학교 사회학과 교수로 재직할 때 포항제철의 프로젝트 용역에 참가한 일이 있다. 10명의 서울대학 교수가 참여했는데, 박태준 회장 등 관계자들이 참석한 가운데 보고회를 가졌다. 그때 나는 37세 최연소 교수였기 때문에 제일 마지막에 발표를 했다. 나는 포항제철이 지금과 같은 박태준 회장의 리더십으로는 5년 이내에 엄청난 시련에 직면할 것이기 때문에 변화를 시도해야 한다고 주장했다. 참석했던 부사장들의 얼굴이 새하얗게 변하며 그만 두라고 소리를 질렀다. 그러자 박태준 회장이 나서서 끝까지 들어보라고 제지했다. 보고회가 끝난 다음 강평에서 박태준 회장은 오늘 보고 내용이 모두 좋았다고 칭찬하고 특히 이각범 교수의 내용이 인상적이었다고 말했다.

이후 포항제철의 부사장들이 나를 찾아왔으며 포항제철로부터 많은 연구용역을 얻게 되었다. 그리고 박태준 회장과도 꾸준한 만남을 가졌다. 보고회가 있었던 다음 해에 포항제철은 노조 설립을 허용하였고, 1988년에는 노태우 대통령의 당선과 민주화 선언이 있었다. 1992년 박태준 회장을 만나서 대화를 나누는 가운데 국가의 미래 전략에 관심이 많았던 나에게 박태준 회장은 '국가미래전략연구소'를 설립해보라며 필요한 자금으로 40억 원을 만들어주겠다고 말했다. 포항제철이 10억을 내고 현대그룹이 10억, 그리고 SK가 10억, 나머지 10억은 포항제철 협력회사로부터 협조를 받아서 만들어 주겠다고 했다.

당시 40억은 지금의 물가에 비추어 생각하면 아마 300-400억 규모가 될 것이다. 그리고는 우선 일본에 가서 일본의 메이지시대를 연

지사들이 어떤 기개와 정열을 가지고 새로운 나라를 만들었는지, 그들과 관련된 일본의 유적지를 쭉 둘러보고 오라고 했다. 그런데 1993년 문민정부가 들어서고 내가 청와대에서 일하게 되고 박 회장이 일본으로 나가 장기 체류하는 바람에 연구소 설립은 실현되지 못했다."

박태준은 언제나 입버릇처럼 10년 뒤 자기 모습을 그리라고 말한다. 장기적인 시야에서 판단하고 결정하는 그의 리더십은 포스코의 중앙도로, 기술연구소, 직원 주택, 포항공대의 설립, 공대발전을 위한 거양해운주 설립에서 확인할 수 있다. 그리고 1981년 한일경제협력의 저변을 확대코자 그가 설립한 한일경제협회에서는 경제와는 관계가 적어보이는 양국 대학생 교류 사업을 추진하며 미래의 주역을 양성했다. 또 일본을 아는 세대가 은퇴한 이후를 대비해 젊은 중견 경영인의 교류사업도 추진했다.

박태준은 일찍부터 연구개발의 중요성을 인식해 1986년 포항공대포스텍를, 1987년에는 포항산업과학연구원리스트을 설립함으로써 포스코-포항공대-포항산업과학연구원을 축으로 하는 산학연 연구개발 체제를 구축했다. 이는 국내 최초의 연구개발 체제로, 산업계 전반에 걸쳐 새로운 기술 개발 모델을 제시했다.

포스코의 4년제 대학 설립은 1980년 광양제철소 건설 계획 때부터 구상됐다. 고급 두뇌의 양성이 절박하다는 것을 인식하고 우수한 인재들을 육성해 국가 발전에 이바지하고자 한 것이다. 포항공대는 박태준 설립이사장과 포스코의 전폭적인 지원 아래 1986년 12월 국내 최초의 '연구 중심 대학'을 표방하며 설립됐는데 학사운영정책, 신입생 선발 등에서 당시 사회 분위기로는 생각하기 어려운 획기적인 정책을 과감하게 추진해 세계가 주목하는 대학으로 성장했다.

'꿈의 기술'로 불리는 파이넥스 공법을 개발해 보라고 포스코에 권한 사람도 박태준이다. 1992년 정계에 몸담고 있던 그는 포스코에 "고로용광로 없이 쇠를 만드는 신공법을 개발해보라"고 권했다. 21세기에는 환경 문제로 인해 고로 방식에 한계가 있을 수밖에 없다는 선견지명이었다. 숱한 시행착오 끝에 포스코는 마침내 무에서 유를 창조했다. 언론에서는 '자체 기술로 개발한 이 공법은 지난 100년간 사용해 온 용광로를 대체하는 획기적인 기술'이라고 보도했다. 포스코

연산 200만 톤 규모의 꿈의 제철소 파이넥스 공장 준공

는 2011년 6월 포항에 세계 최초로 연산 200만 톤 규모의 '꿈의 제철소' 파이넥스FINEX 공장을 착공했다. 포스코는 10년의 연구개발 끝에 2003년 6월 시험 생산에 성공한 바 있다.

현장 중시

"포스코를 건설하는 동안 그는 늘 직원 사택의 사장 숙소에 기거하면서 지휘봉을 들고 현장을 누볐다. 공사 현황을 감독하고 부실을 체크했다."이대환, 2004

"그의 눈길에서 부실은 벗어날 수 없었다. 그가 현장을 떠나지 않고 지휘하는 모습에 일본의 지인들은 감동하며 포스코의 성공을 확신했다."후쿠다, 아카자와 증언

포항제철 건설 부지 조성에 끝까지 저항하던 '예수성심시녀회' 수녀원의 총장수녀는 후일 먼지를 뒤집어쓴 채 찾아온 그 흙강아지 같은 사람이 사장인 것을 알고 믿음이 갔고, 사장이 그런 험한 현장에서 직접 일한다는 것에 감동을 받아 마음이 움직였다고 말했다.

박태준은 포항제철 건설 기간 동안 오랜 세월을 사장 숙소에 기거하며 하루 3시간밖에 자지 않고 줄기차게 현장을 살피고 다녔다. 1977년 8월 1일 아침 발전 송풍설비의 부실을 발견하고 이를 폭파시킨 것이라든지, 1972년 제강공장 준공 직전 지붕에 올라가서 볼트 조임 상태의 불량을 발견하고는 전 직원을 동원하여 24만개의 대형 볼

트를 모두 점검시키고 그중 약 400개를 교체한 일 등은 그가 그만큼 현장에 익숙했기 때문에 가능한 일들이었다. 이와 관련된 일화를 하나 소개한다.

'제강공장의 파일에 콘크리트를 먹이는 날, 박태준은 지휘봉을 들고 높은 철 구조물 위에서 우연히 그 작업을 지켜보게 되었다. 그런데 묘한 일이었다. 레미콘 트럭이 쏟아내는 콘크리트를 받은 땅속의 강철 파일들이 슬며시 한쪽으로 기울지 않는가. 순간 그의 동공에 불꽃이 튀었다. 박태준은 즉시 공사를 중단시키고 불도저를 불러오게 했다. 비상이 걸려 현장 간부들이 모여들었다. 불도저가 비스듬히 기운 파일을 건드리자 맥없이 쓰러졌다. 옆의 똑 바로 서 있는 파일도 건드려보았다. 역시 맥없이 쓰러졌다. 더욱 경악할 노릇은 파일길이를 맞추느라 잘라낸 자투리를 아예 모래밭에다 나무처럼 꽂아둔 것도 있었다. 있을 수 없는, 도저히 있어서는 안 되는 일이었다. 박태준은 불려온 건설회사 소장의 안전모를 지휘봉으로 내리쳤다. 단번에 지휘봉이 두 토막 났다. 부실공사를 하는 자는 민족 반역자며, 부실공사로 전로에서 쇳물이 엎질러지면 밑에서 일하는 동료가 타죽거나 치명적인 화상을 입는다고 일갈한 그는 다시 한 번 비서가 건네 준 지휘봉으로 소장의 안전모를 내리쳤다. 지휘봉이 또 부러졌다. 이번에는 일본 설비회사의 현장감독을 불러내어 사정없이 일본어를 퍼부으며 지휘봉으로 안전모를 내리쳤다. 이번에도 그것은 단번에 부러졌고, 얻어맞은 사람은 그 충격에 무너지듯 그대로 털썩 꿇어앉았다.'

해외 출장 기간을 제외하면 늘 작업복을 입고 현장을 살피는 것이 박태준의 일과였다. 그만큼 그는 현장을 중요시했다. "공장하는 사람은 현장에 있어야 한다. 철에 미쳐 있고, 또 미치지 않으면 아무 것도 이룰 수 없다"는 것이 그의 지론이었다. 후쿠다 전 수상은 포항공항에서 작업복 차림의 박태준을 알아보지 못했다고 즐겁게 회상했고, 아카자와 전 일본무역진흥회 이사장도 그의 작업복 차림에 무한한 신뢰를 가졌으며 포항제철의 성공을 예감했다고 말했다.

서울저팬클럽 이사장을 역임한 다카스기 노부야高杉暢也 김앤장 법률사무소 상임고문전 한국후지제록스 회장은 "일본의 기업 경영은 이른바 3현주의三現主義, 현장에서 현물을 직접 확인하고 현재의 데이터에 근거함에 따른

불량 공사로 지적된 송전탑 폭파 전경

프로세서 관리로 세계 최고의 제조업 경쟁력을 일궈 내었다"고 말한 바 있다.

모모세의 증언이다.

"1972년 서울에서 한일각료회의가 열린 직후 당시 통산대신이던 나카소네 야스히로가 포항제철소 현장을 방문한 적이 있었다. 나카소네의 선거구에서 아버지가 시의원을 하고 있어 나는 나카소네 대신과는 이전에 면식이 있었다. 현장에 있는데 갑자기 지프차가 와서 타고 박태준 사장실로 불려 갔다. 사장실에서 만난 나카소네에게 어떻게 이곳에 왔느냐고 물었다. 그랬더니 이 제철소 건설에 일본 수출입은행 융자가 사용되고 있는데, 이 융자의 관할이 통산성이라 돈이 유효하게 사용되고 있는지 확인하기 위해 들렀다고 했다. 그 이후 박태준은 국회에서 답변하는 과정에서 일본의 나카소네 통산대신이 건설 현장에 직접 온 것을 예로 들면서 우리 국회의원이나 장관도 현장에 와봐야 한다고 말해 의원들로부터 미움을 받았다고 들었다."

2기 공사 중 안전사고로 케이블이 손상되자 박태준이 아이디어를 내서 부산에서 대형 발전기를 공수해왔다. 현장에 있지 않으면 나올 수 없는 아이디어였다고 모모세는 말한다.

"2기 공사 중에 안전사고가 나 케이블이 모두 손상되었다. 공장 가동이 안 되면 큰일이어서 박태준이 아이디어를 내 대형 발전기를 부산에서 공수해왔다. 공장 담벼락에 큰 구멍을 뚫고 발전기를 연결시켜 공장을 가동시킬 수 있었다. 일본에서 사고가 났을 때는 도멘이 왜 이렇게 하지 않았느냐고 일본기술단의 멤버들이 물어서 이것은 박태준만이 할 수 있는 임기응변의 아이디어라고 대답한 기억이 난다."

지행합일知行合一

박태준은 뱉은 말은 반드시 실천에 옮겼다. 그의 공적인 연설문에는 반드시 본인의 뜻과 의지가 담겨있으며, 실천으로 이어졌다. 기술자립을 강조한 신년사가 있은 그 해에는 기술연구소 설립이 시작되었다. 또 콘크리트 타설 공사가 지연되자 열연 비상을 선포하고 철야작업으로 공기를 맞췄다. 제강공장 안전사고로 바닥의 케이블이 손상되는 안전사고에서도 돌관 작업으로 위기를 극복했다이대환, 2004.

박태준은 원칙을 소중히 하고 이를 철저하게 지키며 실천하는 사람이다. 융통성이 부족하다는 평을 듣지만 그의 이러한 원칙준수는 안전사고의 위험이 큰 대형 장치산업의 건설에, 그리고 제조업의 성공을 위해서는 반드시 필요한 자질이기도 하다. 그의 철저한 원칙준수는 당시의 사회분위기 속에서 많은 적을 만들 수밖에 없는 외로운 길이었다.

박태준은 1967년 대한중석 사장으로 유럽 출장 중에 종합제철소 건설추진위원장으로 발령을 받았다. 귀국 후 장기영 부총리를 찾았을 때 그는 KISA와의 합의각서에 위원장으로서 사인을 하라는 요구를 받지만 거절한다. 제철소 기공식을 3일 앞둔 시점이었다. 박태준은 아직 정식 발령을 받지 않았으며 검토도 해보지 않은 서류에 사인할 수 없다고 했다. 박태준은 장 부총리의 거듭된 권고에도 기공식에 참석하지 않았으며 결정적인 하자가 발견된 합의각서는 결국 기공식 당일 장 부총리의 경질로 이어졌다.

1969년 1월 공화당이 3선 개헌을 검토한다고 발표하자 당시 김형욱 중앙정보부장이 '3선 개헌 지지 성명서'에 예비역 육군소장인 박태준의 서명을 받으려고 은밀하게 사람을 보냈지만 박태준은 일언지하에 거절했다. 제철소 하나만 해도 바빠 정치에는 끼지 않겠다는 것이었다. 후일 보고를 받은 박정희는 원래 그런 친구니 제철소 일이나 열심히 하게 건드리지 말라고 했다는 것은 잘 알려진 에피소드다.

KISA와의 협상이 난항을 거듭하면서 자금 문제로 어려움을 겪던 포스코는 1969년 12월 일본과 기본협약을 체결하고 새로운 전기를 맞게 된다. 그 무렵, 포항제철 서울 사무소에는 인사 청탁과 납품업자를 추천하는 전화가 폭주하기 시작해 업무가 마비될 지경이었다. 조말수 비서실장이 포항 사무소로 박태준을 찾아왔다.

"저, 서울 사무소에 문제가 생겼습니다."

"뭐야? 사고라도 났나?"

"사고가 난 건 아니고, 날마다 여기저기서 인사 청탁과 납품업자를 도와달라는 전화가 오는 바람에 업무를 못할 정도입니다."

"누가 그런 짓을 해? 명단 이리 줘 보게. 이 일은 나한테 맡기고 자네는 어서 일이나 하게."

박태준은 자격이 없는 사람이나 업자가 발을 붙이게 되면 반드시 부실기업이 된다고 확신했다. 그러나 비서실장은 여전히 머뭇거리며 서 있었다.

"잘 알겠습니다만, 이것만은 무시하기가 좀…."

그는 안주머니에서 편지 한 장을 꺼냈다. 청와대의 막강 실세 박종규 경호실장의 편지였다. 당시 그는 나는 새도 떨어뜨린다고 할 만큼 막강 권력의 소유자였다. 모든 사람이 그 앞에서 굽실거렸다. 박태준은 편지를 뜯어보지도 않고 북북 찢어 쓰레기통에 던져버렸다.

"이 일은 내가 책임질 테니까 나가봐."

조 실장은 당황해 말을 더듬으며 그 편지가 박종규 실장이 보낸 것임을 상기시켰다. 박태준은 주먹으로 책상을 내리쳤다.

"KISA가 차관을 거절해 포항제철의 장래가 불투명해졌을 때 그 사람들은 대체 어디서 무엇을 하고 있었나? 그런데 이제 와서 이런 짓이나 하고 있어? 나는 대한중석을 맡았을 때부터 지금까지 납품이나 인사 문제로 어떤 청탁도 받아들인 적이 없네. 명심하게!"

박태준의 뜻이 이렇게 확고하다 보니 포항제철에는 제아무리 막강한 권력자의 청탁도 먹혀들지 않았다. 그러나 박태준은 온갖 종류의 청탁과 압력에 시달렸으며, 거절한 대가로 수모를 당하기도 했다. 많은 이가 앙심을 품고 기회만 오면 그를 궁지로 몰아넣으려 했다. 권력실세의 청탁과 헌금 요구를 완강히 거부하는 것은 당시의 사정으로 볼 때 사형선고나 마찬가지였다.

그러나 그는 '한 번 밀리기 시작하면 포항제철은 끝'이라는 소신을 굽히지 않고 위험한 곡예를 하듯 자신의 일만 묵묵히 해나갔다. 그에게 무엇보다 중요한 일은 제철소를 성공리에 건설하고 철을 생산해내는 일이었던 것이다.

사원모집을 할 때 인사 청탁을 받으면 박태준은 그 이력서를 따로 보관한 뒤 그 사람을 첫 번째 불합격자로 만들기도 했다. 어느 날 모처럼 고향을 찾은 그에게 아버지가 "문중 사람들을 챙기지 않는다"는 동네 사람들의 불만을 조심스럽게 전하자 그는 바로 몸을 돌려 댓돌 위의 구두를 신었다고 한다. 효자로 소문난 박태준이지만, 모처럼 꺼낸 아버지의 부탁마저 듣지 않은 것이다. 박태준의 남동생의 조카가 포항제철의 입사시험에 원서를 내고 배려를 부탁해왔지만 박태준이 편의를 봐주지 않아서 상당 기간 동생과의 사이가 서먹했다고 관계자는 증언한다.

박태준은 지행합일의 정신을 평생 철저하게 실천했다. 박태준은 본인의 연설문을 누가 대필하든 결코 자신의 생각에 없거나 어긋나는 말을 공식석상에 내놓지 않았다. 사전에 반드시 면밀히 읽어보고 한 단어라도 자신의 생각과 다르면 가차 없이 수정했고 한번 발표한 사항은 어떤 일이 있어도 준수했다. 그에게 '자신의 말'은 곧 '자신의 결심'이었다. 그의 공식적인 언어는 대필자의 언어가 아니라 항상 그 자신의 언어였다. 이것은 그가 평생 동안 관철시킨 원칙이었다.

1974년 가을 아침, 아이들만 남아 있던 박태준의 서울 집에 사복형사 2명이 들이닥쳤다. 그들이 박태준의 서울 집에서 찾아낸 것은 집문서와 패물, 출장 중 쓰고 남은 외화 몇 푼이 전부였다. 이 사건에는 국제 설비 브로커까지 개입한 엄청난 음모가 숨어 있었다. 제철소 프로젝트 같은 큰 공사의 경우에는 막대한 이윤을 놓고 치열한 다툼이 생기기 마련이고, 가택수색은 그 여파였다.

당시만 해도 연속 주조 설비는 개발된 지 얼마 되지 않아 오스트리아의 푀스트, 스위스의 콩개스트, 독일의 만데스만데마그 등 3개사만이 공급 능력을 갖추고 있었다. 3개 업체가 참가한 입찰 결과, 치열한 경쟁을 거쳐 푀스트로 낙찰되었다. 같은 해 11월 26일 푀스트를 최종 설비 공급자로 지정하고 12월 11일 계약을 체결했다. 그런데 입찰에 참여했던 콩개스트가 결과에 이의를 제기하고 나섰다. 콩개스트의 배후에는 오스트리아 출신의 악명 높은 국제 브로커 E가 있었다. 그는 콩개스트를 부추겨 막강한 국내외 고위 관료들과 함께 작전을 개시했다. 정부 요로에 로비활동을 펴는 한편, 중앙정보부와 감사원에 "푀스트보다 싸게 설비를 공급할 수 있다"는 진정서를 돌렸다.

결국 박태준을 비롯한 회사 경영진들이 가택수색을 받기에 이르렀다. 하지만 아무 것도 찾아 내지 못한 채 수사는 종결되었고 뒤늦게 자초지종을 파악한 박정희 대통령이 관련자들을 처리하는 선에서 이 사건은 끝을 맺었다. 그렇지만 박태준에 대한 정치권의 질시와 견제는 그 이후로도 계속되었다.

장인匠人정신

포스코는 국내에서 처음으로 기능직 최우수 인재를 '기성技聖'으로 임명하는 제도를 마련했다. 박태준은 '대일 청구권 자금의 전용'을 교섭하기 전부터 이미 '기술 연수 프로그램'을 가동하였으며, 그 결과 공장 설립 초기부터 우리의 손으로 직접 공장을 돌릴 수 있었다. 그는 기술 후진국일수록 기술 식민지가 될 위험성에서 빨리 벗어나야 한다는 확고한 신념을 가지고 있었으며, 포스코 건설 부지에 처음 지은 건물이 제철 연수원이었다.

사농공상士農工商에 대한 차별이 없이 어느 분야라도 성심성의로 매진하면 도道에 이를 수 있다는 양명학은 일본사회의 저변을 흐르는 정신이자 전통이다. 장인이 존중받고 과학기술에 대한 중요성이 자연스럽게 배어 있는 곳이 일본사회다. 지금까지 일본의 노벨상 수상자는 모두 19명이며 이 가운데 평화상 1명과 문학상 2명을 제외하면 나머지 16명이 모두 이공계라는 사실은 이런 일본사회의 과학 중시 풍토를 보여준다. 박태준의 기술 중시, 그리고 세계 최고의 품질을 지향하는 정신은 여기에 바탕을 두고 있다.

박태준은 초창기 포스코의 기술 연수에 대해 다음과 같이 말하고 있다.

"KISA는 차관 제공에 대한 확답도 없이 초기 몇 년 동안은 외국 전문기술용역단과 공장 운영계약을 맺으라는 요구부터 내놓았다. 우리를 얕잡아보는 주제넘은 간섭이었다. 나는 그들의 요구와는 정반대로 나갔다. 1968년 10월 최우선 순위로 제철연수원을 착공해 이듬해 1월 완공했다. 1968년 11월 9명을 일본 가와사키제철소로 파견한 것을 시작으로 1972년까지 600명이 일본, 서독, 호주 등 철강 선진국으로 연수를 다녀왔다. 그때 돈으로 500만 불이나 들었다. 나는 그들에게 당부했다. '무슨 수를 쓰든 하나도 빼놓지 말고 다 배워 와라. 연수규정에 어긋나는 일이라면 그 규정까지 어겨도 좋다'고 말이다."

박태준은 연수생들이 떠나기 전 정신교육을 직접 담당했다. 한국의 경제 사정, 산업 전반에 있어서의 철강의 중요성, 기술자립의 필요성, 철강 기술인의 사회적 사명 등에 대해 연수를 하고 일본 사례를 소개했다.

'패전 직후 일본에서는 선진 기술을 습득하기 위해 여러 분야에 걸쳐 기술자들을 미국으로 연수 보냈다. 그런데 미국 기술자들은 자기네 일만 할뿐 아무 기술도 가르쳐주지 않았다. 일본 연수생들은 미국 기술자들의 등 뒤에서 그저 눈치껏 그들이 일하는 것을 보고 익혔다. 그리고 저녁에 숙소로 돌아오면 기계와 기술에 대하여 보고 느낀 것을 세세하게 기록했다. 그들은 또한 아침에 일어나면 제일 먼저 공장에 출근했다. 그리고 공장과 기계들을 깨끗이 청소하고 작업 준비까지 다 해놓았다. 미국 사람들은 처음에는 이상하게 생각했다. 그러나 일본 연수생들이 날마다 그 일을 되풀이하자 한 달이 못되어 미국 사람들의 태도가 달라지기 시작했다. 친절해졌고, 기술을 가르쳐주기 시작했으며, 자기들만 보던 도면을 함께 보기 시작했다. 마침내는 잊어버린 척 캐비닛을 열어놓고 식당에 가거나 퇴근하기도 했다. 이렇게 해서 6개월이나 1년 만에 돌아온 일본 연수생들은 완전히 새로운 기술자가 되어 있었다. 여러분의 어깨에는 이 나라의 장래가 걸려 있다. 우리는 이제 그만 가난에서 벗어나야 하는데 그 지름길이 여러분의 손에 달려 있다. 무슨 수를 쓰던지 신기술을 샅샅이 배워 와야 하고, 그러기 위해서는 여러분이 최선을 다해야 한다.'

1973년 포스코 1기를 완공했을 때 포스코 직원들은 자신들의 손으로 공장 전체를 직접 돌리는 기록을 세웠다. '영일만의 신화'를 쓰기 시작한 것이다. 일본기술단이 영일만에서 완전히 철수한 것은 1978년 12월 포항제철소 3기를 완공연산 조강 550만 톤 체제한 직후였다. 그들은 이런 글을 남겼다.

"모든 역경을 딛고 포스코는 단기간에 일본의 제철소에 버금가는 대규모 선진 제철소를 건설하는 데 성공했다. 이 회사가 4기 확장을 마칠 때면 아마도 생산 능력과 시설 면에서 세계 최고가 될 것이다. 고급 인력과 최고 경영자의 탁월한 능력이 합쳐져 포스코는 머지않아 세계 최고가 될 것이다."

포스코의 기술 자립을 확신하고 일본기술단이 그것을 인정한 것이다. 그만큼 기술 진보가 남달랐다. 관련한 평가다.

"1970년 포항제철 1기 건설을 할 때 기술에 관해서는 철강 3사로 구성된 일본기술단에 전적으로 의존하지 않으면 안 되는 상황이었다. 그 후 5년 뒤 생산 능력은 이미 4.5배에 해당하는 450만 톤까지 늘어났다. 당초 수십 명이 상주하던 JG의 기술자는 이제 없다. 모두 한국의 기술자로 교체된 것이다."

"포스코의 기술 진보는 빨랐다. 그리고 설비의 국산화율도 대폭 증가했다. 제1기 설비 건설 당시 계획 및 설계를 100% 일본의 기술단에 의존했기 때문에 650만 불의 돈을 지출했지만, 그 금액은 제2기, 3기로 계속되면서 격감했다. 제2기 설비 588만 불, 제3기 설비 170만 불, 제4기 100% 단독 설계 등이 그렇다. 지금까지 포스코는 1,400명의 사원을 해외에 연수시키는 한편 기술용역회사를 설립해서 수백 명의 기술자와 25만장의 설계도면을 확보하고 있다. 또한 36억 원을 투자해서 KIST한국과학기술연구소, 국립 수준의 연구소를 설립하는 등 적극적인 자세를 보이고 있다."

박태준은 '일본경제신문'과의 인터뷰에서 이렇게 밝혔다.

"1990년대에는 한국의 고급 강재가 일부 일본시장에 들어가게 될 것입니다. 자동차용의 박판薄板은 일본의 메이커로부터 대단히 높은 평가를 받았습니다. 현재의 일본의 시장 질서를 기본적으로 흔들어서는 안 된다고 생각하고 있습니다만, 일본에는 이러한 제품의 소화능력이 있다고 생각합니다."

사명감

보국이념을 주장하는 박태준의 국가관은 독일과 일본의 '국가 유기체론'과 유사하다. 보국報國이란 용어는 이미 만주사변 때 일제의 동원 체제 속에서 사용되었다. 천황의 신민으로서 헌신적인 노동을 통해 국가천황의 은혜에 보답하자는 것이다. 박태준이 일제 식민지 시대에 태어나 일본 학교의 교육을 받았다는 점에서 그의 보국이념은 일본의 천황제적·가부장적 국가론으로부터 영향을 받았다고 볼 수 있다. 동시에 일본이 강력히 추진했던 '메이지 유신의 산업화 모델'에도 익숙하고 친근했을 것으로 판단된다.

국가의 안위와 발전을 위해 목숨을 거는 박태준의 정신세계는 제철소 건설을 또 하나의 조국을 살리는 전쟁으로 확신하고 목숨을 걸고 임했다. 한국전쟁 당시 휴전 협정이 추진되고 있던 시점에 화천 수력발전소를 사수하기 위한 피아간의 처절한 전투가 벌어지고 있었다. 이때 후방에 있던 박태준은 사단장을 설득하면서까지 자진해서 전투 현장으로 뛰어들었다. 마찬가지로 포항제철의 건설이 본격화되면서 박태준은 조상의 피 값으로 건설되는 제철소에 실패는 있을 수 없다며, 실패하면 모두 '우향우'하여 바다에 빠져 죽어야 한다고 결연한 의지를 표명했다.

박태준의 투철한 사명감과 국가관은 포스코 임직원뿐만 아니라 협력업체 등 모든 관계자들의 마음을 하나로 만들었다. 박태준은 이들에게 한번 해보자는 도전정신을 일깨웠으며, 기술을 전수하러 온 일본의 기술자들까지 국가사업에 동참하게 함으로써 영일만의 기적을 창출했던 것이다. 박태준에게 건설 현장은 또 하나의 전쟁터였던 것이다.

한편 한국종합개발공사에 의뢰한 종합제철소 부지 선정에 대한 용역 결과 포항이 1위를 차지했지만, 정치권의 치열한 유치 경쟁이 개입하면서 많은 사람들은 포항이 아닌 다른 곳을 지목했다. 제철소는 입지 선정이 곧 성패와 직결된다는 사실을 공부한 박태준은 주변의 많은 반대 속에서도 포항이 적지라고 강력하게 주장했고, 결국 그의 뜻대로 되었다. 물론 이로 인해 정치적 목적에서 다른 지역을 천거한 각료나 의원들의 미움은 샀지만, 그의 주장은 타당한 것으로 입증되었다.

아리가 초대 일본기술단장은 포항의 입지 조건에 대해 다음과 같이 증언한다.

"포스코와 일본기술단의 계획으로 제철소를 건설하기로 확정된 후 이 지역의 지형地形, 수리水利, 기상조건, 해상海象 등 상세한 데이터를 조사하면서 나는 진심으로 이 지역에 제철소를 건설하고 싶다는 의욕이 솟구쳐 오르는 것을 느꼈다. 일본의 제철소는 물론이거니와 세계의 많은 제철소를 보아왔지만, 임해臨海 제철소의 입지 조건을, 특히 자연 조건을 이토록 완전하게 갖춘 지역은 본 적이 없다. 누가 어떻게 조사를 해서 이 지역을 선정한 것인가. 아마 KISA가 구성되기 이전부터 박태준과 접촉이 있었던 가와사키川崎제철의 전 상무이사 우에노 나가미쓰上野長三의 조언이 큰 영향을 미쳤을 것으로 생각된다."

미국의 피츠버그에서 한국 종합제철소 건설 지원을 위한 국제차관단 구성회의가 개최되어 1966년 2월 미국 3개사, 독일 2개사, 영국 1개사, 이탈리아 1개사 등 4개국 7개사로 KISA가 정식으로 발족이 되었지만, 일본은 여기에 참가하지 않는다. 그 이유를 아카자와 쇼이치赤澤璋一 당시 경제기획청 국장은 다음과 같이 증언한다.

"나는 당시 종합제철소의 건설에 어느 정도 돈이 들어가는지 짐작할 수 있었다. 이 정도의 차관규모로, 이 정도의 이자를 지불하면 불가능하다는 생각이 있었다. 그리고 종합제철소이기 때문에 고로는 이탈리아, 전로轉爐는 독일, 압연은 오스트리아, 미국 등 제 각각의 기술이다. 설비가 개별적으로는 우수할지 모르지만, 컨소시엄 형태로는 일관적인 기술 체계를 필요로 하는 종합제철소가 잘될까 하는 의문도 있었다. 그런 이유에서 일본 정부로서는 참여하기 어렵다는 뜻을 한국정부에 통보했으며 참가를 검토하던 일본의 후지제철과 야와타제철의 수뇌부에게도 정부의 뜻을 전했다."

KISA와 추진하는 제철소 프로젝트에 문제가 있다는 점은 아리가 단장도 증언하고 있다. KISA의 계획서를 검증하기 위해 추진위원장으로 임명된 박태준은 제철 선진국 일본의 철강 3사와 1968년 2월 컨설팅 계약을 맺었다. 이때 일본 측 실무 책임자는 후지富士제철의 아리가 부장으로 그는 후일 일본기술단의 초대단장을 맡게 된다. 그의 증언은 다음과 같다.

"1968년 5월 포항제철과 KISA와의 사이에서 설비사양에 대한 사전협의를 위해 기술자 일단을 미국의 피츠버그에 보내었으며 여기에는 JG 멤버들도 동행했다. 일행은 약 40일간 피츠버그에 체재하면서 KISA 계획을 검토했지만, 어느 설비도 우리 눈으로 보아서는 불충분했다. JG가 크고 작은 100여개의 결함을 지적한 결과, 설비사양은 변경에 이은 변경으로 설비금액은 2,000만달러 가까이 상승해 1억 1,200만 달러로 부풀어 있었다. 그래도 우리들의 표준으로 보아 만족하기엔 거리가 먼 것이었다. KISA가 제공하려는 기계설비는 엉성하기 짝이 없는 결함상품이었다. 코크스로가 없기 때문에 고로에 필요한 코크스는 수입하지 않으면 안 되는데, 어떻게 구입해야 할 지 불분명했다. 따라서 일관제철소에 있어 불가결한 코크스로 가스에 의한 에너지 자급도 불가능하고, 자가발전 설비도 없었다. 철광석을 선처리하는 소결설비도 없다. 제품은 후판과 핫코일이었지만, 압연기는 2기 밖에 없고 이것을 가지고 분괴압연과 후판과 코일압연을 전부 처리한다. 이것은 과거시대의 유물이라고 할 수 있는 간이 스트립 밀이다. 자동차용 강판 등 고급제품의 제조를 기대하는 것은 무리다. KISA의 간사회사인 코퍼스는 수년 전 이것과 거의 같은 설비를 터키에 판매해 제철소를 건설했지만, 이것이 순조롭게 가동되고 있지 않다는 것은 세계 철강업계가 다 아는 사실이다."

이경윤은 최근 발간된 『박태준처럼』에서 이 부분을 다음과 같이 쓰고 있다.

"KISA의 종합제철소 건설계획은 문제가 많았다. 현대적인 형태의 종합제철소와는 거리가 멀다는 것을 알게 되었다. 공장배치가 효율적이지 않아 나중에 확장이 불가능했으며, 제철소의 주요 시설도 전근대적이어서 다소 뒤떨어진 것이었기 때문이다. 장기적인 전망이 담겨 있지 않은 건설계획안이었다. 한국 측에서 문제를 제기하며 KISA측에 수정해줄 것을 요청했으나 거부당했다."

KISA의 제철소 추진 프로젝트에 미국의 유에스스틸이 불필요해진 구식 설비를 팔려는 의도가 숨겨져 있음을 간파한 박태준은 당시 외로운 투쟁을 벌였다. 재일교포 기업인인 롯데그룹의 회장 신격호는 다음과 같이 증언한다.

"고향 친구인 대통령 비서실장 이후락으로부터 한국에 제철소를 하나 만들어달라는 요청을 받고 동경대학의 교포 김철우 박사와 후지제철의 나가노 시게오永野重雄 사장의 협력으로 8개월에 걸쳐 연산 100만 톤 규모의 종합제철소 기본 계획을 수립한 일이 있다. 그런데 한국의 제철소를 미국이 중심이 된 KISA가 주관하게 되었다는 얘기를 듣고 그 프로젝트를 입수해 면밀히 검토해보았다. 그 결과 유에스스틸이 자기들로서는 쓸모가 없어진 구식 설비를 터무니없이 비싼 가격에 한국에 떠맡기려 한다는 사실을 알게 되었다. 당시 한국에는 고로 전문가가 없었으며 대부분의 사람들은 일본보다는 미국과 손잡을 것을 주장하고 있었다. 정치인들은 정치자금에만 관심을 가지고 장기적인 산업 발전은 어찌 되었든 제철소 하나만 건설하면 된다는 생각을 하고 있었다. 그때 단신으로 미국 프로젝트의 부당성을 지적하고 나선 사람이 박태준이었다. 톤 당 건설비가 미국의 300달러에 비해 일본은 180달러로 훨씬 저렴했을 뿐 아니라 설비도 최신식이라는 것을 간파한 박태준은 일본의 프로젝트를 받아들여야 한다고 주장했다. 사태가 이렇게 되자 미국은 자기들이 주도하고 있던 KISA의 해체를 운운하며 압력을 넣었고, 세계은행의 차관사업 타당성 조사단에서도 매우 회의적인 보고서를 작성하기에 이르렀다. 추후 종합제철소의 기획 및 건설 책임자로 내정되었다는 박태준을 처음 만난 나는 그의 뜨거운 애국심과 제철소 건설에 대한 굳은 신념에 감동하여 그 동안 만들어둔 제철소 기본 계획을 몽땅 그에게 넘겨주었다."

동경대학의 김철우 박사후일 포스코 부사장는 포스코 설립 이전부터 제철 분야의 전문가로 많은 협조를 하며 KISA 프로젝트의 문제점을 지적한 사람이다. 그는 다음과 같이 증언한다.

"유태인이 하는 그 컨설팅 회사는 같은 제철 설비를 터키에도 팔아먹었는데, 결국 터키가 당했다. KISA의 프로젝트는 한국에 낡은 기계를 팔아먹기 위한 계획이었다. 포스코가 내게 그 계획서를 검토해달라고 보내왔는데, 계획은 엉터리였다. 50만 톤 계획이라면 실제로는 20~30만 톤 정도밖에 나오지 않는 내용이었는데, 이를 후지제철에 검토해 달라 부탁했는데도 같은 의견이었다. 박태준은 KISA와의 계약이 파기되기를 내심 원했다. KISA와의 계약이 파기된 것은 잘된 일이다. 닉슨 독트린이 나오면서, 즉 '달러 불 태환 선언'이 나오면서 결국 이것이 포스코를 살렸다. KISA가 포스코 계획을 포기했기 때문이다. 박태준도 KISA와의 계약이 파기되기를 내심 원했다. 세계은행의 일본인 이사도 KISA의 한국제철소 계획이 엉터리라고 주장했다. KISA와의 계약이 파기된 것이 참 잘된 일이었다."

또 박태준의 지기로 그에게 평생 은인이 되는 야스오카를 소개한 박철언의 증언은 다음과 같다.

"한국 정부는 이미 미국 코퍼스사를 필두로 구미 5개국 8개사로 구성된 컨소시엄인 KISA와의 사이에 연산 60만 톤 규모의 제철소를 포항에 건설하기로 하고, 이에 필요한 엔지니어링 및 기기대금으로 총액 1억 달러에 달하는 구매계약을 체결했다. 그 시점까지의 진척사항을 세밀하게 검토한 박태준은 망연자실했다. 계약 내용은 극도로 황당무계하며 몹시 불공정한 것이었다. 나는 당시 그의 사무실로 찾아간 적이 있었다. 보통은 과묵한 사람인데, 그 날은 점심을 하면서 꽤 많은 잡담을 했다. 나는 그의 말이 잡담으로 들리지 않았다. 국가 이익이 어디에 있고, 무엇이라고 하는 그의 절규가 나를 감동시켰다. 박태준은 최고회의의 상공위원장 직책을 역임하면서 국가 경영의 대강을 체득하고 있었다. 제철과 같은 기간산업이 가져야 할 국가적인 좌표에 대해 확고한 신념을 가지고 있었다. '어떠한 사업이라도 성실함과 도덕성이 없는 상인이 개입하면 실패합니다. 지금 KISA의 주변을 얼쩡거리고 있는 I사의 그림자가 교활하고 싫습니다. 무섭습니다. 사업이 국가 경쟁력이 없고 이윤이 보장되지 않으면 결국 국익에 해를 끼칩니다. 이것을 도외시한 계획은 죄악입니다. 제철에는 선진 기술의 도입 이전이 실현되지 않으면 안 되고, 필요자금의 해외 조달이 가능하지 않으면 안 됩니다'는 박태준의 주장은 논리 정연했다. KISA는 그가 생각하는 필수조건을 충족시키지 못했다. 그가 본인 입으로 말하지는 않았지만, 나는 박태준이 KISA와의 교섭이 성립되기보다는 좌절되기를 마음속으로 기대하고 있지 않나 의심했다."

이 같은 증언을 종합해 볼 때 박태준은 그동안 정부가 추진해 온 KISA의 기본 계획의 문제점을 충분히 알고 있으면서도 제철소 건설에 소요되는 막대한 외자 조달에 대한 대안을 찾지 못해 고민을 거듭하고 있었다는 것을 알 수 있다. 이후 세계은행이 포스코의 제철소 프로젝트가 시기상조라고 부정적인 의견을 낸 것은 역설적으로 오늘의 포스코와 경제 강국 한국을 있게 한 중요한 전환점이 되었다. 이 보고서를 근거로 미국 수출입은행과 세계은행은 KISA가 제출한 자금조달 신청서에 대해 차관 제공을 거절하게 되고, 이런 분위기 속에서 KISA는 소극적인 태도로 돌아섰고 와해상태에 이르게 된 것이다.

이 계획에는 대한국제경제협의체도 비판적이었다. 60만 톤 규모로서는 경제적·기술적으로 의문이 있을 뿐 아니라 한국이 도입하고 있는 차관의 원리금 상환이 1970년부터 급증하기 때문에 신규 차관은 억제해야 한다는 생각이었다. 세계은행 등의 경고로 차관의 과반을 부담하게 되어 있는 미국과 독일이 차관공여를 보류함으로써 한국은 KISA로부터의 외자 도입을 단념하지 않을 수 없게 되었다.

KISA의 실질적인 와해로 절망적인 상황에서 회생의 계기를 만든 박태준의 '하와이 구상'도 그의 투철한 국가관이 동인으로 작용했다. KISA의 말만 믿고 숱한 주민들을 이주시키고, 부지 조성 공사에 박차를 가하고, 은행 빚을 내서 사원주택단지를 매입하고, 직원을 뽑고, 해외 기술 연수를 보내고 있는 상황에서 모든 일이 물거품으로 사라질 위기를 맞았던 것이다. 이런 절망적인 상황에서 대일 청구권 자금의 잔여금을 활용하자는 하와이 구상이 떠오른 것이다. 그렇지만 하와이 구상을 실현하려면 양국 정부가 농림·수산업 발전을 위해 사용한다

한일경제인회의에서 아카자와와 환담을 나누는 박태준

고 합의해둔 자금의 용도를 바꾸어야 하고 이를 위한 일본 내각의 설득과 농촌에 기반을 둔 국내 의원들의 이해를 얻어야 했다.

한일 정기각료회의에서 한국의 종합제철소 건설에 협력키로 한 일본 정부는 합의에 따라 조사단을 파견하기로 했다. 당시 대장대신 후쿠다 다케오福田赳夫, 외무대신 아이치 기이치愛知揆一, 통산대신 시이나 에츠사부로椎名悅三郎와 경제기획청 대신 등 모두 5명의 대신이 협의한 결과 당시 경제기획청 조정국장의 자리에 있으면서 실무적으로는 반대 입장을 개진했던 아카자와에게 조사단 단장을 맡기기로 했다.

1969년 9월 일본은 20명으로 구성된 조사단을 한국으로 파견했다. 박태준을 처음 만나 장시간 열차 안에서 대화를 나누는 가운데 아카자와 단장은 박태준의 애국심과 정열에 감동받아 과거의 경험과 생각하고 온 조언을 솔직하게 들려주었다. 공무원 경력 30년의 베테랑 아카자와는 통산성에서 공무원을 시작하면서 처음 배치 받은 부서가 철강국이었다. 그의 말이다.

"일본도 국영 제철소에서 주식회사로 만들기 위해 '제철사업법'을 제정했다. 일본제철주식회사법과 제철사업법이라고 하는 것을 한창 젊은 나이에 공부한 적이 있었다. 따라서 한국도 제철사업법을 만들고 인프라 부문인 항만이나 공업용수는 정부예산으로 할 수 있다. 그리고 제철소는 엄청난 양의 물을 사용하기 때문에 수도요금이나 전기요금도 일정기간 정부가 특별보조금으로 싸게 한다. 그렇게 되면 종합적인 코스트를 국제적인 평균 코스트까지 낮출 수 있지 않을까 하는 생각으로 자료를 만들었다."

1969년 12월 3일, 종합제철소 건설자금 조달을 위한 한일기본협약이 조인되었다. 일본이 제공할 무상자금 3억 불 가운데 3,080만 불무상자금 전체의 10%과 유상자금 2억 불 중 8,868만 불유상자금 전체의 44%이 포항제철 1기 건설에 활용되었다. 1기에 소요될 내자 총액은 230억 원이었다. 제철소 건설에 착수하면서 박태준은 밤낮을 가리지 않고 건설 현장을 순회하며 회사 직원은 물론이고 모든 수주업체 및 건설업체 요원들에게까지 민족 숙원사업에 동참한 긍지와 사명감을 가져야한다고 역설했다. 선조의 피 값으로 짓는 제철소 건설이 실패하면 민족사에 씻을 수 없는 죄를 짓는 만큼 모두 '우향우'하여 영일만에 투신해야 한다며 불퇴전의 각오와 책임 정신으로 매진할 것을 독려했다.

최고 경영자의 이 같은 비장한 정신과 의지는 열악한 환경 속에서 온갖 고초를 겪고 있던 초기의 건설 요원들을 감동시켰다. 1970년대 포항제철을 견학한 일본의 어느 작가가 쓴 글이다.

"종업원을 위한 아파트를 지었을 때의 일이다. 흔히 건설업자들이 하는 행위이지만, 업자가 견적과 사양보다도 싼 공사를 했다. 이것이 만사가 치밀한 '철의 사나이' 박태준의 역린을 건드렸다. 아직 완성이 되지 않았는데 다이너마이트가 설치되어 폭파되어 버렸다. 철의 사나이가 폭파 명령을 내린 것이다. '국민의 혈세로 짓는 사택의 공사를 속이다니 말도 안 된다. 빨리 다시 지어.'라는 일갈을 듣고 얼굴이 새파

래진 업자들은 아파트를 다시 지을 수밖에 없었다. 부하 사랑으로 유명한 '철의 사나이'는 자신도 단지 내의 매우 소박한 작은 사택에서 기거했다."

박태준은 포스코의 이익보다 산업의 기초 소재인 질 좋은 철강재를 저렴하게 공급해서 한국 산업의 경쟁력을 높인다는 원칙 하에서 적절한 수익성을 올려야지 한국 산업의 국제 경쟁력을 갉아먹으면서까지 더 많은 수익을 올리는 것은 바람직하지 않다고 생각했다. 그는 중앙일보와의 인터뷰1974. 7. 7에서 포스코 제품의 국내 판매 가격도 외국 오퍼 가격보다 발레트 33%, 열연코일 21%, 후판 42%씩 싸게 공급했다고 밝힌 바 있다.

제2제철소의 입지를 광양으로 결정하는 데서도 박태준의 투철한 사명감을 엿볼 수 있다. 그는 과학적인 근거에 의거 광양만을 밀어붙였다. 1979년 박대통령이 타계할 때까지 제2제철소 부지는 아산으로 정해져 있었지만, 아산만의 현장을 직접 조사한 결과 중대 결함이 발견되었다. 전문가들의 조언은 광양의 입지적인 조건이 유리하며 광양의 최대 약점이던 연약 지반은 모래말뚝 공법으로 얼마든 개량할 수 있다는 일본 전문가들의 의견도 얻었다. 과학적인 근거와 무관한 건설부의 무리한 주장은 안기부를 통해 아산만과 광양만의 토지 소유 현황을 조사해보니 아산에 토지를 소유한 건설부 고위 공무원이 많았던 것으로 확인되었다. 1981년 11월 4일 대통령 전두환의 결정으로 제2제철소 부지는 광양만으로 최종 확정되었다.

청렴정신

박태준은 삼성그룹 회장 이병철이 주겠다는 삼성중공업을 거절했다. 또 포스코가 상장되어 '국민주 1호'가 되었을 때 정해진 공로주를 받지 않았으며, 포스코의 오랜 거래처인 미쓰비시그룹이 감사의 표시로 설립해준 해운회사의 수익금 전부를 포스코 장학재단으로 돌렸다. 40년 가까이 살았던 북아현동 자택을 팔아 상당 부분을 사회에 환원시키고 정작 본인은 집이 없는 채로 생을 마감했다.

이러한 박태준의 태도는 16세기 전국시대戰國時代 에치고越後의 명문 우에스기上杉의 가로家老로서 평생을 주군과 백성을 위해 헌신했으며 지금도 일본인들의 존경을 받고 있는 나오에 가네츠구直江兼続의 모습을 떠올리게 한다. 그는 은퇴하면서 나라의 운영에 도움이 될 수 있도록 해달라며 본인이 받은 영지와 저택을 모두 주군에게 반납한다.

박태준의 평생 은인이자 스승인 야스오카는 사사로운 욕망을 비우는 것이 지도자가 되려는 사람의 첫째 조건이지만, 이것이 말은 쉬워도 실천이 매우 어렵다고 했다. 사욕은 본인 스스로는 물론이거니와 나아가서는 사회를 망치며, 나라를 망친다고 경계했다. 그래서 청렴은 박태준 평생의 생활신조가 되었을 뿐 아니라 포스코의 임직원이 화합하며 제철소 건설을 성공시킬 수 있었던 바탕이었다. 즉 박태준이 보여준 사심 없는 청렴경영의 실천이 열쇠였던 것이다. 포스코 회장을 역임한 황경로는 박태준 리더십의 근간이 청렴결백이라고 말했고, 후쿠다 전 일본 수상도 "박태준은 철강 산업에 국한된 인물이 아니라 국가 전체를, 적어도 동북아 내지는 태평양 시대를 생각하고 있었으며 무엇보다 청렴했다"고 말한다.

박태준은 정치와는 선을 긋고 국가 기간산업인 포스코 건설에 매달렸다. 국가 기간산업의 부실로 이어질 우려가 있는 여권의 정치자금 요구에는 일체 응하지 않았다. 1971년 대통령 선거를 앞두고 야당 후보인 김대중과의 힘겨운 싸움이 예상되는 가운데, 박태준도 여당 재정위원장 김성곤의 자택에 여러 차례 불려갔다. 김성곤은 포스코의 설비 입찰에서 종합상사 M사로 낙찰시켜 달라고 구체적으로 압력을 넣었다. 박태준은 포스코는 어떤 정치자금 조성에도 관여하지 말라는 대통령의 특별 당부가 있었다고 말하고, 자격을 갖춘 응찰자 가운데 최저 입찰자를 선정하는 것이 포스코의 방침이라고 말했다.

최저 입찰가보다 무려 20%나 높았던 M사는 번번이 입찰에서 떨어졌다. 그때마다 박태준은 같은 장소로 불려가 곤욕을 치러야했지만 소신을 굽히지 않았다. 이후 박태준은 정치권에서 '소통령'이라는 별명을 얻었다.

1971년 초, 박태준은 갑자기 들어온 거금 17만 달러를 놓고 고민에 빠져 있었다. 이 돈은 그야말로 '공돈'이었다. 보험회사의 리베이트였던 것이다. 포항제철은 꽤 비싼 보험에 들어 있었다. 혹시 있을지도 모를 산업 재해나 사원 복지를 위해 반드시 필요한 지출이었다. 그런데 거의 사고가 없이 한 해를 보내자 보험회사가 사례비를 제공한 것이었다. 이 많은 돈을 어디에다 어떻게 써야 할까를 고민하던 박태준은 청와대에 대통령 접견을 신청했다. 그동안 많은 격려와 도움을 준 박정희에게 주기로 결심을 굳힌 것이다.

청와대에 들어가 박 대통령을 만난 박태준은 호기롭게 수표를 꺼냈다.

"각하, 나라를 위해 써 주십사 하고 기부금을 좀 가져왔습니다."

박대통령은 깜짝 놀라며 그를 바라봤다.

"아니, 포철은 정치 헌금을 절대로 내지 않겠다고 말하지 않았던가?"

박태준은 자초지종을 설명했다. 그리고 회사 돈이 아닌 불로소득이니 나라를 위해 써달라고 말했다. 박태준의 설명을 들은 박 대통령은 머리를 갸웃하며 깊은 생각에 잠겼다.

"이 리베이트는 어떻게 해서 생긴 건가?"

보험 사고나 보험 청구가 없을 때 모든 기업이 이 같은 리베이트를 받는다는 사실을 안 박 대통령은 묘한 표정을 지었다. 그리고는 수표를 도로 박태준에게 돌려주었다.

"성의가 고맙네. 임자의 마음은 알았으니 이 돈은 도로 가져가서 임자 마음대로 쓰게나."

박태준은 몇 번이고 받아달라고 부탁했지만 박 대통령은 단호했다.

"포철에 주는 내 선물이라고 생각하고 가져가."

회사로 돌아온 박태준은 임원회의를 열었다. 돈을 어떻게 사용할 것인지 결정하기 위한 것이었다. 다른 회사들처럼 비자금으로 챙겨 두자는 의견이 우세했다. 그러나 박태준의 생각은 달랐다. 이 돈은 더 이상 리베이트가 아니었다. 박 대통령의 선물이었다. "장학재단을 설립하는 게 어떨까?" 박태준이 한참 만에 입을 열었다. 주택문제는 어느 정도 해결됐고 이제 직원 자녀들의 교육 문제가 가장 중요한 사원복지 현안으로 떠올라 있었다. 모두들 동의했다. 박태준은 당장 재단을 설립해 등록시킬 것을 지시했다.

1971년 1월 27일, 재단법인 제철장학회가 설립됐다. 거액의 리베이트를 모든 직원과 함께 나누게 된 셈이었다. 제철장학회는 직원 자녀2명까지의 학자금대학 등록금까지을 지원해왔다. 또 산학협동과 직원들의 문화 활동을 적극 후원하고 있다.

한편 리베이트의 존재를 알게 된 박 대통령은 국영기업체의 임원들을 불러 리베이트에 대해 따져 물었다. 한바탕 소동을 치른 국영기업들은 문제의 발단이 박태준에게서 비롯됐음을 알게 되었다. 가뜩이나 미운 털이 박혀 있던 박태준은 이들의 음모로 중앙정보부의 조사를

양국 재계 인사 간담회에서 함께 삼성그룹 이병철 회장과
자리를 함께 한 박태준

받는 등 곤욕을 치렀지만 아무 문제도 발견되지 않았다. 이러한 조사는 오히려 박태준의 청렴을 증명하는 결과로 일단락을 맺었다.

재물에 욕심을 내지 않는 박태준의 성격은 이병철과의 관계에서도 잘 드러난다. 삼성의 창업자 이병철은 박태준의 와세다 대학교 선배다. 박태준이 국내 기업인 중에서 가장 존경해온 선배였고 25년 동안 정을 나눠온 사이였다. 이병철이 세상을 떠나기 5-6년 전 그는 박태준을 불러 연간 300억 원씩 5년을 지원할 테니 삼성중공업을 받아 멋지게 살려보라고 제안한다.

갑작스런 이병철의 제안에 박태준은 한동안 어리둥절했지만 아직은 국가의 일이 많이 남아 있다며 제안을 완곡하게 거절했다. 이병철은 그런 박태준을 칭찬하며 자신을 부끄럽게 만든 유일한 사람이라고 회고했다. 박태준이 그 선물을 받았더라면 아마도 삼성중공업을 흑자로 살려냈을 것이고, 박태준은 엄청난 부자가 되었을 것이다.

2004년 6월 포스코 주식이 상장되면서 포스코는 '국민주 제1호 기업'이 되었다. 그러나 박태준은 규정된 공로주를 단 한 주도 받지 않았다. 박태준의 이 견고함 앞에서 모든 임원들은 미동도 하지 못했다. 1988년 6월 10일 포스코 사원 1만9,419명이 배당받은 발행주식 총수의 10%는 917만8,914주였다. 포스코 창립 36주년을 앞둔 2004년 3월 2일 주식시장에서 포철주식은 1주에 18만1,000원으로 마감되었다. 그때 박태준이 규정대로 1%의 공로주를 받았다면 그의 사유 재산은 2004년 3월 2일 가격으로 약 1,500억 원에 달한다. 참고로 2012년

11월 현재 주가는 33만원 수준이다.

미쓰비시그룹은 포스코 초기부터 제철설비를 비롯해 오랜 관계를 가져온 일본의 대규모 거래업체 중 하나다. 어느 날 일본 미쓰비시그룹에서 손님이 찾아와 오랫동안 설비를 구입해 준 박태준에게 감사를 표하자는 이사회 결의가 있었다고 하며, 그 방법으로 박태준에게 해운회사를 하나 설립해주기로 했다고 했다.

화물선 건조를 위한 자금을 미쓰비시은행이 출자하고 화물 알선도 미쓰비시가 책임을 질 것이며 박태준은 그 수익금만 챙기면 된다고 했다. 실로 엄청난 제안이었다. 박태준은 오래 생각할 것 없이 곧바로 그 제안을 받아들이겠다고 말하고, 다만 박태준 개인이 받는 것이 아니라 수익금 전부를 포스코 장학재단으로 들어가게 해달라고 했다. 박태준이 향후 포스코를 떠나더라도 포스텍은 계속 육성 발전되어야 하기 때문이었다.

박태준의 청렴과 관련해 또 이야기할만한 사람은 일본의 도코 도시오土光敏夫다. 도코는 도시바 사장, IHI이시카와지마하리마 중공업 사장을 역임하고 경단련 회장 등 재계의 요직과 공직을 두루 역임했다. 그는 청빈한 생활을 평생 실천한 사람이다. 한때 정경유착이 사회적으로 회자되어 비밀경찰이 도코의 집을 조사하러 찾아간 적이 있었다.

그런데 번지는 분명히 맞는데 아무리 찾아도 도코 회장이 살 만한 저택이 인근에 보이지 않았다. 한참을 헤매다 그 번지에 해당하는 허름한 일본 주택에 들어서니 마침 텃밭에서 일을 하고 있는 할머니가 한 분 있어서 도코 회장 저택이 어디 있느냐고 물었다. 그랬더니 그 할

머니가 바로 이 집이라며 자신이 도코의 부인이라고 해서 경찰이 깜짝 놀랐다고 한다.

그때가 아침 이른 시간이었는데 도코는 이미 출근하고 집에 없었다. 그는 전철을 타고 출퇴근을 했다. 집 마당에 채소를 키우는 밭이 있었는데, 그는 거의 자급자족적인 생활을 했다. 본인이 받는 급여의 1%도 채 사용하지 않고 나머지는 모두 학교를 만들어 후진을 양성하는 어머니에게 보냈다고 하며 어머니의 타계 후에는 책임을 맡은 여동생에게로 돈을 보냈다고 한다.

5 한일 양국의 100년 후를 준비하는 '신의 한 수'

1981년 제5공화국이 출범하면서 일본과 대규모 안보경협을 추진하고자 했던 정부는 한일경제협력사업의 원만한 추진을 위해 대일 민간경제협력 창구의 필요성을 느끼게 되었다. 이러한 필요성은 경제계도 절감하고 있었다. 1970년대 활발하게 추진되던 한일경제협력은 한국 경제의 약진으로 야기된 일본 내에서의 부메랑 현상 탓에 양국의 경제 협력에 제동이 걸리고 있었다. 한국 경제의 지속적인 발전과 도약을 위해서는 지속적인 일본과의 협력과 신뢰 구축이 절실했다. 일본 재계도 한국에 공식적인 민간 창구의 설립을 요망하고 있었기에 박태준은 이러한 정부의 요구와 양국 재계의 중의를 모아 1981년 2월 한일경제협회를 설립하게 되었다.

일본에서는 이미 1960년 12월 27일 일한경제협회를 창립하여 조직적으로 활동을 전개하여왔지만, 한국에서는 대한상공회의소, 전국

경제인연합회, 한국무역협회 등 경제 3단체가 각각 2년씩 교대로 창구 역할을 수행하고 있어 업무의 연속성이 없었다. 협회를 창립한 박태준은 미래지향적인 한일 관계 구축을 염두에 두고 본인의 폭넓은 일본 내 네트워크를 활용하여 한일경제협력의 제도화와 저변 확대에 힘썼다. 한일경제협회의 설립과 관련해 한국 경제계 원로 김상하 삼양그룹 회장은 이렇게 증언한다.

"한일경제협회 설립에는 박태준 초대 회장의 공로가 매우 크다. 포항제철이라는 박정희 대통령의 꿈이 실현된 것은 박태준 회장의 헌신적인 노력 덕분이다. 한국은 물론 일본 내의 비관론에도 불구하고 신화를 일구어낸 것이다. 한일경제협회도 박태준 초대 회장의 인맥과 헌신으로 설립되어 양국 경제 협력에 엄청난 공헌을 해왔다. 당시 한일경제협회에는 한국의 대표적 재계 인사들이 모두 참여하고 있었다. 일본 측에서도 일류 기업의 총수들이 거의 모두 참여하고 있었는데, 이 모든 것이 박태준 회장의 노력과 헌신의 결과라고 생각한다."

한일경제협회의 초대 전무이사로서 설립의 실무를 책임졌던 이상수의 증언이다.

"한일경제협회는 1980년 전두환 대통령으로부터 대일 경제 협력 창구를 만들라는 지시를 받고 박태준 사장이 만든 것이다. 일본에는 이미 1960년에 일한경제협회라는 창구가 있었지만 한국은 없어 경제

3단체가 2년씩 대일 경제 협력 창구인 한일민간합동경제위원회를 개최해오고 있었다."

이상수의 증언이 이어진다. 이상수는 특기인 영어와 일본어 실력에다 남을 웃기는 농담 실력으로 오늘날까지 밥을 먹고 살았다고 하며 박태준도 이상수와 함께 있으면 그의 실없는 농담에 자주 웃음을 터뜨렸다고 한다.

"1980년 가을 박태준 사장이 전화를 걸어왔다. 당시 나는 한국철강협회 전무이사로 일하고 있었다. 당시는 종로의 수운회관에 사무실이 있었다. 박태준 사장이 "지금 뭐해?"하고 물어 "전화 받고 있습니다"라고 했더니 박태준 사장이 껄껄 웃었다. 10분 거리에 있는 포스코로 달려가자 금융인 박대진 씨 등이 와 있었다. 박 사장이 한일경제협회를 설립하라고 해서 공대 출신이라 경제는 잘 모른다고 대답했더니 "자네라면 할 수 있어"라며 협회 설립 업무를 맡겼다."

당시 총무부장으로 이상수를 보좌했던 신덕현 한국우량제품진흥협회 회장은 다음과 같이 증언한다.

"1980년 6월 한국의 경제 3단체와 일본의 경제 3단체의 정기 교류회의가 서울에서 개최되었을 때 당시 전두환 국가보위비상대책위원장을 예방한 자리에서 한일 교류 창구의 단일화가 필요하다는 건의를 했다. 이에 당시 포항제철 사장으로 재직 중이던 박태준이 한일경제협회 설립의 책임을 맡아 그해 9월부터 이상수 전무, 박대진 전 한일경제협회 부회장과 함께 실무 작업을 시작하게 되었다."

홍건유의 증언이 이어진다.

"박태준 회장이 일본에 드나들면서 느낀 점은 아무리 양국 간에 정치적인 어려움이 있더라도 경제 협력이 원만하게 이루어지면 이런 문제들이 희석될 수 있다고 생각했다. 그래서 이를 위해서는 양국간 경제 협력을 촉진하기 위한 단체가 필요하다는 점을 요로와 양국 경제인들에게 역설했으며 이에 대한 양국 경제인의 의견이 일치했다. 1980년 가을 동경의 신일본제철 본사 회의실에서 양국 재계 수뇌 간담회가 개최되었다. 한국 측에서는 박태준 포항제철 사장, 정주영 전경련 회장, 정수창 대한상공회의소 회장, 김원기 무역협회 회장, 그리고 유기정 중소기업협동조합중앙회 회장이 참석했으며, 일본 측에서는 나가노 시게오永野重雄 일본상공회의소 회두, 이나야마 요시히로稲山嘉寛 경제단체연합회 회장, 후지노 츄지로藤野忠次郎 미쓰비시상사 사장 그리고 세지마 류죠瀬島龍三 이토츄상사 특별고문 등이었다. 간담회와 만찬 그리고 골프 회동까지 이어졌다. 이나야마 회장은 전두환 대통령을 직접 만나보았더니 일본에서의 평판이나 선입관과는 달리 인상이 나쁘지 않았으며 시골 아저씨 같더라고 내게 말했다."

한일경제협회의 설립

1965년 한일 국교 정상화 이후 양국 간에는 정부 및 민간 차원의 다양한 협의체 가운데 민간 차원에서 가장 규모가 크고 대표적인 것이 한일민간합동경제위원회였다. 1969년 시작된 이 위원회의 간사 역할을 한국 측에서는 대한상공회의소, 전국경제인연합회 및 한국무역협회 등 경제 3단체가 2년씩 순번제로 맡아왔지만, 일본에서는 이미 1960년 일한경제협회가 설립되어 이 위원회의 간사 역할을 담당하고 있었다.

1981년 2월 4일, 드디어 대한상공회의소, 전국경제인연합회, 한국무역협회, 중소기업협동조합중앙회 등 경제 4단체와 포항종합제철주

(사)한일경제협회 창립총회에서 초대회장으로 선임되어 인사하는 박태준

식회사의 대표가 모여 발기인회를 가졌고 박태준 사장이 발기인 대표로 선임되었다. 한일경제협회의 고문 및 부회장, 이사에 당시 한국 재계의 중요 인사가 대부분 참여하고 있는 점을 보더라도 당시 한일경제협력이 우리 경제에서 차지하는 비중이 얼마나 컸는지를 짐작할 수 있다. 경제 4단체의 기라성 같은 인사들을 제치고 대일 경제 협력 창구의 수장으로 박태준을 세우는데 아무도 이의가 없었으며, 경제 4단체 회장이 모두 신설 한일경제협회 고문으로 취임함으로써 그에게 힘을 실어주었다.

한일경제협회 설립 발기 취지문은 다음과 같이 설립의 필요성을 언급하고 있다.

"한일 양국은 1965년 국교 정상화 이후 경제적으로 긴밀한 교류와 연대 관계를 유지하고 있다. 우리나라는 수출의 지속적인 성장을 통한 대외지향적 경제개발 전략을 추구하고 있으며, 이에 따라 지정학적 및 경제 구조상 불가분의 관계에 있는 일본은 제1의 교역 대상국과거 15년간 통계: 전체 교역량의 약 30%의 위치를 점하고 있다. 그러나 한일 양국의 경제 협력은 매우 부진하며 자본 도입의 측면에서 볼 때 전체의 16%에 불과한 실정이고 또한 국교 정상화 이후 15년간 계속되어 온 만성적 무역 적자수출 누계 194억 불, 수입 누계 397억 불는 203억 불에 달하고 있다. 이와 같은 한일 양국 간의 현안 문제를 타결하고 경제 협력을 강화하기 위하여 1968년 이후 12회에 걸친 한일민간합동경제위원회가 개최된 바 있으며 이외에도 경제계의 개별적인 교류도 활발히 진행되고 있다."

일본보다 20여년 늦게 일한경제협회와 같은 기능을 가진 한일경제협회의 설립이 이루어지면서 박태준 리더십 하에서 다양한 협력 사업과 조사 연구 활동 등이 이루어졌다. 박태준 리더십의 특징인 '장기적인 시야'는 여기서도 빛을 발했다. 협회는 적어도 10년 뒤를 내다보며 한일경제협력의 제도화에 진력했다. 미래의 한일 협력 기반을 구축하는데 초점을 맞춘 박태준의 각종 아이디어는 한일 협력 사업으로 구체화되었으며 이러한 협력은 큰 틀로 완성됐다. 한일경제협회를 통해 양국 경제인들 간의 우호 친선 및 신뢰 구축을 추진한 박태준은 8년간 회장을 역임하면서 양국 협회 간의 미래지향적인 협력 시스템을 구축하고 한일경제협력의 저변을 확대하였다.

미래를 내다보며 협력의 틀을 짜다

박태준은 협회의 초기 기능은 미래를 위한 협력의 틀을 짜는 것이라 생각하고 협회를 운영했다. 박태준이 협회를 통해 추진해 간 사업들은 이런 것들이었다.

첫째, 박태준은 한일민간합동경제위원회의 내실화 및 지속적인 실시, 그리고 성과 거양을 통해 양국 경제계간의 신뢰를 구축하는 것을 협회의 가장 주요한 기능으로 생각했다. 1998년 한일경제인회의로 명칭이 바뀐 한일민간합동경제위원회 회의는 오늘날까지 45회에 이르며 한 해도 빠짐없이 양국에서 번갈아 개최되고 있다. 1998년 외환 위기 직후 미야자키宮崎시에서 개최된 회의 때부터 한국 대표를 맡았던 김상하 삼양그룹 회장의 회고다.

"IMF 외환위기라는 어려움 속에서도 이 회의의 무거운 전통을 소중히 생각하고 전세기로 미야자키의 회의에 대거 한국 경제인들이 참석함으로써 일본 경제인들에게 감동을 주었다."

둘째, 박태준은 한일 양국의 미래를 위해서 젊은이들의 교류를 주창했으며, 국교 정상화 20주년이 되는 1985년부터 양국 대학생의 교류가 시작되었다. 미래의 한일 협력을 위해 씨를 뿌리는 이 사업에 참가한 대학생들이 이제는 중년이 되고 사회인이 되어 양국 협력의 전면에서 핵심 인재로 활동하고 있다. 이들이 젊은 시절 상대국을 둘러보고 또래의 대학생들과 교류하며 느낀 인상은 그들의 선입관 수정에 적지 않은 영향을 끼쳤다. 박태준은 한일경제협회 회장 재임 시 대학생 교류 사업을 시작한 것을 가장 뜻 깊게 기억한다.

"나는 초대회장으로 재임하는 동안 양국 청소년들의 인적 교류 사업도 매우 중요하게 생각했다. 그것은 무엇보다 미래의 한일 관계를 건강하고 건설적인 방향으로 이끌어나갈 주역을 육성해야 한다는 신념을 실천한 것이었다. 그로부터 30년이 지난 오늘, 당시의 청소년들이 드디어 한일 교류의 주역으로 등장해있다. 이제 양국의 젊은 세대는 서로의 문화에 대한 깊은 이해를 공유하고 있다. 일본에는 이른바 '혐한증嫌韓症'이 사라진 대신 '한류韓流'가 뜨거운 형편이다. 이것만 보아도 30년 전에 시작한 사업이 좋은 방향으로 성장하고 있다는 사실을 확인할 수 있다. 물론 그들은 한일 관계의 성숙뿐만 아니라 동아시아의 협력과 세계 평화에도 이바지할 것이라고 믿는다."

박태준의 지시라고는 하지만 사실 사무국으로서는 대학생 교류가 잘 이해되지 않는 일이었다. 특히 카운터 파트너인 일한경제협회가 이를 납득하지 못했다. 양국의 경제 문제만 해도 할 일이 너무 많은데 이러한 일은 너무 소소한 문제로 비춰졌던 것이다. 그러나 박태준의 강한 의지로 일본 측을 설득하여 사업이 개시되었으며, 이후 17년간 34회에 걸쳐 파견과 수용이 이루어졌다. 당시 이 사업을 총괄했던 한일경제협회 신덕현현 한국우량제품진흥협회 회장은 "시작 당시만 해도 양국에 대한 정보가 부족하고 상호간에 불신이 많았지만 양국을 다녀간 학생들의 의식 변화는 컸다"고 회고한다.

당초 대학생 교류를 반대하던 일한경제협회도 2005년에는 국교정상화 40주년 기념사업으로 고교생 교류를 시작하자고 제안해왔으며, 현재 활발하게 교류가 이루어지고 있다. 1985년에 시작된 대학생 방일단에는 총 20회에 걸쳐 803명이 참가했으며, 일본의 방한단은 1988년에 처음 시작되어 총 17회에 걸쳐 446명의 대학생이 참가했다. 신덕현의 증언이다.

"박태준 회장은 미래 지향적인 사고와 추진력을 가진 분이었다. 그 분의 아이디어와 노력은 시간이 지난 다음에야 그 의미를 알게 되는 경우가 많다. 그 대표적인 것이 한일 청소년 교류 사업이다. 이 사업은 한일 국교 정상화 20주년 기념사업으로 시작되었다. 미래 한일 관계의 발전을 위해서는 청소년간의 긴밀한 교류가 필요하다는 박태준 회장의 아이디어였다."

셋째, 만성적인 한일 무역 불균형의 해소를 위해서는 양국 무역이 확대 균형으로 나아가야 한다는 것이 박태준의 지론이었다. 이를 위해서는 한국 중소기업들이 일본 시장에 대해 알고, 배우며, 자신감을 가지고 일본 시장에 적극 진출해야 한다고 생각했다. 1984년 4월 교토京都에서 개최된 제16회 한일민간합동경제위원회에서의 합의로 동년 7월 100개사로 구성된 일본의 대규모 수입촉진단이 방한했다. 이들은 서울과 부산에서 수입 상담회를 개최하였으며 이를 계기로 양국에 한일시장협의회가 설립되었다.

한국 측에서는 한일경제협회, 일본 측에서는 JETROJapan External Trade Organization: 일본무역진흥기구가 사무국이 되어 한국 중소기업의 대일 수출 활동을 적극 지원하였으며, 궁극적으로는 한일 무역 불균형 개선과 한국 중소기업의 국제 경쟁력 향상에 기여했다. 설립 이후 23년에 걸쳐서 76회의 대일 수출촉진단을 일본 전국 방방곡곡으로 파견했다.

넷째, 일본 식민시대를 경험한 원로들의 은퇴에 대비해 2세 경영인들에게 한일경제협력의 경험을 심어주고 일본의 경영인들과의 친분을 두텁게 하기 위해 박태준은 '한일중견경영인교류촉진단'을 구성하여 교류하도록 했다. 당시 한국의 2세 경영인들은 대부분 미국 유학파로 선대 경영인들과는 달리 일본어에 의한 의사소통이 안 되었다. 뿐만 아니라 일본적 경영 실태, 일본과 일본 문화, 일본인에 대한 지식과 경험 부족 등으로 한일 양국 간 경제 협력에 어려움이 있을 수 있다는 박태준의 인식에 따른 것이었다.

1989년부터 2003년까지 한국 측에서 9회, 일본 측에서 5회 상호 방문을 통한 교류를 진행했다. 한일 경제 관계에서 중요한 역할이 기대되는 젊은 경영인들을 중심으로 미션을 구성하여 파견하고 수용하였으며, 이를 통해 일본 중견 경제인들과의 인적 네트워크를 구축하는 데 기여했다.

다섯째, 박태준은 한일 양국 간 경제 협력의 장기 과제를 도출하고 협력 방향을 제시하기 위해 1981년 협회 설립 직후 양국 분야별 전문가로 '한일경제협력장기구상연구위원회'를 구성하여 미래의 한일 협력을 위한 공통 과제를 이끌어냈다. 또한 한국 산업의 장래를 위해 중소기업 육성이 매우 중요하다는 견지에서 양국 중소기업의 협력을 논의할 새로운 전문위원회인 '한일중견중소기업협력전문위원회'를 1983년 설치하여 양국 중소기업 간의 이해 증진 및 협력을 제도화하였다.

여섯째, 1992년 양국의 정상이 합의한 '한일산업기술협력재단'의 설립이 일본 대장성의 소극적인 태도로 지지부진하자 일본의 다케시다 노보루竹下登 일한의원연맹 회장전 수상 및 대장대신을 찾아가 늙은 식민지 세대들이 떠난 이후에도 양국 간의 협력이 지속되도록 하기 위해서는 협력의 제도화가 반드시 필요하다고 설득해 1992년 양국에 산업기술협력재단이 설립되도록 했다.

일곱째, 박태준은 양국 경제인들의 협력이 성과를 거두기 위해서는 부인들의 관심과 내조가 매우 중요하다는 인식을 가지고 있었으며, 한일민간합동경제위원회를 부인을 동반하는 회의로 형식을 변경했다. 당시만 하더라도 국제회의에 부인이 함께 참여하는 전통이 없었던 일본 측을 설득하고 양해를 얻어내 1987년 제주에서 개최된 제19회 한일민간합동경제위원회 회의부터 부인들이 함께 참여하는 회의로 변경하였으며, 지금까지 같은 방식으로 운영해오고 있다. 부인들이 참여함으로서 남편들의 사업과 양국에 대한 부인들의 이해가 깊어졌고, 이후 양국의 경제 협력 증진에 측면지원 효과를 가져왔다.

한일산업기술협력재단의 설립

한일경제협회와 한일의원연맹 수장으로서의 공식적인 한일 협력을 위한 활동 외에 폭 넓은 대일 네트워크를 가진 박태준은 이면에서 한일 간의 협력을 위한 다양한 활동을 전개했다. 한일산업기술협력재단의 설립과 한일 국교 정상화 이후 최대 규모라고 하는 40억 불 안보경협의 실현 그리고 전후 최초 일본 수상의 공식 방한으로 기록된 나카소네의 방한 성사에 기여한 일을 대표적인 것으로 꼽을 수 있다.

1992년 1월 대통령 노태우와 미야자와 키이치宮沢喜一일본 수상은 동경에서 정상회담을 갖고 한국 중소기업의 국제 경쟁력 향상을 지원하고, 이를 통한 한국의 무역 역조 개선에 기여할 목적으로 '한일 무역 불균형 해소를 위한 행동 계획'을 마련하기로 한다. 그리고 그 행동 계획의 일환으로 산업기술협력재단을 설치하기로 합의했다. 이러한 정상 간의 합의에도 불구하고 예산을 담당하는 일본의 대장성지금의 재무성 관료들의 소극적인 태도로 일이 순조롭게 진척되지 않았다. 정부에서는 일본통인 박태준에게 협력을 요청했다. 일본으로 건너간 박태준은 일본 측 카운터 파트인 다케시다 일한의원연맹 회장을 만나 단도직입적으로 협조를 요청했다.

"당신이나 나나 이제 곧 저 세상으로 갈 사람이고 우리가 그래도 양국을 잘 아는 사람인데 우리가 가고나면 어떻게 할 것인가. 계속 협력이 이루어지도록 하기 위해서는 제도적인 장치가 반드시 필요하다."

당시 상황을 기억하고 있는 신덕현 한일경제협회 전무이사의 뇌리에는 동경에서 걸려온 박태준의 카랑카랑한 전화 목소리가 지금도 생생하다. "이봐, 일본 측과 합의가 되었으니 설립 작업을 바로 시작해. 9월 1일까지는 설립 작업을 끝내."라는 지시였다. 다케시다를 설득한 후 재단 설립은 급속도로 추진되어 양측 모두 연내 설립을 완료하게 되었다. 일본의 기술 이전을 목적으로 설립되는 재단에 대한 일본의 소극적인 자세는 언론 보도를 통해서도 엿볼 수 있다. '일본경제신문'

의 보도 내용이다.

"한국 측은 7월 30일 박태준 한일의원연맹 회장이 급거 방일하는 등 막바지 활동을 전개하여 결과적으로 산업기술협력재단의 설립을 이끌어내었지만 한일 간의한일 간 기술 협력에 관한 인식의 갭이 축소되지 않는 한 한국 측에서 요구하는 기술 이전이 어느 정도 진전될 지는 의문시 된다."

일본 측의 소극적인 자세에도 불구하고 1992년 설립 이후 한일 양국 재단은 1. 기술자 연수, 전문가 초청 기술 지도, 비즈니스 상담회, 각종 교류 미션, 산업기술 연구 등 양국 간 산업 협력 및 교류 증진을 위한 사업, 2. 2008년부터 추진 중인 일본 퇴역 기술자 초청 기술지도 사업, 3. 차세대 고부가가치 산업인 녹색환경 산업 분야 연수, 4. 2008년부터 한일산업기술페어의 연 1회 개최, 5. 제3국 자원 공동 개발을 위한 조사 및 협력 사업, 6. 모노즈쿠리 연수 사업, 7. 일본의 경제, 통상, 산업, 자원, 비즈니스 등의 지식정보 DB를 구축하고 지속적인 업데이트를 통해 정부, 기업 등에 제공하는 등 국내 중소기업의 국제 경쟁력 향상을 위한 활동을 역동적으로 수행해오고 있다.

한일안보경협 40억불을 실현하다

박태준은 또 협회를 창구로 대일경협 40억불이 실현될 수 있도록 일본 국내, 특히 경제계의 협력 분위기를 조성해나가면서 경협 타결에 크게 기여했다. 한국 정부가 한일안보경협 차관을 일본에 공식 요청한 것은 1981년 4월 22일이었다. 박태준은 차관 성사를 위해 친분이 있는 세지마 류조와의 루트 이외에도 한일경제협회 회장이라는 공식 창구를 통해서 일본 경제계의 협력 분위기 조성에 노력했다.

1981년 출범한 전두환 정부는 대일 관계 개선에 적극적인 의지를 가지고 있었다. 그 대표적인 성과가 40억불에 달하는 경제 협력 차관의 유치와 전후 최초의 양국 정상의 교차 방문이었다. 일본상공회의소 회장 고토 노보루五島昇는 일본경제신문에 연재한 '나의 이력서'에서 1981년 5월 한국을 방문하여 당시 군부 실세였던 전두환, 노태우, 권익현을 만나 향후 한국의 대일 창구가 될 사람으로 박태준을 추천받았다고 회고했다.

"1979년 10월 26일 박정희 대통령이 암살된 후 한국의 정재계 수뇌부는 거의 모두가 교체되고 오랫동안 공들여왔던 파이프가 끊어져 버렸다. 조속히 새로운 파이프를 구축하지 않으면 안 된다고 생각하고 세지마와 둘이 눈에 드러나지 않게 한국을 방문했다. 비행기 편도 다른 편으로, 그리고 방한하는 날짜도 다르게 해 서울에서 합류했다. 5월 광주 사건 직후여서 서울의 공기는 심상치 않았다. 그때 전두환, 노태우 그리고 권익현을 따로따로 만났다. 그들에게 앞으로 한국 재계를 짊어지고 갈 것으로 생각되는 사람을 소개해달라고 부탁했다. 이때 세 사람이 입을 모아 추천한 사람이 포항종합제철의 박태준 사장이었

한일경제인회의에서 심각하게 숙의하고 있는 박태준, 아카자와 JETRO 이사장, 고토 도큐 그룹 회장(좌로부터)

다. 박 사장은 그 이후 전경련 부회장, 한국철강협회 회장, 한일경제협회 회장이 되어 한국 재계를 리드해갔으며, 일본상공회의소는 그를 중심으로 한국 재계와의 파이프를 만들어 원활하게 교류하며 협력할 수 있었다."

급격한 정치 변동 가운데 출범한 전두환 정부는 정치적, 경제적, 그리고 사회적으로 많은 과제에 직면했다. 사회적 혼란을 안정시키고 정치적 정당성을 강화하기 위해 경제 안정과 경제 발전에 전념했다. 재정 지출이 축소되고 국제 여건의 악화로 차관 도입이 불가능해짐에 따라 대일 경제협력차관 도입을 적극 검토하게 되었다. 물론 반대 여론도 잇따랐다.

"60억 불의 경제 협력이 '극동의 유사시'를 상정한 '미일안보체제와 한반도1982. 1.12, 동아일보 사설'라는 것을 생각하면 일본이 한국에 대해 당연히 해야 하는 협력이라고 주장되었다. 그 배후에는 1961년의 군사 쿠데타 이후 지속된 것이지만, 전두환 정권의 경우도 군사정권이라고 하는 정통성이 결여된 정치권력을 경제 발전으로 지탱하려고 하는 의도가 작용한 것은 부인할 수 없다. 그 때문에 반체제 측은 일본의 경제 협력은 그대로 독재정권을 지원하는 것이라고 반대했다."

노신영 외교부장관은 스노베 료조須之部量三 주한일본대사를 외교부로 불러 공적 개발 원조 60억 불, 일본수출입은행 자금 40억 불 등 총 100억 불을 5년간 지원해줄 것을 요청했다. 경협차관 요청의 가장 중요한 이유는 안보였다. 특히 한국의 안보가 미일 안보에 미치는 중요성에 비추어 안보 비용의 분담이 필요하다는 것이었다. 이러한 '안보경협'은 이미 전두환이 1981년 2월 미국을 방문했을 때 레이건 대통령에게 사전 협조를 요청한 바 있었다.

1981년 5월 워싱턴에서 있었던 레이건·스즈키鈴木 정상회담에서 양국 정상은 한반도에 있어서의 평화 유지는 일본을 포함한 동아시아의 평화와 안전에 중요하다는 인식에 동의했다. 또 일본은 방위 및 극동의 평화와 안정을 확보하기 위해 미일 양국의 적절한 역할 분담이 필요하다는 점을 인정했지만, 일본 정부는 전략적, 군사적 견지에서 한국에 원조를 제공해서는 안 된다고 생각하고 있었다.

1981년 8월 18일 기우치 아키타네木内昭胤 외무성 아시아국장은 중의원 내각위원회에서 1. 일본 정부는 한국이 미일美日의 방파제라고 하는 전두환 대통령과 견해를 같이하지 않음, 2. 한국에 대한 북한의 대규모 공격은 가능성이 희박함, 3. 안전 보장의 관점에서의 경제 협력은 안 된다고 분명히 하고 있다.

스즈키 내각과의 협상은 계속 난항이었다. 안보 동맹과 경제 협력은 별개라는 일본 정부의 완강한 태도에 한국 정부는 경협차관이 군사 분야에 사용되는 것이 아니라 제5차 경제사회발전 5개년 계획에 사용될 것이라고 확인함으로써 진전이 이루어지게 되었다. 이후 사쿠라우치 요시오桜内義雄 외상은 국회 답변에서 다음과 같이 말했다.

"한국의 협력 요청 내용은 금년부터 시작된 신 5개년 계획 가운데 상하수도 사업 등 사회개발 부문을 중심으로 한국의 경제사회개발, 민생 안정 및 복지 향상을 목적으로 한 것이며 군사적인 색채를 띤 것이 아니라는 점은 명백하다."

다음은 스즈키 수상의 1981년 10월 국회 답변 내용으로 변화의 조짐을 보여주고 있다.

"일본의 대한 원조는 일본이 한국의 안전 보장에 대한 책임을 미국을 대신해서 떠맡는 것은 아니지만, 한국의 정치·경제·사회적 안정은 한반도의 평화와 안정을 위해서 불가결하고 일본의 평화와 안전을 위해서 불가결하다."

이후 양국 사이에는 차관의 규모를 둘러싼 활발한 물밑 접촉이 이루어지며 총액 40억 불 규모의 협상안이 타결된다. 그런데 1982년 중반 양국의 협상안이 타결되어 가던 무렵 역사 교과서 검정 파동으로 양국 관계가 중단되면서 덩달아 협상도 중단됐다. 스즈키 내각은 경협차관 문제를 해결하지 못한 채 퇴진하게 되었다.

교과서 검정 파동이란 일본 문부성이 출판사로 하여금 일본의 '침략'을 '진출'로, '탄압'을 '진압'으로, 그리고 '출병'을 '파견'으로 기술하도록 지시한 사실이 드러남으로써 한국과 중국이 격렬하게 반발했던 외교 마찰을 말한다. 이 문제는 결국 일본이 '근린제국조항'이란 검정기준을 신설하면서 정리가 되었다. '근린조항'이란 근린이웃 아시아 국가 간에 근·현대사의 역사적 사실을 다루는 데 있어 국제 이해와 국제 협조의 견지에서 필요한 배려를 한다는 뜻이다.

1982년 11월 27일 나카소네 내각이 발족했는데, 한일경협차관 해결을 통해 한국과의 관계를 개선하는 것이 나카소네 내각의 최우선 과제였다. 나카소네는 회고록인 『자성록自省錄』에서 다음과 같이 밝히고 있다.

"1982년 11월 수상에 취임했는데 당시 미일 관계는 최악의 상태였다. 그리고 한국과의 관계도 60억 불 정부 차관 문제를 놓고 난항을 거듭하고 있었다. 1983년 1월 방미를 앞두고 나는 그 직전에 한국을 방문하여 서둘러 일한 관계를 회복시켰다. 그리고 미국의 관심이 뜨거웠던 방위비 증액 문제와 대미 무기 기술 공여 문제를 대장성의 반대를 뿌리치고 방미 전에 매듭을 지었다. 이러한 성과를 선물 보따리로 해서 수상 취임 후 처음으로 미국 방문 길에 올랐다."

한일 관계 회복을 위해 나카소네는 세지마를 특사로 임명하고 비공식 채널을 통해 한국과 협상했다. 세지마의 한국 측 협상 창구는 박태준이었다. 안보경협의 실현을 위해서 박태준은 일본 측 창구인 세지마를 비롯한 일본의 정재계 실력자들과 두루 만났으며, 한일경제협회와 한일민간합동경제위원회를 적극 활용하여 일본 내 협력 분위기 확산에 힘썼다.

최종적으로 이 문제가 타결된 것은 1984년 1월 한일외상회담이었다. 일본은 1982년부터 7년간에 걸쳐 차관을 공여하기로 하였으며, 구체적으로는 엔 차관이 18억5천만 불, 수출입은행 융자 21억5천만 불로 했다. 대상 프로젝트는 상하수도, 교육시설, 의료시설, 다목적댐, 공해방지시설 등 5가지 항목으로 한정했다. 이렇게 1981-1983에 걸쳐 한일 간의 큰 현안이었던 차관 교섭은 타결되며 명실상부한 한일 신시대에 돌입하게 되었다.

제 3 장

거인,
무덤에서
걸어 나오다

1 재조명 되어야 할 유산, 박태준

한국 근·현대사를 거치면서 우리에게는 중요한 인적 자산이 많았다. 그 가운데 한 명이 바로 박태준이다. 박태준에 대한 정확한 평가를 하기 위해 그동안 발표된 그에 대한 국내외의 연구와 평가들을 살펴보자.

먼저 일본의 와카바야시 코지若林広二, 1991다. 그는 포스코의 성공 요인을 다음과 같이 분석했다. 첫째, 창업자 박태준 회장의 공헌, 둘째, 최소의 비용으로 최고의 회사, 셋째, 포스코의 인본주의 경영, 넷째, 직장 환경의 정비와 고품질의 달성, 그리고 마지막으로 강력한 연구 개발 체제에 의한 독자 기술의 개발 등 5가지다.

노무라野村종합연구소의 조사 리포트는 '포스코를 이끄는 박태준 회장의 리더십'이라는 별도의 장을 통해 포스코 발전의 최대 요인을 박태준의 리더십으로 보고 이를 빼고서는 오늘의 포스코 발전을 말할 수 없다고 밝히고 있다.

스탠포드Stanford 대학의 브루스 맥커런Bruce McKern & Ruth Malan, 1992은 박태준 리더십과 역할을 설명하면서 포스코가 성공할 수 있었던 것은 대부분 박태준의 선견지명과 지도력에 기인한다고 결론을 짓는다.

한편 하버드Harvard 대학의 로버트 헤이스Robert H. Hayes, 1982는 서울대학교 조동성 교수팀과의 공동 연구에서 포스코의 성공 요인을 다음 5가지로 요약했다. 첫째, 박태준의 투철한 국가관 및 탁월한 지도력, 둘째, 포스코 특유의 인사관리 방식, 셋째, 원만한 노사관계, 넷째, 공기 단축과 효율적인 설비 구매, 그리고 유리한 조건의 차관을 실현한 점 등을 든다.

'20세기의 철강왕'으로 불리는 박태준에 대해 외국학교나 연구기관에서는 이미 오래 전부터 활발한 연구가 이루어졌지만, 국내의 경우에는 의외로 연구가 거의 전무한 상태였다. 그러다가 최근 2-3년간 본격적인 연구가 이루어졌을 뿐이다. 이것은 "포스코는 박정희가 만들었고 박태준은 그저 실행자였을 뿐"이라는 시각과 맥을 같이 하는 것으로 보인다. 이대공 포스코교육재단 이사장은 박정희와 박태준의 관계를 다음과 같이 묘사한다.

"둘 중 한 명이 없었다면 불가능한 일이었겠죠. 역사적 인물로 대입하자면 류성룡과 이순신의 만남이라고 할까요. 송복 교수가 쓴 『서애 류성룡 위대한 만남』을 읽어보면 늦깎이 말단 무장 이순신을 만나 단번에 7단계 파격승진을 시키는 인물이 류성룡이었습니다. 류성룡이 박정희이고 이순신이 박태준이죠. 류성룡이 없었으면 이순신이 없었고 박정희가 없었으면 박태준은 없었습니다."

박태준에 대한 국내의 연구나 평가가 부족한데는 박태준이 보여주는 일본적인 속성도 한 몫을 한 것으로 보인다. 일본에 대한 박태준의 친밀도는 반일정서가 강한 한국사회에서 배타적인 감정으로 작용하며 그를 부정적으로 평가하게 만들었다. 게다가 일본 문화에 대한 이해가 부족한 데도 그 원인이 있다고 생각된다. 그 결과 박태준 리더십의 바탕에 있는 일본적 문화 속성에 대한 검증이나 연구가 이루어진 적이 없다. 지피지기면 백전백승이라는 손자병법의 말처럼 일본을 가장 잘 알고 있는 박태준이 이를 역으로 적극 활용하여 일본을 이겼다고 할 수 있다.

박우희1988;171는 "기술의 선택에서 흡수, 확산에 이르는 모든 과정에서 박태준 회장의 영향력이 매우 컸으며, 만약 박 회장이 없었다면 오늘의 포스코가 과연 있을 수 있었을까 하는 의문이 인터뷰를 하는 가운데 여러 차례 솟구쳤다"고 말하고 "포스코의 경험을 통해 기업을 이끄는 한 사람의 역할이 얼마나 큰가를 통감했다"고 그의 연구에서 밝히고 있다.

홍건유는 "박태준 회장이 아니면 포스코는 있을 수 없었다. 신일본제철의 협력이 있었기에 포스코가 있으며 당시 일본의 협력은 절대적이었다. 그러나 광양제철소의 경우 외형적으로는 일본이 간접 협력을 하는 형식을 취했지만 실제적으로는 일본의 협력이 없었다. 그렇지만 광양의 바다를 매립하는 일은 일본 전문 컨설팅업체의 기술 협력을 받았다"고 증언한다.

'대한국제제철차관단KISA의 일관제철소 프로젝트'에 대해 타당성이 없다는 보고서를 낸 세계은행IBRD의 연구원 자페W.P. Jaffe는 후일 일본기술단의 초대 단장이었던 아리가 도시히코有賀敏彦와의 면담에서 포스코의 성공 요인을 이렇게 정리했다. "박태준 사장의 우수한 두뇌와 탁월한 지도력이 최대의 요인이지만, 한일 양국의 기술자가 계획에서부터 건설, 조업에 이르기까지 서로 존경하고 신뢰하며 마음을 합쳐 혼연일체가 되어 일 할 수 있었기 때문"이라고 말했다.

조직의 리더 중 최고 경영자는 다른 리더와 달리 기업의 성패를 좌우하는 전략적인 결정을 내리는 가장 중요한 역할을 수행하는 자리다. 사기업도 아닌 국내 공기업의 역사에서 25년간이나 최고 경영자를 역임했다는 것은 극히 희귀한 기록이다. 이것이 포스코에 대한 박태준의 절대적인 기여를 증명한다. 공기업의 최고 경영자는 주무관청, 특히 포스코 같은 대규모 공기업의 경우 대통령이 직접 인사권을 행사했다.

그런데도 3명의 대통령이 바뀌고 국내외의 수많은 이해 관계자가 복잡하게 얽혀있는 와중에도 박태준의 리더십은 흔들리지 않았다. 무역협회 회장을 역임한 동원그룹의 김재철 회장은 최고 경영자가 직책을 수행하기 위해서는 부하 직원들의 절대적인 지지가 필수불가결하다며 '치마 이론 리더십'을 일찍부터 주창해왔다. 즉 치마는 밑에서 보면 훤히 다 보이듯 부하 직원들은 리더가 거짓말을 하면 다 안다는 것이다. 박태준은 철저한 자기관리로 1992년 포스코를 떠날 때까지 임직원들로부터 폭넓게 존경을 받았다.

1978년 중국의 최고 실력자인 덩샤오핑鄧小平은 일본의 기미츠君津 제철소를 방문한 자리에서 그를 안내한 당시 신일본제철의 회장 이나야마 요시히로稲山嘉寛에게 "중국에도 포항제철과 같은 제철소를 지어 달라"고 부탁했다. 그러자 이나야마 회장은 "제철소는 돈으로 짓는 것이 아닙니다. 사람이 짓습니다. 박태준 같은 인물이 없으면 포스코를 만들 수 없습니다. 중국에는 박태준이 없지 않습니까"라는 대답을 들었다. 박태준의 리더십을 말해주는 유명한 일화이다.

2

알아야 이긴다

박태준의 일본 인맥

박태준이 갖고 있던 큰 자산 가운데 하나는 그의 일본 인맥이었다. 워낙 인간관계를 중요시했던 박태준은 일본의 수많은 지도자급 인사들과 깊은 교류를 가졌고 그 인연을 항상 소중하게 생각하고 관리했다. 그 가운데서도 특히 박태준이 평생의 은인으로 생각하고 가르침을 받은 사람은 양명학자 야스오카 마사히로安岡正篤와 신일본제철의 회장 이나야마 요시히로稲山嘉寛였다. 박태준은 2011년 9월 그의 생애 마지막 공식행사가 된 포스코 퇴직 사우들과의 만남의 행사에서 이 두 사람을 '평생의 은인'이라고 소개했다.

야스오카의 소개로 박태준은 자민당의 중진 정치인들과 폭넓게 교류했고, 전직 총리대신을 역임한 후쿠다 다케오福田赳夫, 나카소네 야스히로中曾根康弘, 모리 요시로森喜朗, 오부치 케이죠小淵恵三, 다케시다 노보루竹下登, 후쿠다 야스오福田康夫등과 특히 깊은 교류를 가졌다. 재계에서는 이나야마 요시히로稲山嘉寛, 세지마 류조瀬島龍三, 아카자와 쇼이치赤沢璋一 그리고 우쓰미 기요시内海清 등이 있다.

이들은 박태준과 교우하며 포스코의 성공을 위해서 적극적으로 협력했는데 약속을 반드시 지키는 박태준의 성실한 태도가 그들의 협력과 존경을 이끌어냈다. 나카소네는 그의 저서에서 박태준이 국가를 위해서 최선을 다해 일하는 모습이 아름답다고 쓰고 있다. 이들을 우리는 '친한파'라고 흔히 이야기 하는데 친한파를 올바로 정의하면 한국과 친하게 지내면서 일본을 위한 일을 하는 사람들이다.

역대 일본 총리의 자문역 야스오카 마사히로安岡正篤

박태준이 국수주의자며 존황주의자로 알려진 야스오카와 교류한 것은 어디까지나 '박태준이 이 땅에 태어난 목적'인 포스코를 성공시키기 위한 방편이었다. 야스오카의 폭넓은 영향력과 인맥은 포스코의 성공과 한일 경제 협력을 위한 일본의 협조를 이끌어내는 데 크게 기여하였다. 동시에 야스오카의 양명학 사상은 박태준 리더십에도 큰 영향을 미쳤다.

야스오카가 포항제철 건설에 적극적인 지원을 한 것은 이미 박태준과의 첫 대면에서 그의 인품을 알아보았기 때문이었다. 그는 종합제철소를 성공시켜 신생 대한민국을 일으키겠다는 박태준의 열정에 깊은 감명을 받았다. 야스오카는 일본이 죄를 지었기 때문에 한국을 도와야 한다는 생각을 기본적으로 가지고 있었다. 그래서 신일철의 이나야마

사장, 후지제철의 나가노 사장을 비롯해 정관계 인사들을 폭넓게 박태준에게 소개해주었다. 야스오카의 일본 정재계 그리고 관료사회에서의 비중을 생각해 볼 때 이것은 엄청난 혜택이라고 말할 수 있다.

야스오카는 제2차 세계대전 전에는 군국주의자와 국수주의자들의 이론적인 지도자였고 전후에는 요시다 시게루吉田茂 수상을 비롯한 역대 수상이나 자민당 보수 정치가들의 자문역과 같은 존재였다. 수상 사토 에이사쿠佐藤栄作는 7년 8개월간의 수상 재임 중 21회에 걸친 시정 방침 연설과 소신 표명 연설의 원고를 야스오카에게 보내 사전 검토를 부탁했다神渡良平, 『宰相の指導者 哲人 安岡正篤の世界』, 講談社.

'모든 정신을 쏟아 생활에 임한다全神経的全生活'라는 일본 양명학의 대가 야스오카의 실천사상은 자아의 절대성을 확립하려는 양명학에 깊은 영향을 받은 것으로 평가되고 있다. 그는 실천의 기반을 덕德으로 보았기 때문에 높은 지위에 있는 지도자들은 이러한 덕을 쌓아 실행할 수 있는 사람이어야 한다고 말했다. 그가 피력한 견식론과 덕성론, 실천론 등은 당시 일본의 정치 관료나 국회의원들의 행동지침이 되었으며, 그의 사상은 곧 일본 정치계의 사상적 전범典範이 되었다.

1945년 패전 직후 히비야日比谷 공원에서 열렸던 야스오카의 시국강연회에 우연히 참석한 박태준은 "무릇 지도자가 되려는 사람은 사심私心을 버려야 한다"는 말에 큰 감명을 받아 이 말을 평생의 생활신조로 실천했다.

박태준이 야스오카를 직접 대면한 것은 1964년 1월 박정희의 특사로 일본을 방문했을 때였다. 박태준을 첫 대면한 야스오카는 멀리서

온 친구를 만나 기쁘다는 중국의 고사를 섞어가면서 초면의 박태준을 전혀 서먹서먹하지 않게 맞이했다. 야스오카와 박태준 사이의 화제는 광범위했으며, 예정 시간을 훨씬 넘기며 이야기에 꽃을 피웠다고 한다.

두 사람이 만난 자리에 동석한 야기 노부오八木信雄는 나중에 야스오카가 박태준을 "침착 중후한 인물로 마치 큰 바위를 대하는 무게가 있었다"고 평했다고 전했다. 그리고 그날 야스오카는 자신의 비망록에 박태준을 '남자 중의 남자'라고 메모해 두었다. 박태준과 야스오카 양자의 당시 해후는 나중에 출현하는 포항종합제철 건설 문제에서 그 성공과 실패를 나누는 중대한 역할을 하게 된다.

야스오카는 박태준을 수제자처럼 아껴 역경易経을 통한 경영철학을 전수했다. 야스오카 타계 시 박태준은 매우 애통해하며 장례식에 직접 참석하여 그에게 조사를 바쳤다. 다음은 야스오카의 수제자 하야시 시게유키林繁之가 증언하는 박태준과 야스오카와의 관계이다.

'마음을 같이하는 친구의 우정은 금보다도 굳고, 그 아름다움은 난초보다도 향기롭다 하여 서로 마음이 통하는 사람을 금란지우金蘭之友 또는 금란지계金蘭之契라고 한다. 이것은 역경易經에 나오는 말로 지극히 친하고 굳고 두터운 우정을 일컫는 뜻으로 쓰이고 있다. 또 친한 사이를 일컫는 말로 지음知音이라는 말이 있다. 지음이란 백아伯牙가 타는 거문고 소리를 잘 이해하였다는 친구 종자기鍾子期의 고사에서 유래된 말로 서로의 마음속까지 알아주는 친구 사이를 가리키는 것이다. 박 회장과 야스오카 선생의 교분도 국적과 연령의 차이를 초월한 그

야말로 '금란지음金蘭知音'과 같은 것이었다.'

'1969년 어느 봄날 도쿄에 있는 야스오카 선생의 사무실에 멋진 중년 신사가 찾아왔다. 그가 머금은 부드러운 미소와 달리 짙은 눈썹과 광채를 뿜는 눈빛에는 어딘지 범하기 어려운 기백이 있었는데, 그가 바로 박 회장이었다. 그때 야스오카 선생은 직접 응접실 앞까지 마중을 나와 부자지간이라고 해도 좋을 만큼 나이 차이가 있는 박 회장의 손을 잡았는데, 그 모습은 오래 전부터 알고 지내는 가까운 친구를 맞는 모습이었다. 선생이 박 회장의 등에 가볍게 손을 얹고 실내로 안내하던 모습이 지금도 나의 뇌리에 아름답게 남아있다. 두 분의 이야기는 매우 오랫동안 계속되었다. 박 회장이 사무실을 떠난 후 선생은 "젊지만 정말 훌륭한 인물이야. 우리나라에도 저런 인물이 있다면 얼마나 좋겠나."라고 말씀했다.'

야스오카에게 강한 인상을 심어준 박태준의 눈빛은 포스코의 직원들도 정면으로 쳐다보지 못할 정도였다고 하며, 그의 눈을 보면 오금이 저린다고도 했다. 강렬하지만 부드러움을 주는 그의 눈빛은 일본에서도 유명했다. 모모세도 박태준의 눈매가 사람들을 안심시키고 설득력과 포용력이 있으며 상대방을 푸근하게 안아주는 눈매여서 일본 사람들은 박태준의 눈매를 보면 반해버린다고 말했다. 아소시멘트 사장인 아소 유타카麻生豊도 박태준을 처음 보았을 때의 인상을 그의 강렬한 안광으로 기억하고 있다.

"나는 1985년 가나자와金澤에서 열린 한일경제인회의에서 처음 박태준 회장을 만났는데 첫 인상은 그의 강렬한 눈빛이었다."

야스오카는 어린 시절부터 진정한 사무라이를 동경한 인물로 저명한 사무라이를 선조로 가진 사실을 평소 자랑스럽게 생각했다. 오사카의 중학교四條畷에 입학한 야스오카는 곧 검도부로 들어갔다. 초등학교 때부터 사서오경을 비롯한 고전과 역사서를 탐독하였으며, 역사에 흠뻑 빠져 스스로 과거의 젊은 무사처럼 되고 싶다는 동경심을 품게 되었다. 당시 중학교에서 검도는 유도와 함께 정식 과목이었다.

야스오카는 평생 수십 차례나 주변의 사람들에게 "나는 구스노키 마사유키楠木正行를 도와 남조南朝를 위해 전사한 홋타堀田弥五郎正泰의 자손"이라며 자신의 혈통을 자랑했다. 또 "중학교에 진학할 때 오사카의 수많은 학교 가운데 일부러 그 중학교를 선택한 것은 조상인 홋타와의 인연이 있는 곳에서 배우고 싶었기 때문"이라며 진학 이유를 설명하기도 했다.

야스오카는 전전前戰 '양명학 연구회'를 만들어 월 1회 주로 관료들을 대상으로 연구 강좌를 실시하였으며, 『동양사상연구東洋思想硏究』라는 잡지도 창간하였다. 그리고 나이 든 제자인 해군대장 야시로 로쿠로八代六郎의 주선으로 해군 대학교에서 1년 반에 걸쳐서 무사도를 가르치기도 했다.

야스오카가 패전 직후 전범 혐의로 체포되어 교수형을 받을지도 모른다는 소문이 퍼진 적이 있었다. 그의 부인은 어느 날 자녀들을 불러

포항제철을 방문한 양명학자 야스오카(가운데)

앉혀 놓고는 "아버지가 전범 혐의로 체포되어 교수형을 받게 될 경우 이 엄마도 아버지와 함께 죽겠다"며 남편의 뒤를 따를 것을 결연하게 선포했다. 이 말을 들은 당시 14살 된 아들正泰도 "그러면 나도 함께 죽겠습니다"라고 입술을 떨며 말했다고 전해진다.

5·16 군사 쿠데타 직후 새로운 국가 건설을 위한 방안을 만드는데 있어 박정희가 야스오카로부터 여러 차례 조언을 받은 적이 있었다. 식민지 시절 만주 군관학교와 일본 육사를 졸업하고 장교 생활을 했던 박정희는 양명학으로 이름을 떨쳤으며, 전후에는 일본의 역대 총리들을 비롯하여 정재계에 막강한 영향력을 행사하고 있던 야스오카에 대해서 알고 있었다. 당시 박정희는 비서실장인 박태준에게 양명학자 야스오카의 자문을 받을 수 있도록 조처하라고 지시했다. 이러한 사실

을 박태준은 월간 '모쿠MOKU'와의 대담에서 밝히고 있다.

"내가 비서실장으로 발령을 받은 후 어느 날 대통령이 '이제부터 나라를 새롭게 바로 세워 가야하는 데 일본의 야스오카의 훈도를 받고 싶다'고 했다. 그래서 나는 야스오카의 수제자인 하야시 선생에게 연락을 해서 서울대학의 문리학부에서 정치학을 가르치고 있던 이용희 교수에게 부탁해서 야스오카 선생을 방문하게 했다. '우리는 새로운 한국의 건설을 위해 부득이하게 군사 쿠데타를 일으켰습니다. 정상적인 민주주의 방식에 의하지 않고 혁명이라고 하는 수단으로 정권을 잡고 이제부터 나라를 세워나가려고 합니다. 부디 야스오카 선생님의 훈도를 부탁한다.'고 해 2-3번 방문토록 한 것으로 안다.

그때 야스오카 선생의 훈도는 '민주주의적인 어프로치를 하면 서양의 여러 나라들이 기뻐할 것이다. 바야흐로 세계는 민주주의와 공산주의가 대립하고 있지만 일본으로서는 민주주의 길을 걷고 서구의 여러 나라들과 협력하지 않으면 안 된다. 그런 의미에 있어서 당신들이 사용한 수단은 비민주주의적인 것이 사실이다. 그러나 한국이 놓여있는 사정은 식민지 시대부터 전쟁으로 옮겨가며 모든 것이 부패해 있다. 이대로 방치하면 아무리 미국의 경제 협력이 있어도 민주주의적인 개혁으로는 1,800만 국민들을 만족스럽게 먹여 살릴 수 있기까지 수십년의 세월이 걸릴 것이다. 국민의 식생활이나 경제를 기본적으로 개선하고 더구나 단기간에 실현한다면 비민주적인 방법이라 해도 국민들은 이해할 것이다. 소문을 들으니 박정희 장군이 훌륭한 인물이라고 듣고 있다. 그 사람의 정신으로 해나간다면 반드시 국가 재건을 이룰 수 있을 것이다.'는 것이었다."

일본 정계에서 야스오카의 비중을 보여주는 일화가 있다. 어느 날 야스오카의 단골 요정인 '후쿠다야'에서 술을 한 잔 하는 자리에 야스오카의 비서인 하야시와 함께 홍건유도 배석을 했다. 그런데 이나야마가 자주 자리를 뜨며 들락거렸다. 나중에 이나야마는 야스오카에게 다가가 옆방에 나카소네수상에 취임하기 전이었다가 와 있는데 꼭 선생님께 인사를 드리고 싶어 한다고 말했다. 야스오카의 양해를 얻고 이나야마가 방문을 여니 문 앞에 나카소네가 대기하고 있다 들어오더니 매우 어려워하며 큰 절을 했다.

나카소네가 인사만 하고 그냥 나가려 하자 야스오카가 나카소네를 가까이 불러 술을 한 잔 주니 매우 공손한 자세로 술을 받아 마시고는 자리를 떴다고 한다. 그동안 나카소네는 여러 차례 야스오카에게 면담을 신청했지만 야스오카는 좀처럼 시간을 내어 주지 않았다고 한다.

나카소네가 총리 시절, 박태준은 야스오카와 함께 동경 제국호텔에서 식사를 하고 있었다. 하야시가 전화를 받더니 나카소네 총리가 미국을 방문하게 되어 그전에 한 번 야스오카 선생을 만나고 싶다고 했다고 전했다. 야스오카는 스케줄을 보아서 빈자리에 넣도록 하라고 하야시에게 지시를 내렸다고 함께 했던 홍건유는 말했다.

일본이 태평양 전쟁을 일으킬 때 야스오카는 잘 해야 일본이 1년 6개월 정도 버틸 것이라고 말했다고 한다. 야마모토 이소로쿠山本五十六

연합함대 사령장관이 인사차 야스오카를 찾아왔을 때 그 말을 했다고 하는데, 야마모토도 야스오카의 생각에 동조했다고 한다. 야마모토도 태평양전쟁에 반대했는데, 야마모토는 육군과 달리 해군이어서 세계의 돌아가는 정세를 잘 알고 있었기 때문이라고 홍건유는 증언한다.

일본 재계의 총리 이나야마 요시히로稻山嘉寬

이나야마는 동경 대학교 경제학부를 졸업하고 고등고시에 합격한 뒤 상공성商工省에 들어갔다. 이듬해 관영 야와타제철소로 옮겨 평생을 철강 한 길을 걸어 온 일본재계의 중진이다. 신일본제철의 사장과 회장을 거쳐 1980년대 초반 재계 총리라고 불리는 경단련 회장으로 일본 경제를 이끌었다. 나와 타로名和太郎는 이나야마를 다음과 같이 묘사하고 있다.

"'철의 제왕', '미스터 카르텔', '외유내강', '애국자', '중국과의 가교', '인내의 이나야마', '잘 노는 사람', '샐러리맨의 챔피언', '온정주의자', '에피큐리언', '현실주의자' 등 수많은 별명이 있지만, 나는 감히 여기에 '이상주의자'라는 별명을 하나 추가하고 싶다. 그의 인생이나 일에 대한 신념은 '세상에서 빈곤을 추방하겠다', '세상에서 호황·불황의 굴곡을 없애고 싶다', '모두가 사이좋게 살아가는 세상을 만들고 싶다' 등과 같은 욕망이 있었다. 그 근저에 있는 것은 사람에 대한 사랑과 신뢰였다."

포스코에 대한 협력의 열쇠를 쥐고 있는 이나야마의 마음을 얻기 위해 박태준은 일본의 중장년층이 좋아하는 유행가를 열심히 배웠다. 특히 가사를 외워 언제 어디서나 부를 수 있는 준비를 하고 다녔다고 한다. 한 번은 이나야마가 같이 타고 가는 승용차 안에서 박태준에게 노래 한 곡을 불러보라고 했다. 박태준은 마치 기다렸다는 듯이 당시 유행하던 엔카를 3절까지 멋들어지게 불러 그를 감동시켰다. 박태준의 노래에 감동한 이나야마는 노래를 들으며 수첩을 꺼내서 가사를 받아 적었다고 한다.

초기 일본으로 간 연수생들에게 이나야마는 깊은 배려를 보여주었다. 박태준의 부탁을 받아 북해도 무로랑室蘭제철소 전체를 둘러보고 포스코 연수생들이 직접 설비를 돌려볼 수 있는 '대담한 선물'을 선사하기도 했다. 그 선물 덕분에 1973년 포스코 1기가 완공됐을 때 포스코 직원들의 손으로 직접 공장 전체를 돌리는 기록을 세웠다. 다음은 홍건유의 증언이다.

"이나야마는 일본의 대미 수출 자율규제를 앞장서서 주장했다. 우리가 어려울 때 미국의 도움으로 일어났는데 그 은혜를 잊어서는 안 되며 미국을 곤경에 빠뜨려서는 안 된다고 주장하며 반발하는 일본의 대미 수출업체들을 설득했다. 또 대한 협력對韓協力에 부정적인 일본 내 분위기에도 불구하고 일제시절 일본이 한 행위에 대한 보상을 하는 의미에서라도 도와야 한다고 주장했다. 그는 비록 몸집은 작았지만 대인大人이었다."

이나야마의 대인다운 풍모를 보여주는 또 하나의 일화는 중국에 대한 그의 입장이었다. 많은 사람들이 중국의 성장에 대해 내심 두려워하며 경계하는 분위기 속에서 그는 다음과 같이 긍정적이고 확고한 신념을 밝혔다.

"중국은 향후 가장 발전하게 될 것이다. 그렇지만 중국이 발전한다고 해서 그것을 무서워하거나 두려워할 필요는 없다. 이웃에 부자가 산다는 것은 두려운 일이 아니다. 두렵다는 것은 그 나라가 공격을 해온다든지 전쟁을 전제로 할 때뿐이다. 나는 전쟁을 전제로 하고 있지 않다. 인류가 어떻게 하면 모두가 행복해지고 어떻게 하면 풍족하게 사느냐가 문제이다. 이렇게 말하면 모두들 내 생각이 너무 안이하다고 비판한다. 그러면 어떻게 하면 되느냐고 내가 반문하면 그들은 아무 대답을 못한다. 서로 협력하면 된다는 것이 나의 생각이다."

박태준은 은인이었던 이나야마가 타계했을 때 장례식에 참석하고 그 심경을 '일본경제신문'에 기고했는데, 그의 추모사는 일본 국민에게 잔잔한 감동을 주었다.

"이나야마 경단련 명예회장님의 고별식에 참석하기 위해 일본에 왔다. 이렇게 쓸쓸한 기분으로 일본을 찾은 일은 지금까지 한 번도 없었다. 이나야마 회장님은 한국 최대의 철강메이커인 포항제철이 오늘날의 성공을 거두는 데 있어서 결정적인 역할을 해주신 분이며 한시도

잊을 수 없는 은인이다. 동시에 난관에 직면할 때마다 지혜와 용기를 주신 마음의 스승이며, 세계 철강업계의 내일을 함께 걱정한 진정한 지기이기도 하다. 이나야마 회장님은 지리적, 역사적, 문화적으로 숙명적인 관계에 있는 한일 양국의 경제 협력을 위해서 양국의 경제인이 소리小利를 버리고 대의大義를 중시하며 정도를 걸어야 한다고 늘 강조하셨다. 이나야마 회장님이야말로 군자로서의 풍모를 남김없이 보여주신 진정한 인격의 소유자라고 생각한다."

특히 『민비 암살』이라는 소설을 집필하고 있던 쓰노다 후사코角田房子는 이 글에 큰 감동을 받았다고 자신의 소설 후기에서 밝혔다.

"『민비 암살』을 저술하기 전의 나였더라면 박태준 씨의 글을 읽고 이 정도로 마음이 흔들리지는 않았을 것이다. 책을 쓰기 위해 거의 3년간 나는 일한 관계의 역사, 특히 근대사를 배웠다. 얻은 지식이래야 보잘 것 없는 수준이지만, 일한 관계의 사실을 알게 됨으로써 나는 실감이 동반된 '유감의 마음'을 가지게 되었다. 그리고 한국의 발전에 지원을 아끼지 않았던 고 이나야마 씨의 언동에 강한 감동을 받았다."

이나야마는 은행가 집안에서 부유하게 자랐다. 긴자銀座에는 물려받은 땅도 많았으며 어릴 때부터 아버지를 따라 요정에 다녔다고 한다. 그래서 이나야마는 가끔 "나처럼 어린 시절부터 요정 출입을 한 사람은 아마 일본 어디에도 없을 것"이라고 자주 말했다고 한다.

이병철 회장이 안양C.C.로 양국 정재계 인사들을 초청했다.
(뒷줄 우측에서 두 번째가 이 회장 그리고 두 사람 건너 남덕우 부총리의 모습도 보인다)

이나야마는 경단련 회장을 할 때나 신일철 회장을 할 때 사적인 비용은 절대 회사나 단체의 돈을 쓰지 않았다. 개인 돈을 통장에 넣어놓고 쓰도록 했다. 비서 모리타가 하루는 이나야마에게 개인 구좌의 돈이 거의 바닥이 났다고 보고를 하자 이나야마는 다음 날 땅 문서를 하나 가지고 와서 비서에게 주면서 이것을 처분해 구좌에 넣어두라고 했다고 한다.

'일본경제신문'에 연재한 이나야마의 '나의 이력서'에는 포스코와 박태준에 대한 언급이 전혀 나타나지 않는다. 이것은 이나야마가 포스코에 대해 서운한 감정을 가져서가 아니라 일본 내의 부정적인 여론을 의식했기 때문일 것이라고 홍건유는 말한다.

일본 내에서는 신일철이 포스코라는 호랑이 새끼를 키웠다는 부정적인 여론이 많았다. 이나야마 회장의 적극적인 포스코 지원에 대해서는 신일철 내부에서도 불만이 많았다. 그래서 후임 사장으로 부임한 사이토 에이시로斉藤英四郎는 지금까지 이나야마가 했던 협력은 그대로 두되 향후에는 더 이상 협력하지 않는다는 내부 방침을 정했다. 신일철의 OB로서 일한경제협회의 전무이사를 역임했던 무라카미 히로요시村上弘芳는 증언한다.

"포스코에 적극적으로 협조한 신일철의 나가노 회장이나 이나야마 사장은 과거 일본제국의 식민지 지배에 대한 민간 배상이라 생각하고 손익을 따지지 않고 포항제철의 건설에 협력했다. 그렇지만 협력을 받은 한국이나 중국은 그렇게 이해하지 않았다고 생각한다. 어쩌면 한국에서는 일본의 협력이 당연하다고 생각했을지도 모른다. 이나야마나 나가노를 제외한 신일철이나 주변의 사람들은 왜 그렇게까지 한국에 협력을 하는지 이해하지 못했다. 한국으로서는 대등한 계약 관계로 생각했던 것 같다. 포항제철의 사사에도 신일철에 대한 감사 표시가 별로 나오지 않는다. 일본 측은 이에 대해 서운한 감정이나 불편한 마음이 있었을 것이다. 중국의 보산제철소도 일본의 신일철이 협력을 했지만 그다지 고마워하지 않았다."

1985년 4월 경주에서 제15회 한일민간합동경제위원회회의가 개최되었을 때의 일이다. 일본 고베神戸에서 개최되는 유니버시아드대회의 대회장을 맡고 있던 이나야마는 박태준이 주최하는 회의 개회식을 빛내주기 위해 대회 개막 하루 전날인데도 불구하고 한국으로 날아와 개회식에 참석했다. 박태준은 대한항공에 간곡히 부탁을 해서 개회식 축사를 마치고 서둘러 귀국하는 이나야마를 위해 소형 제트기를 마련함으로써 개막식 참석에 지장이 없도록 배려했다.

당시 주최 기관의 실무자로서 필자는 이나야마를 김해공항까지 안내했다. 그때 보았던 이나야마의 그 온화한 얼굴은 지금도 기억에 생생하다. 이나야마는 박태준을 높게 평가했으며 박태준 역시 이나야마를 존경하며 평생의 은인으로 삼았다. 또 이나야마의 사후에는 동경에 출장을 가게 되면 가급적 시간을 내서 그의 묘지를 참배했다. 한일경제협회의 전무이사를 역임한 신덕현은 박태준이 이나야마를 부모 대하듯 했다고 증언한다.

이도츄伊藤忠상사 회장 세지마 류조瀬島龍三

박태준이 5공 시절 한일 관계의 가교 역할을 한 것은 잘 알려진 사실이다. 당시 일본 측 상대는 세지마였다. 세지마는 전전戰前 대본영 작전참모를 지낸 인물로 전후 11년간 시베리아에서 억류생활을 하다 40대 초반에 귀국해 이토츄상사에 입사했다. 입사 후에는 10여년 만에 회장 자리에 오른 입지전적인 인물로, 야마자키 도요코山崎豊子의 베스트셀러 『불모지대』의 주인공으로 잘 알려진 인물이다. 일본 역대 총리들의 자문역을 담당했으며 육사 후배인 박정희와 가까이 지내며 많은 자문을 한 것으로 알려져 있다.

세지마는 1980년대 초반 한일 양국의 현안이었던 안보경협 40억 불 타결에 결정적인 기여를 하였다. 박태준은 "세지마 씨는 (일본 육군사관학교 후배인) 박 대통령과 친교가 깊었기 때문에 박 대통령의 숭배자인 전두환, 노태우 양 대통령으로부터도 (군의 선배로서) 존경을 받았다"며 "세지마는 이러한 군 인맥을 바탕으로 정치·경제 양면에서 일본 측의 창구 역할을 담당했다"고 증언한다.

세지마와 박태준의 우정을 '중앙일보'는 다음과 같이 보도하고 있다.

'5년 전 벚꽃이 막 피기 시작한 때로 기억한다. 동경 외곽의 조후調布시의 나지막한 2층 집 문간방에서 봤던 역사적 광경은 아직도 나의 뇌리에 선명하다. 박태준과 세지마. 당시 80세와 95세. 세지마의 병세가 심각하다는 얘기를 듣고 박 명예회장이 세지마의 동경 자택을 찾았다. 박태준이 방으로 들어서자 휠체어에 앉은 세지마가 엉덩이를 조금 들며 혼신의 힘을 다해 일어났다. 몸속에 남은 생의 에너지를 모두 쥐어짜는 듯 했다. 그러더니 팔을 올려 절도 있게 경례를 하는 게 아닌가. 깜짝 놀란 박태준도 발끝을 모아 깍듯한 경례로 응대했다. 거기엔 희로애락의 역사가 압축돼 있었다. 한일 양국의 대립과 갈등을 막기 위해 피나는 노력을 기울인 두 사람의 우정과 존경, 안타까움이 배어 있었다. 한국을 사랑했던 세지마를 늘 칭송했던 박태준. 그도 12월 13일 세상을 떠났다. 결코 티내지 않고 두 나라 가교 역할을 했던, 그것을 '사명'으로 여겼던 두 사람이 갔다. 재산 한 푼 안 남긴 것 또한 빼

닮았다.'

세지마가 타계한 후 '중앙일보'에 실린 기사 내용은 다음과 같다.

'그는 한일 국교 정상화 이후 40여 년 동안 양국 관계에 큰 영향을 끼쳐 온 거물 밀사였다. 재계 거물이면서도 한국의 외교·정치 분야에 깊은 이해와 인맥을 갖고 있었기 때문에 한일 양국 간의 중요한 사안이 발생하면 대부분 그의 손을 거쳐 해결됐다. 스즈키 젠코鈴木善幸로부터 가이후 도시키海部俊樹까지 역대 총리 4명이 그에게 자문을 구했고, 한국에서도 박정희로부터 노태우에 이르기까지 역대 지도자들이 그에게 국가 경영의 아이디어를 얻었다. 동아시아의 안정은 한반도의 안정에서 시작되고, 그러자면 한일 양국 관계가 안정돼야 한다는 것이 한일 관계에 대해 고인이 밝힌 기본 시각이었다. 이런 신념 때문에 그는 양국 정상의 교류에도 주도적인 역할을 했다. 한국 측 협상 주역은 박태준 민자당 최고위원이었다.'

박태준이 여당 대통령 후보였던 김영삼의 선거 협력 요청을 거부한 탓에 문민정부 출범 직후 박해를 피해 빈손으로 출국을 했을 때, 하네다羽田 공항에서 박태준을 마중한 사람은 나름 아닌 세지마였다. 세지마는 박태준을 도쿄 여대 부속 아오야마青山 병원에 입원시키며 우선 건강진단을 받고 휴식을 취하도록 배려했다. 세지마는 그의 회고록 『이쿠산가幾山河』에서 박태준과의 우정을 몇 차례 언급하고 있다.

'1987년 5월 친구인 박태준 포항제철 회장으로부터 광양제철소의 개소식에 아내와 함께 초청을 받아 부부 동반으로 한국을 찾았다. 광양제철소 준공식 참석을 끝내고 서울로 올라와 전두환 대통령을 예방하고 국회의사당으로 민정당 대통령 후보인 노태우를 예방하였으며, 다음 날 시내에서 노태우, 정호용, 권익현, 박태준과 부부 동반으로 식사를 했다.'

"1987년 12월 말 박태준 회장으로부터 연락이 있었다. 1988년 1월 11일일요일 저녁 대통령 당선자인 노태우 씨가 스케줄이 비어있고 당선자 본인도 세지마 씨를 만나고 싶어 하니 가능하면 방한해 달라고 했다. 1월 11일 아침 비행기로 서울에 도착해서 먼저 지난 해 돌아가신 삼성그룹 이병철 회장의 묘소로 직행해 참배했다. 그날 밤 롯데호텔에서 노태우, 박태준과 식사를 포함해서 약 3시간 회담을 했다. 만찬석상에서 나는 부탁을 받았던 다케시다 노보루竹下登 총리, 그리고 나카소네 전 총리의 메시지를 전했다. 다케시다의 메시지는 '향후 손을 잡고 한일 양국의 발전에 협력하고 싶다. 1988년 서울 올림픽의 성공을 위해서 일본은 모든 협력을 다하겠다. 노대통령이 희망하시는 한국과 중국의 관계 개선 문제에 대해서 일본은 가능한 한 협력하겠다. 2월 25일의 대통령 취임식에는 꼭 참가하고 싶다'는 내용이었다."

"1989년 6월 노태우 대통령이 박태준 씨를 경유하여 한 번 편안하게 대화를 나누고 싶다는 희망이 있어 7월 6일 밤 청와대를 방문했다. 옛 친구인 박태준, 김재순국회의장과 함께 편안한 식사와 대화를 나누었다. 노태우 대통령의 일본 국빈 방문 시 일본 천황의 사과 수위를 놓고 양국의 여론이 악화되고 있는 상황에서 가이후 총리는 일본 총리의 뜻과 일본 여론의 상황을 한국 대통령에게 전달하고 사태를 원만히 처리할 수 있도록 방한을 요청해왔다. 1990년 5월 22일 1시 30분부터 3시 10분까지 약 1시간 40분 동안 청와대 관저에서 노 대통령과 회담했다. 통역은 배석한 박태준에게 부탁을 했다. 노 대통령은 나의 방문을 기뻐했으며 양국 간의 문제에 대해서는 사실 인식에 바탕을 두고 과거를 빨리 청산하고 미래를 향해서 협력, 발전해야 한다고 하는 기본적인 생각을 말했다.'

세지마는 서울에 오면 꼭 박태준을 만났다. 40억 불 경협차관 문제는 일본 창구가 세지마였으며, 한국에서는 박태준이 그 역할을 했다. 세지마를 옆에서 몇 차례 지켜보았다는 포스코 OB 이상수는 그가 조용조용하며 박태준과 닮은 점이 많았다고 증언한다.

세지마는 소련 측이 천황을 전범으로 몰아가기 위해 그에게 양복을 맞춰주고 동경의 전범 재판에 증인으로 세웠다. 하지만 그가 천황에 불리한 증언을 끝내 하지 않았기에 소련의 미움을 받아 포로수용소에서 독방에 갇혀 고생을 했다고 한다.

세지마는 11년 만에 소련에서 돌아왔다. 부인이 말단 공무원으로 아이들을 키우며 생활을 해나가느라고 힘들어 하는데도 그가 제일 먼저 한 일은 옛 부하 동료들의 취직 알선을 위해 뛰어다닌 일이었다. 전전 대본영 작전참모였던 그를 이도츄상사의 사장이 삼고초려를 해서 모셔갔는데 그는 갈 때 조건을 제시했다고 한다. 즉 일본으로 돌아왔지만 11년의 공백 때문에 일본 사회나 세계정세에 대해 아는 것이 없으므로 오전에는 근무하고 오후에는 국회 도서관에 가서 그동안의 신문 기사를 읽고 싶다고 했고, 회사는 이를 양해했다.

이토츄상사는 섬유와 방직을 주로 취급하는 오사카의 중견기업이었는데, 종합상사로 성장하기 위해서는 세계적인 시각을 가진 사람이 필요하다는 생각에 세지마를 찾아 영입한 것이다. 세지마의 노력으로 이토츄상사는 세계적인 종합상사로 발전한다. 부회장을 거쳐 회장까지 올라갔지만, 그는 곧 회장 자리를 반납했다. 이도츄에 처음부터 입사해서 잔뼈가 굵은 사람이 아니기 때문에 회장 자격이 없다며 스스로 물러나 상담역고문이 되었다.

일본무역진흥회JETRO 이사장 아카자와 쇼이치赤沢璋一

아카자와는 통산성 중공업국장과 경제기획청의 경제기획국장을 역임했으며 퇴임 후에는 일본무역진흥회JETRO 이사장 등을 역임했다. 나카소네 총리의 해군 후배이며 총리 시절에는 최측근 브레인으로도 알려진 사람이다. 포항제철 건설 시 일본 정부의 협력 여부를 최종 결론짓는 조사단 단장으로 내한하여 박태준과 처음 인연을 맺었다. 방한 중 지휘소 격인 '롬멜하우스'라는, 작은 목조건물 하나밖에 없는 황량한 건설 현장을 돌아본 뒤 일행들의 부정적인 의견에도 불구하고 귀국 후 긍정적인 보고서를 작성했다.

그는 박태준을 처음 만난 뒤 박태준이 참으로 솔직한 사람이며 제철산업의 발전을 위해 목숨을 건 순수하고 박력 있는 사람이라고 느꼈다. 그리고 박태준이 지휘를 한다면 한국에서의 제철소 건설과 경영은 틀림없이 성공할 것이라는 확신을 얻었다고 한다. 이후 그는 일본 정부의 일로 방한했을 때 현장에서 작업복을 입고 진두지휘를 하는 박태준의 모습을 보고 감동을 받았다고 회고한다. 한 번은 포철에서 발생한 공장의 고장에 대한 자문을 구하기 위해 일본으로 온 박태준과 저녁을 같이 한 일이 있었는데, 아카자와는 당시를 이렇게 회고한다.

"그가 너무 걱정을 하기에 걱정하지 말라고 위로해주었다. 제철공장은 고장이 나지 않을 수 없으며 포항제철에서는 아직까지 그리 큰 문제가 없었다. 기계는 고장이 나게 마련이며 고장을 경험해야만 기술 축적이 가능해진다. 또 이번의 고장은 박 회장이 입은 '무코우기즈向こう傷: 이마에 입은 상처. 몸의 전면에 입은 상처는 적과 정면 대결을 해서 입은 영광의 상처이며, 몸의 뒷면에 입은 상처는 적을 피해 도망가다가 입은 불명예스런 상처를 뜻함'라고 위로해주었다. 박태준은 '고맙소. 내가 공장 고장 때문에 이곳까지 왔지만 아카자와 씨 같은 말을 해 준 사람은 아무도 없었어요. 큰 용기를 얻었습니다. 고맙습니다.'라고 했다. 박 회장은 이 같이 조그만 일에도 감사하는 사람이었다. 그만큼 대인관계에서도 매우 성실했다. 특히 자기가 조금이라도 신세를 진 사람에게는 정성을 다해 대했다."

1985년 경주에서 제15회 한일민간합동경제위원회가 개최되었을 때 박태준은 양측 대표단 200명을 포항제철 영빈관으로 초청해 성대한 파티를 열어주었다. 그날 저녁 마침 비가 내렸는데, 포항제철 직원들은 우산으로 긴 터널을 만들어 버스에서 내린 양측 대표단이 비에 젖지 않고 영빈관 입구까지 들어갈 수 있도록 해주었다. 이것은 박태준의 직접 지시에 따른 것이었다. 이를 전해들은 대표단은 박태준의 세심한 배려에 감탄했다.

이날 리셉션 인사에서 박태준은 포항제철의 건설에 대한 일본의 협력에 감사를 표시하며 "우리들은 포항제철 제 1용광로를 '아카자와 용광로'라고 부른다"고 말해 아카자와에 대한 고마움을 공개적으로 표시했다. 인사를 마치고 내려오던 박태준과 아카자와가 감격적인 포옹을 하는 장면은 지금도 눈에 선하다.

일본후지코카콜라 회장 우쓰미 키요시內海清

우쓰미는 미쓰비시三菱상사를 일본 제1의 상사로 만드는데 크게 기여한 인물로 알려져 있다. 일본 재계에서 그를 경영 전략의 귀재라고 부를 만큼 능력을 인정받은 사람이지만, 건강상의 문제로 사장까지는 오르지 못하고 부사장에 그쳤다. 다음은 홍건유의 증언이다.

"우쓰미 중기부장이 현역 시절 현재 미스비씨상사의 사사키 회장현 일한경제협회 회장은 중기부의 과장을 맡고 있었다. 부사장을 끝으로 미쓰비시상사를 퇴임한 우쓰미는 일본 코카콜라의 회장으로 취임했다.

매우 유능한 분이었다. 박태준 회장보다 10년 연상이었다. 사장을 하고도 남을 사람인데 심근경색을 앓는 등 건강에 문제가 있었다. 이사회에서 사장을 시키려고 하자 후지노 회장이 노발대발하며 사람을 죽이려고 하느냐고 했다. 그래서 그를 코카콜라로 보냈다고 한다."

고니시 전 미쓰비시상사 중기부장의 증언이다.

"우쓰미 부장은 미쓰비시상사 중기重機 부문 '중흥의 조상'이라고 불리는 사람이다. 후지노 사장은 우쓰미 부장에게 포스코 사업은 돈을 버는 사업이 아니라 국가사업이라고 지시를 내렸다고 한다. 우쓰미 씨는 미쓰비시상사 부사장을 거쳐 고문을 역임했으며, 이후 일본 코카콜라 회장을 역임했다. 심근경색으로 동경의 순천향병원에서 별세했다."

우쓰미 역시 박태준과 친밀한 관계를 유지했는데, 다음은 그가 본 박태준에 대한 증언이다.

"내가 알고 있는 포스코와 박 회장에 대한 얘기는 다 쓰려면 책 1권 분량은 될 것이다. 나는 후지노 츄지로藤野忠次郎 사장의 소개로 박 회장을 처음 만났는데, 첫 만남에서 '아! 이 사람은 보통 사람과 다르구나'라고 느꼈다. 그로부터 박 대통령의 제철소 건설에 대한 대단한 의지와 열의가 전달되어 와서 나 역시 이 사업을 적극적으로 도와야겠다는 생각이 들었다. 포철의 제1기 고로가 완성되었을 때 후지노 사장이 매우 기뻐하면서 박 회장에게 '이 제철소는 박 대통령의 의지로 시작된 것이지만, 실제로 기획에서 완성까지의 공로자는 박태준 당신이요.' 하며 극구 칭찬하던 모습이 기억난다. 박 회장과 후지노 씨는 정말 가까운 동지 같은 교감을 서로 느꼈다. 박 회장도 후지노 사장에게 깍듯한 예를 다했으며 일본에 오면 반드시 후지노 사장에게 연락을 해서 만나곤 했다. 후지노 사장도 박 회장이라고 하면 백년지기를 만난 듯 좋아했다.

박 회장의 가장 큰 장점은 고결한 인격과 우수한 리더십이라고 말할 수 있다. 박 회장은 사람을 사귈 때 마음에서 우러나는 진심으로 사람을 대한다. 보통 사람들은 일과 관련해 서로 접촉하게 되고 일이 끝나면 접촉이 끊어지는 게 상례이다. 그러나 일을 떠나 친구로서 우정을 맺고 인간 대 인간으로서의 교류를 하는 사람이 박 회장이다. 인간관계를 귀하게 여기는 순수한 사람이다. 나는 그런 것이 사람에게 있어 가장 중요한 요소라고 생각한다. 사실 서로 통하는 마음이 없으면 일도 잘 되지 않는다. 박 회장과 나는 미쓰비시상사의 우쓰미와 포스코의 박 회장이라고 하는 입장에서 업무상의 일로 맺어졌고, 일을 통한 접촉을 했다. 그러나 비록 업무상의 접촉이 끝났다고 하더라도 박 회장은 사람의 마음을 잇는 따스한 교류를 더 귀하게 아는, 참으로 의리 있는 사람이었다. 내가 박 회장을 잊지 못해하는 것은 내가 육체적, 정신적으로 우울하던 때 나를 기억해주고 사기를 북돋워 준 박 회장의 마음씨 때문이다. 박 회장은 자상한 우정을 갖고 있는 이 시대 매우 보기 드문 사람이다."

다음은 장옥자의 증언이다.

"일본에 4년여 장기 체류할 때 아버지를 챙겨준 분은 세지마 류조였어요. 그는 아버지가 일본에 도착하자 병원에 입원해서 건강을 점검할 수 있도록 배려했어요. 그가 전면에 나서기는 했지만 뒤에는 일본 내무성 등 정부의 지원이 있었던 것으로 알아요. 그리고 다케시타 노보루 전 총리는 형과 같은 분이었지요. 아버지보다 3살이 많았는데 매달 한 번은 우리 부부를 불러서 식사를 같이 하며 세상 돌아가는 얘기를 들려주었어요. 그리고 헤어질 때에는 꼭 봉투를 주었어요. 나카소네 전 총리도 몇 차례 봉투를 보내왔어요. 미쓰비시상사는 아버지에게 콘서트나 스포츠 경기, 국제 행사의 티켓을 보내주었지요. 그리고 우쓰미 전 미쓰비시 중기부장과는 부부 동반으로 식사도 하고 여행도 같이 다녔지요. 우쓰미 부장은 본인의 퇴직금에서 일부를 떼어 저희 생활비를 지원해주기도 했고, 본인이 차고 있던 스위스제 고급시계 파텍스를 선물로 주기도 했습니다."

박태준은 우쓰미의 타계 후 미망인과 함께 그의 묘소를 찾아가서 마치 살아있는 사람을 대하듯 추억을 회고하며 그를 그리워했다고 한다. 우쓰미의 미망인과 함께 참배에 동행했던 당시 미쓰비시상사의 중기부장 고니시 마사히데小西正秀는 박태준의 진심어린 넋두리에 부인을 비롯해 함께 갔던 일행이 모두 소리 내어 울었다고 한다. 박태준의 애도가 얼마나 절절했던지 술좌석에서 이를 전해들은 고니시의 미쓰비시상사 후배 고레나가 카즈오是永和夫 현 일한경제협회 전무이사도 함께 울었다고 한다.

총리대신 후쿠다 다케오福田赳夫

후쿠다는 1979년 방한했을 때 박정희 대통령이 어디든 원하는 곳으로 안내하겠다고 하자 포항제철 견학을 희망했다. 후쿠다는 오쿠라大蔵대신한국의 기획재정부 장관에 해당됨 시절 박태준과 처음 만난 이후 외무대신, 집권 자민당의 간사장, 그리고 총리대신으로서 포스코 건설을 음으로 양으로 도왔으며 이후 깊은 친분을 유지했던 지인이다. 박태준보다 무려 22년이나 연상이었지만 박태준을 늘 '선생'이라고 부르며 친형제처럼 지냈다. 그는 철강 산업을 발전시켜 국가건설의 토대를 만들겠다는 박태준의 뜨거운 열정에 감동을 받았다고 했다. 후쿠다의 증언이다.

"박태준의 인물됨이 훌륭한 것은 말할 나위도 없고 일본어까지 능통하다보니 일본 재계의 중요한 인물들과 폭넓게 교제할 수 있었다. 그를 만나 본 사람들은 하나같이 그의 인품과 박력에 매료되고 말았다. 박태준은 철강 산업에 국한된 인물이 아니라 국가 전체를, 그리고 한국에 국한되지 않고 적어도 동북아시아 내지는 태평양 시대를 생각하는 사람이다. 1979년 박정희 대통령의 배려로 포스코를 견학할 기회가 있었는데, 그때 박태준이 현재의 연간 생산능력인 500만 톤을

1,200만 톤까지 늘이겠다고 하는 말을 듣고 나는 반신반의했다.

일본이 태평양 전쟁을 일으킬 당시 제강 능력이 500만 톤이었다. 그런데 기간산업이 전무한데다 근대 산업의 경험이 일천한 분단국가에서 연간 1,200만 톤의 생산 능력을 가진 제철소를 만든다는 얘기에 나는 그가 과신하고 있다고 생각했다. 나의 부정적인 태도를 눈치 챈 박태준은 조심스럽게, 그러나 단호한 어조로 기필코 해낸다면서 그것이 자신이 대한민국에 태어난 사명이라고 말했다. 그는 매사에 최선을 다하며 애국심이 지극한 사람이다. 박태준을 대하면 마치 훈훈한 봄바람이 불어오는 것 같은 화기가 감돈다고 얘기하는 사람이 많다. 그것은 그가 한 치의 거짓 없이 진실로 사람을 대한다는 증거이다. 그러나 유연한 것만은 아니다. 겉으로는 부드럽지만 안으로는 불같은 의지와 신념으로 똘똘 뭉친 사내인 것이다. 나는 그가 기어코 해낼 것이라는 생각이 들었다."

박태준은 '중앙일보'에 연재한 '쇳물은 멈추지 않는다'에서 후쿠다를 아래와 같이 회고하고 있다.

'후쿠다 총리는 나보다 22년 연상인데 언제나 나를 '박 선생'이라고 불러주었다. 포스코가 갓 걸음을 떼던 어려운 시절이나 시간이 흘러 포스코가 승승장구할 때도 마찬가지였다. 후배에게 호칭 하나에도 각별히 신경을 써준 선배이다. 1979년 6월에 방한한 그는 박 대통령이 '편히 가보고 싶은 곳이 어디냐'고 묻기에 두 말 않고 '포철에 가서 박

포항제철을 방문한 후쿠다 전 총리가 공장을 둘러보고 박태준과 환담하고 있다.

선생을 만나고 싶다'고 했다고 한다. 포철을 세우는 데 자신도 한 몫을 한 때문인지 후쿠다 총리는 포철에 각별한 관심을 보였다. 현장을 두루 돌아다니면서 '뭐 도울 게 없느냐'고 몇 번이나 물었다. 그는 '포철의 영원한 발전을 바란다'는 뜻으로 '百年製鐵백년제철'이란 기념 휘호를 남기고 떠났다."

후쿠다는 박태준에게서 일본인이 최고의 이상理想으로 생각하는 '사무라이 정신'을 발견하고 그를 높이 평가했다. 홍건유의 증언이다.

"후쿠다 전 수상은 박태준을 고부시古武士라고 불렀어요. 주군을 위해서 목숨을 바치는 무사처럼 국가를 위해 목숨을 걸고 제철소 건설에 매진하는 그에게서 감동을 받은 것이지요."

집안끼리도 막역한 관계를 유지했던 후쿠다는 임종 직전인 1995년 7월 박태준에게 전화를 걸었다. 전화 분위기가 심상치 않음을 느낀 박태준이 뉴욕에서 일본으로 날아갔지만 후쿠다는 이미 숨을 거둔 뒤였다.

후쿠다의 아들인 후쿠다 야스오福田康夫 역시 총리를 역임했는데, 박태준과는 대를 이어 우호관계를 이어갔다. 2012년 4월 '한·중·일 30인 회의'에 참석하기 위해 한국을 찾은 그는 바쁜 일정 가운데서도 시간을 내어 그 전 해에 타계한 박태준의 묘소를 참배하고 가족들을 위로했다. 당시 그는 유가족들에게 "지난 해 돌아가셨을 때 당연히 왔어야 했는데 너무 늦었습니다. 생전에 너무 많은 신세를 졌습니다."고 말했다고 한다. 1980년대 중반 박태준은 후쿠다와 함께 한일의원연맹의 양국 대표로 활동하며 친분을 쌓았는데, 박태준은 일본을 방문할 때마다 후쿠다와 식사를 함께 했다.

총리대신 나카소네 야스히로中曾根康弘

나카소네는 군마群馬현 출신으로 고등 문관 시험에 합격했다. 내무성에서 공무원 생활을 시작했으며, 28세 때 국회에 진출했다. 방위청장관, 운수상, 자민당 간사장을 거쳐 1982년 총리대신이 되었으며, 전후 총리로는 최초로 한국을 공식 방문하여 정상회담을 가졌다. 이로서 한일 신시대를 연 주역이 되었다.

나카소네는 자신의 삶에 가장 큰 영향을 준 사람으로 초등학교 1학년 때의 담임 오치아이 다츠지落合達二 선생을 든다. 그는 어린 나카소네를 향해 "이 아이는 훌륭한 아이이다. 사이고 다카모리西郷隆盛를 닮았다. 장래 반드시 큰 인물이 될 것이다."고 말했는데, 그는 평생 이 말을 가슴에 품고 살았다. 해군 장교 시절 결혼을 하게 되었는데, 당시 학교를 그만두고 상업학교의 서기로 있던 은사 오치아이 선생에게 나코도仲人: 결혼 중매인으로 우리의 주례에 해당를 부탁했다. 부모는 내무성 차관이나 그의 모교인 동경 대학 교수로 하자고 권했지만 그가 듣지 않았다.

나카소네는 1965년 한일 국교 정상화가 이루어질 즈음 박태준과 친교를 맺었다. 당시 그는 종합제철소 프로젝트 성공을 위해 주위에서 보는 이들이 오히려 안타까워할 정도로 열심히 뛰어다녔던 것으로 박태준을 기억한다. 나카소네는 자신이 그렇게 열심일 수 있었던 것은 바로 박태준 때문임을 숨기지 않았다.

"일본의 정재계가 합심하여 포스코 건설에 협력한 것은 작업복 차림으로 진두지휘를 하는 박태준의 정열적인 모습에서, 그리고 그의 노력과 성실성에 마음이 움직인 후지제철의 나가노 사장과 야와타제철의 이나야마 사장의 감동에서 비롯된 것이라 생각한다. 박태준이야말로 진정한 애국자일 뿐 아니라 고귀한 인격과 박력, 그리고 국제적인 감각을 두루 갖춘 사람이다. 요컨대 박태준이 냉철한 판단력, 침착성,

정의감, 부동의 신념과 깊은 사고력 등을 겸비한 고매한 인품의 소유자였기 때문에 일본으로부터 성공적으로 협력을 이끌어내었다고 생각한다. 박태준은 어떤 의미에서는 '위대한 국제인'이라고 할 수 있다. 세계철강연맹의 회장을 역임한 것만 보아도 그의 국제적인 위치를 짐작할 수 있다. 그는 세계 각국의 정재계 지도자들의 존경을 한 몸에 받고 있으며 그들과 진정한 의미에서의 친교를 맺고 있는데, 그것은 박태준의 코스모폴리탄적인 기질에서 비롯된 것이 아닐까 생각한다. 그의 성실성과 남의 입장을 생각하고 이해해 주는 관대함, 그리고 천부적인 자유로움과 청렴성, 결백성 등 지도자의 모든 조건을 갖춘 데서 오는 결과일 것이다."

나카소네 통산대신이 포항제철 건설현장을 방문하고 박태준과 환담하고 있다.

박태준은 '중앙일보'에 연재한 '쇳물은 멈추지 않는다'에서 나카소네를 이렇게 떠올린다.

"나카소네 총리는 나보다 9년 연상이다. 그렇지만 그는 나를 언제나 '박 선생'이라고 불렀다. 그는 통산대신으로 있던 1972년 포철을 찾은 데 이어 은퇴한 뒤에도 광양만과 영일만을 방문했다. 나는 1982년 말 그에게 톡톡히 신세를 졌다. 당시 한국은 마이너스 성장에서 간신히 빠져 나와 일본에 경협자금을 요청했다. 당시 나는 한일의원연맹의 한국 측 대표로 나카소네 총리를 만나러 도쿄로 갔다. 명함에 적힌 직함은 허울일 뿐 믿을 것은 우리의 인간관계뿐이었다. 다행히 나카소네 총리는 나의 간청을 들어주었다. 이듬해 1월 나카소네 총리가 서울을 방문해 경제협력기금 40억 불을 주기로 합의했다. 이때는 일본 역사 교과서 왜곡 파문으로 대일 감정이 예민해져 있었는데, 나카소네는 공식 행사에서 한국어로 인사말을 했으며 대중가요 '노란 샤쓰 입은 사나이'를 멋들어지게 불렀다."

3 벚꽃은 스스로 떨어진다
박태준의 극일정신

한국과 일본의 관계는 참으로 풀기 어려운 난제다. 긴밀한 경제적 이해관계에도 불구하고 역사적, 정서적 측면에서는 언제나 가깝고도 먼 나라가 일본이다. 하지만 과거의 경험과 감정만으로 일본을 대하는 것은 결코 바람직하지 않은 태도다. 가령 진정으로 일본을 이기고 싶다면 거기에는 냉철한 이성이 필요하다. 그런 면에서 '지일知日이 곧 극일克日'이라고 강조했던 박태준의 주장은 지금도 여전히 유효하다.

일본에 대한 박태준의 기본적인 태도는 지일知日-용일用日-극일克日의 3단계를 밟아야 한다는 것이었다. 감정에 압도당하면 일본을 알 수 없게 되고, 일본을 모르면 일본의 장점을 활용할 수 없게 되며, 그러면 일본에 앞설 수 없게 된다고 한결 같이 주장했다. 일본에 대해 누구보다도 잘 아는 박태준이지만, 일본 출장 때는 꼭 시간을 내서 신간을 둘러보고 읽으면서 일본을 연구했다. 포스코 부사장을 역임한 홍건유는 박태준이 대각선으로 책을 읽는 속독을 했기 때문에 그 많은 신간들을 소화해낼 수 있었다고 한다.

미쓰비시三菱상사 회장을 역임한 미무라 요헤이三村 庸平는 이렇게 말한다.

"우리가 비즈니스를 하기 위해 한국을 연구하는 것처럼, 박 회장은 일본을 아주 깊이 연구하는 전략가다. 그런 의미에서 박 회장은 지일파다. 일본을 가장 잘 아는 지도자가 바로 박태준 회장이다."

박태준은 일본을 따라 잡아야 진정한 의미에서 대등한 한일 관계를 이룰 수 있다고 역설했다. 실제로 그는 자동차용 강판 기술을 가르쳐 준 일본에 역으로 수출까지 하면서 철강 분야에서 대일 무역 흑자를 실현하였다. 또한 우리의 기술로 세계 수준의 광양제철소를 건설함으로써 진정한 의미의 극일을 달성하였다. 기술을 전수한 신일철과 포스코는 현재 지분을 상호 출자하고 있으며, 해외 철광석 가격 교섭을 일원화하고 있다.

포항제철 설립 초기 박태준은 원료의 장기 구매라는 중대한 문제를 놓고 호주의 광산업자와 교섭을 갖게 되었다. 포항제철 설립 초기부터 그는 일본을 라이벌로 강하게 의식하고 있었다. 그의 목표는 1억 톤 조강 생산량을 가진 철강대국 일본과 같은 가격으로 장기 계약을 맺는다는 다소 황당한 목표였지만, 자신을 비롯한 포항제철의 모든 임직원이 죽을 각오로 공장 건설에 임하고 있다고 그들을 설득하여 결국 목표를 달성한다. 이와 관련된 박태준의 경영이념은 이렇다.

“연속주조 공장을 만들 당시 일본과 유럽의 기사들은 위험하고 아직은 무리라며 그만두라고 충고했다. 그러자 박태준은 ‘당신들에게는 되는 일이 왜 우리에게는 불가능하냐?’며 공정을 생략하는 계획을 실행해버렸다. ‘우리나라가 빈곤한 것은 선진국들이 근대 과학 문명에 눈뜨고 근면하게 일하고 있을 때 조상들이 한가롭게 귀중한 시간을 흘려버렸기 때문이다. 열심히 일하는 것은 당연하며 조상들이 게을리 낭비한 몫까지 회복하지 않으면 안 된다. 다른 사람이 쉴 때에도 일하고, 다른 사람들이 자고 있을 때도 일하지 않으면 안 된다. 우리 세대는 우리에게 부과된 국력 신장, 조국 근대화라고 하는 사명을 오히려 영광으로 생각하고 나중에 후회하는 일이 없도록 기쁜 마음으로 일에 몰두해야 한다. 일본이 100년 걸려 이룩한 것을 우리들은 10년으로 축소해 이루어야 한다.”

포항제철은 1973년 정상 가동한지 6개월 만에 1,200만 불의 흑자를 달성해 주위를 놀라게 했다. 세계 제철소 사상 신설 제철소가 가동 첫 해부터 흑자를 낸 것은 유례가 없는 일이었다. 일본의 매스컴들은 건설 계획 당시 포항제철 프로젝트가 경제성을 도외시한 정치적인 계획이라고 통렬하게 비판했다. 그런 비판을 비웃듯 포스코는 첫 해부터 흑자를 냈던 것이다. 1973년 여름 1기 준공을 성공리에 끝낸 박태준은 157만 톤 규모의 2기 확장 건설에 본격적으로 착수한다. 이때 김대

중이 한국 중앙정보부 요원에 의해 납치되는 세기적인 사건이 발생하고, 일본 정부는 한일경제협력의 전면 중단을 선언했다. 주권을 침해 당했다고 여긴 일본의 반발은 극심했다. 이와 관련한 일본 중의원 상공위원회 회의록을 살펴보자.

"한국의 전 대통령 후보인 김대중 씨가 체류 중인 동경 한 복판에서 납치되어 한국으로 연행된 사건은 전 세계에 충격을 주었다. 박 정권의 독재적, 파쇼적 성격을 다시 한 번 뚜렷이 부각시켰다. 그런데 우리는 이런 한국과 일한조약을 체결하고 일한경제협력협정, 일미 정상회담에 의한 공동 성명 등으로 긴밀한 관계를 강화하고 있다. 또 유상과 무상차관, 연불수출 등을 포함해 약 15억 불에 이르는 대한 원조를 실시하고 있다. 이번과 같이 주권을 침해당했으며, 더구나 한국의 정보기관이 관여되어 있다는 의혹이 농후하므로 현재 합의되어 있는 대한 원조를 중단하는 결단을 내려야 한다."

설상가상으로 2기 설비 착공 예정일을 불과 3개월 앞두고 제1차 석유파동이 일어났다. 1기 건설의 성공에 자신감을 얻은 박태준은 유럽으로 날아가서 업자들과 만나 1기와는 달리 2기부터는 유럽의 업자들에게도 문호를 개방하겠다고 선언했다. 1974년 1월 초순, 포스코 내빈 숙소인 영일대에서 독일, 오스트리아 등에서 온 업자들과 활발한 협상이 벌어졌다. 박태준은 옆 동에 있는 일본 기술자들이 눈치 챌 수 있도록 최고로 밝게 불을 밝히도록 지시했다. 당시는 전국적인 절전

캠페인이 벌어지고 있는 상황이었다.

예상했던 대로 며칠 지나지 않아 주한 일본대사가 전화를 걸어왔다. 김대중 납치사건이 있기는 하지만 포스코 프로젝트만 예외로 다루기로 일본 각의에서 양해했다고 말하며 일본 업체의 입찰 참여를 부탁했다. 그렇게 해서 일본도 참여한 가운데 본격적인 협상이 진행되었으며, 유가 폭등으로 모든 원자재 가격이 치솟는 상황 속에서도 포스코는 포항 2기의 설비 구매를 '최저 비용으로 최고 품질'을 확보할 수 있게 되었다.

일본 언론 눈에 비친 '박태준의 극일'

극일에 대한 박태준의 강한 의지는 '일본경제신문'이 주최한 한일 지상 좌담회를 통해서도 확인된다.

"나는 맨주먹이었지만, 그들이 보여주는 무로란室蘭제철소와 야와타八幡제철소를 돌아보면서 우리도 할 수 있다고 생각했다. 또 한다면 이보다 더 잘 해야겠다고 생각했다. 최근에는 중국의 고위 인사들이 광양제철소를 보여 달라고 부탁해 오는데, 나는 모든 것을 가르쳐준다. 선도자는 뒤에 따라오는 사람에게 협력해야 한다. 뒤에 따르는 사람이 흉내를 내면 나는 더 개량하고 발전시키면 된다."

포스코의 약진으로 긴장한 일본 철강업계를 봐도 박태준의 극일이 얼마나 치밀하고 철저한 것인지를 확인할 수 있다.

"박태준은 '일본도 한국에 철강을 수출하고 있으니 그 절반 정도는 일본에 수출해도 좋을 것이다. 멀지 않아 일본 시장에서의 점유율이 10% 정도는 될 것이라고 생각한다'고 말한다. 신일본제철 등 일본 철강업계가 현재 추진하고 있는 장기 합리화 계획의 목표는 사실은 포항제철에 지지 않는 가격 경쟁력을 가지는 데 있다고 한다."

한편 일본의 철강업계가 한국산 철강의 수입을 저지하려고 하는 노력에 대해 박태준은 이렇게 판단했다.

"내가 일본의 철강업계라도 그렇게 하고 싶어 할 것이다. 그 정도로 인원을 삭감하고 있는 것이 (일본 철강업계의) 현실이기 때문이다. 당사의 판매부는 오히려 상사로부터의 판매 요구에 제동을 걸고 있다. 집중호우식의 수출은 하지 않는다."

한국 산업계의 약진에 대한 일본 산업계의 경계심, 그리고 포항제철에 대한 당시 일본 국민들의 감정을 '일본경제신문'의 기사로부터도 엿볼 수 있다.

'국제철강협회 회장은 1985년 런던 총회에서 미래에 대한 전망을 잘못해 과도한 설비 투자가 이루어졌다고 잘못을 인정했다. 그러면 누가 가장 잘못했는가. (중략) 포항제철에 대해 말이 많지만 포항제철을 전면적으로 지원한 것은 신일본제철과 일본강관이다. 때문에 설비가 급속히 과잉 상태가 되었다. 국제 정세가 변해서 과잉이 되었다고 말하며 방만하고 모험적인 설비 투자의 책임은 묻지 않고 있다.'

포스코의 약진으로 일본의 철강업, 조선업을 비롯한 산업 분야는 경쟁력을 회복하기 위한 구조조정으로 내몰린다. 계속해 자세한 증언들을 소개한다.

"철강, 조선, 해운을 비롯한 모든 산업 분야에서 대규모 인원 삭감 계획이 진행되고 있다. 일일이 소개할 필요도 없지만, 신일본제철은 1984년부터 1986년까지 7,500명, 일본강관은 포스코와의 인건비 격차로 1만5,000명을 삭감한다. 조선업계도 마찬가지로 과감한 인원 삭감을 하고 있다. 이것은 단순히 기업 내부 근로자뿐 아니라 하청기업의 노동자들에게도 심각한 영향을 미치고 있다."

"대형 철강업체의 신 합리화 계획 내용은 과거 스스로의 과잉 투자에 따른 경영 책임을 불문에 부치고 있다는 점과, 1달러 150엔이라는 이상 현상을 장기적으로 전제하고 있다는 점, 그리고 인건비 수준이 일본의 겨우 1/6인 한국 포항제철소의 저임금을 합리화 목표로 해서 이것에 맞추어 코스트 절감, 인원 삭감을 하려고 한다는 점에서 사회적으로 도저히 받아들일 수 없다."

일한경제협회 전무이사를 역임한 무라카미 히로요시村上弘芳의 증언이다.

"1998년 2월 김대중 대통령의 취임식에 일본 경제계의 대표로 후지무라 마사야藤村正哉 일한경제협회 회장을 수행해서 참석했다. 그때 김대중 대통령을 예방했는데 함께 갔던 경단련의 사이토 히로시斎藤裕 평의회 회장경단련의 2인자로 신일철의 사장이 김대중 대통령을 예방한 자리에서 일본의 전면적인 협력으로 설립된 포항제철이 지금 일본 시장을 교란시키고 있다며 이에 대한 자제를 공식적으로 부탁했다. 그는 경단련 평의회 회장이라기보다는 자신을 일본 철강업계의 대표로 생각한 것 같다. 당시는 미쓰비시 자동차가 한국에서 자동차용 강판을 수입해서 사용하는 바람에 일본의 철강업계가 쇼크를 받은 시점이었다."

포스코를 바라보는 일본 국민들의 복잡한 심경

포항제철을 선두로 급속히 성장하는 한국 경제를 바라보는 일본 국민들의 심경은 한마디로 복잡했다. 이런 사정은 한국의 초청으로 방한하여 산업 현장을 둘러본 '일본경제신문' 오오키 세이이치大輝精一 차장의 '한국 경제 개국으로의 길-일본에게 요구되는 것들'이란 리포트에서도 확인할 수 있다.

"'가깝고도 먼 나라', '귀찮은 이웃' 등 일본과 한국의 관계를 나타내는 표현은 그것이 무엇이든 굴절된 느낌을 가진다. 과거 역사나 복잡한 국민 감정이 영향을 끼치고 있기 때문이지만, 한국에게 일본은 '한시라도 잊을 수 없는' 경제대국인데 비해 일본에게 한국은 '그 정도는 아니다'라고 하는 비대칭성이 영향을 끼치고 있다. (중략) 철강 수요가 국내외적으로 계속 성장하던 1960년대에서 1970년대 초반에 걸쳐 일본의 철강회사는 한국의 포항제철 건설에 전면적으로 협조했으며, 박태준 회장도 일본이 정말 열심히 가르쳐주어 항상 감사하게 생각하고 있다고 말한다. 그러나 제1-2차 오일 쇼크에 이은 만성적인 불황으로 세계의 철강 수요가 감소하자 일본의 제철소는 계속해서 고로의 불을 끄고 있다. 작아진 파이를 둘러싸고 해외에서 '철강 마찰'이 빈발하고 있으며, 한국의 철강제품이 일본 시장으로 꾸준히 들어오고 있다.

일본 경제가 메이지 초년부터 우여곡절을 겪어가며 110여년에 걸려 이룩한 일을 겨우 20여년 만에 하려는 나라가 한국이다. 광양제철소 건설에 대한 협력이 문제가 되어있는 것처럼, 일본의 한국에 대한 기술 협력의 성과로 한국의 수출 능력이 증대되어 역으로 일본 수출을 위협하는 것이 '부메랑 현상'이다. 향후 10년이 지나면 세계 시장에서 일본의 불안감이 확산될 것이란 생각이 스쳐지나간다. 한일 간에 마찰이 계속된 것은 역사적으로 보아도 양국의 국력이나 문화가 늘 불균형으로 우월감과 열등감이 시대에 따라 교차된 것이 원인이 되고 있다.

일본이 한국 경제에 대해 품고 있는 이미지는 지금까지 극단에서 극단으로 요동쳤다. 하나는 전근대적인 요소에서 탈피하지 못하고 도저히 선진 공업국이 될 것 같지 않은 나라라는 점과, 또 하나는 신흥공업국으로서 일본을 위협하는 존재란 점이 그렇다. 둘 다 '위험한 나라'라는 이미지가 있다. 그렇지만 실제 방문해본 한국은 일본의 발전단계와 비슷한 경로를 일본보다 몇 배나 빠른 템포로 걸어가는 나라 중 하나다.'

신일철의 이나야마 회장이 '일본경제신문'에 연재한 '나의 이력서'에는 박태준이나 포스코에 대한 얘기가 전혀 등장하지 않는다. 이나야마의 평전에도 박태준이나 포스코에 대한 언급은 전혀 없다. 일본에서는 포스코를 두고 호랑이 새끼를 키웠다고도 하고 한 매체는 '불구대

한일경제인회의에서 이건희 삼성전자 사장을 이나야마 경단련회장에게 인사시키는 박태준

천의 원수'라는 표현까지 서슴지 않는다. 이런 일본의 국내 여론을 의식한 탓일 것이다. 뿐만 아니라 한국 국민이나 매스컴이 포스코의 성공에 기여한 일본의 협조를 인정하지 않고 어떤 측면에서는 오히려 당연하게 여기는 분위기에 대한 실망감도 있을 것이다. 관련 증언을 들어보자.

"신일본제철을 중심으로 한 일본 기업의 절대적인 협력으로 포항제철소가 화입식을 거행한 것은 1973년 여름이었다. 이 뉴스는 일본 신문에는 보도가 되었지만 한국 신문은 단 한 줄도 기사를 싣지 않았다. 또 기념식에는 신일철을 비롯해 기타 일본 재계의 쟁쟁한 사람들이 참석했지만, 이들의 이름조차 소개되지 않았다."

일본은 광양제철소 건설 때는 부메랑 효과를 우려해 적극 협력하지 않았다. 하지만 일본의 비협조에도 불구하고, 광양제철의 건설과 조업이 순조롭게 이루어지자 아쉽게 생각하는 분위기로 변한다. '마이니치每日신문'의 보도 내용을 보면 이를 확인할 수 있다.

"포항제철의 최고 수뇌부가 제2제철의 고로 낙찰에 대한 발표를 하루 앞두고 6%만 더 가격을 낮추어주면 일본 업체로 하겠다는 전화를 걸어왔다. 하지만 일본은 거부했다. 한국의 철강업계에서는 이 전화의 주인공이 포항제철의 최고 수뇌부였다고 한다. 사실 이 시점에서 경쟁 상대인 영국 메이커는 일본 메이커보다 20%나 낮은 입찰 가격을 제시했다. 고로의 낙찰은 결국 영국업체에게 돌아갔다. 일본의 철강업계에서는 한국의 싼 철강제품이 장래 일본 시장을 위협하는 부메랑이 될까봐 걱정했다. 포항제철의 1-4기 고로는 모두 일본의 IHI가 건설을 했고, 포항제철이 기술을 습득한 바 있어 다른 나라의 고로를 사용하는 것은 비효율적이다. 그리고 하나의 제철소에서 1기를 발주하면 남은 고로의 발주는 사실상 약속된 것이나 마찬가지이므로 일본도 손해 볼 일이 없을 것이라고 한국은 생각했다."

신일철의 전신인 야와타제철이 포항제철 건설에 깊이 관여한 이래 신일철과 포스코는 협력 관계를 유지해 왔지만, 최근에는 관계를 한층 강화하는 방향으로 나아가고 있다. 두 회사는 1998년 0.1%의 상호 출자를 했지만 2000년에는 2-3%까지 출자 비율을 확대했다. 나아가 양사는 2006년 10월에 5%를 상한으로 상호 출자 비율을 확대함과 동시에 주요 설비 회수 시의 반제품 상호 융통, 환경 설비의 공동 이용, 원료 조달 시의 협력 등 업무제휴에 합의했다. 이 합의의 구체적인 실행으로 동년 12월에 두 회사는 자원 메이저와의 철광석 가격 교섭을 일원화한다고 발표했다. 일본의 국회 회의록을 보자.

"철강 생산 능력은 1986년에 9,600만 톤까지 떨어졌다. 당시 어려운 국제 환경 속에서 가능한 한 경쟁력을 회복하는 일, 이것이 철강업의 유지 발전을 도모하는 절대적인 조건이라는 인식하에 구조조정을 계속해왔다. 경쟁력은 현재 동남아시아의 대두에 따라 1998년에는 포항제철소가 신일본제철의 생산 능력을 앞지른다는 계획을 발표하고 있다. 따라서 경쟁력 확보는 철강업의 유지 발전을 위해 매우 중요한 요소라고 생각한다."

포항제철 건설 때 기술 지도를 했던 나카가와 유타카中川豊는 1994년 당시의 멤버들과 함께 광양제철소를 돌아본 소감을 다음과 같이 기록으로 남겼다.

"세계 제1위 제철소의 위용에 압도되었다. 포항에서 우리가 뿌린 씨앗이 여기 광양에서 큰 꽃을 피웠다. 포스코 사람들은 '일본의 덕분입니다'라고 겸손하게 말하지만, 이것은 포항제철소의 연장선상에 있는 것이 아니다. 회사 밖의 사원주택 단지를 포함해 포스코가 총력으로 만들어낸 독창적이고 기술적인 예술품이라고 생각되었다. 일본기술단의 일원으로서 자랑스럽기도 하고 열등감도 느껴지는 복잡한 심경이었다. 이것이 나 한 사람만의 감회는 아닐 것이다."

포항제철을 대표로 성장하는 한국 경제를 보며 일본인들이 느끼는 복잡한 심리를 알 수 있는 자료를 소개한다.

"일본은 원래 수직사회이다. 사회 속의 일본인의 의식 내지는 가치기준도 당연히 수직적이지 않으면 안 된다. 이것을 국제사회에 적용하면 유럽의 선진국이 위에 있고, 한국을 포함한 아시아가 밑이 된다. 일본이 탈아시아를 메이지 이후의 국가 목표로 삼고 있었다는 점은 일본의 이러한 가치체계를 웅변적으로 말해주고 있다. 그리고 그 과정 속에서 아시아에 대한 멸시가 강화되었다. 중국이나 한국에 대해서는 2,000년간의 문화 콤플렉스에 대한 보상의식이라는 측면도 있다는 점을 빼놓을 수 없다.

그 아시아의 일원인 한국을 일본은 식민 통치 하에 두었다. 이것이 유럽의 선진국을 위로, 아시아를 밑으로 하는 일본의 그림이었다. 그 아시아 속에서도 특히 한국을 아래로 두는 것이 결정적이었다. 이 체제 속에서 일본은 안주하려 했다. 한국을 무시하고 한국인에 대한 멸시를 계속해온 것은, 그 안주를 확인하고 스스로를 안심시키려고 하는 마스터베이션이기도 했다. 그런데 그 한국이 일본인의 안주를 뒤흔드는 존재로 성장했다. 일본인에게는 스스로가 가진 질서 감각에 대한 침해이자 가치체계에 대한 도전으로 비친다.

한국의 경제 발전도 그렇다. 원래 일본은 고도성장을 달성한 일본 경제의 배설구를 한국에서 구한 것에 지나지 않는다. 일본 국내가 고임금 체제가 되어 노동력 확보가 불가능해진, 말하자면 내버려야 할 산업의 배설구가 한국이었던 것이다. 분명히 일본은 하부구조인 한국 경제의 이용을 생각하고 있었다. 그렇지만 일본인은 그렇게 말하지 않았다. 원조이고, 경제 협력이라고 주장했다. 여기서도 상하의식이 노골적으로 드러난다. 사실 일본의 생각은 한국 경제를 언제까지나 힘이 없는 상태로 둠으로써 일본 경제의 배설구 역할을 계속해서 맡기려는 것이었다. 즉 일본이 주도권을 쥔 수직 분업을 생각하고 있었던 것이다.

그렇지만 현재의 한국의 모습이나 양국 경제 관계의 추이는 일본이 마음먹은 대로 진행되지 않았다. 한국의 생각은 달랐고, 그 목표를 향해 질주하기 시작한 것이다. 일본의 원조나 협력은 한국 경제의 공업화를 위한 도약대로서 기능했다. 또 한국은 일본의 노후화된 중고시설의 배설구로, 그것도 부르는 대로 값을 매겨 한국에 팔아넘긴 플랜트를 최대한 활용했다. 이를 소중하게 다루고 사랑하고 손질해가면서 그 동안 기술을 축적하고 자본도 축적했다. 그리고 그 기술 축적을 배경으로 넓은 세계로 눈을 돌리기에 이르렀다.

선진, 후진의 상하 관계를 고정화시켜 수직분업의 체계 속에 넣어두려 했던 그 한국이 이제는 일본에게 경쟁자로, 수직이 아닌 수평분업의 상대로 등장하게 된 것이다. 1977년부터 시작된 제4차 경제 개발 5개년 계획의 소요 외자 100억 불 가운데 한국이 일본에게 18억 5,000만 불 정도밖에 기대하고 있지 않다는 것을 알고 일본 재계는 당황했다. 이제는 상황이 바뀌어 끼어들기 위해 애쓰는 입장에 놓이게 되었다. 일본인의 상하 질서 감각이 위협을 받으면서 우월의식은 흔들리게 되었다. 여기서 '한국경제위협론'이 거론되기 시작했다. '일한유착'도 같은 뿌리가 아닐까. 일본 매스컴의 한국 비판과 공격에도 이런 일면이 있는 것이 아닐까."

이와 관련해 일본 국회조사단의 현장 조사 시 만난 나가사키長崎조선소 대표가 한 다음의 증언은 새겨들을 필요가 있다.

"신일본제철이나 일본강관 등이 한국의 포항제철을 따라잡고, 또 넘어서는 것을 목표로 삼고 있다거나 한국이 이미 추월했다고 하지만 생산성은 일본 쪽이 훨씬 높다. 한국의 인건비 수준이 지금 이대로 계속되지는 않을 것이며, 기술 개발 등에서 우리가 우수하기 때문에 2-3년만 지나면 우리가 추월하게 될 것이다."

4 상처를 딛고 함께 꿈꾸는 미래

바람직한 한일 관계를 위한 제언

오늘날 한일 양국의 신뢰 관계는 우려할 만한 수준에 있다. 식민 지배에서 벗어난 지 이미 60여 년의 세월이 넘었지만, 일본을 바라보는 우리의 시각은 여전히 식민 시대의 피해 의식에서 크게 벗어나지 못하고 있다. 한국 국민들은 지금의 산업화의 토대를 만드는 데 기여한 한일경제협력에 대해 잘 알지도 못하고 설혹 안다 해도 이를 높게 평가하지 않는다. 협력보다는 협력과정에서 파생된 부작용에만 초점을 맞추거나 일제 강점기의 피해와 결부시켜 일본의 협력을 당연한 것으로 여기는 분위기도 있다.

한편, 전후 세대가 인구의 대부분을 차지하는 일본인들은 일제 강점기 한국인이 입었던 물질적·정신적 고통에 대해 자세히 알지 못한다. 심지어는 일본의 식민 지배가 한국의 근대화에 일정부분 기여했다는 식의 역사 인식을 가지고 있는 경우도 많다. 이런 점에서 '탈아입구

脫亞入歐'를 외쳤던 메이지 시대 일본인들의 생각은 크게 변하지 않았고 일본인들의 관심은 지금도 미국을 위주로 한 서구로 향하고 있다. 최근 부상하는 중국에 일부 관심을 보이고는 있지만, 한국에 대해서는 상대적으로 관심이 적다.

일본인들은 한일 국교 정상화 이후 일본이 한국의 경제 발전에 적극적으로 기여했다고 생각한다. 이런 생각은 식민지 지배 경험과 맞물리면서 한국에 대한 잠재적인 우월의식으로 연결된다. 한국을 '귀찮은 이웃' 정도로 생각한다. 어려운 일, 특히 경제적인 어려움에 처하면 달려와서 손을 내미는 이웃 정도로 생각하는 것이다. 그리고 일본의 도움으로 성장한 한국이 과거의 협조는 잊어버리고 역사 문제를 거론하며 감정적이고 과격한 행동에 나서는 모습을 매스컴을 통해 지켜보며 복잡한 심경에 빠져든다.

2013년 출범한 박근혜 정부의 외교 정책을 중국 편향적으로 해석하며 심한 배신감을 느끼기도 하고, 이런 기류는 일본인들의 반한 감정을 부추겨 이것이 혐한 분위기로까지 확대되고 있다. 포스코 동경사무소장 시절, 홍건유는 1983년 연초에 거래처인 신일철의 사이토 에이시로齊藤英四郎 회장에게 신년인사 갔던 경험을 떠올린다.

"인사를 마치고 돌아가려는 나를 붙잡고 사이토 회장이 차나 한 잔 하고 가라고 했다. 사이토는 '일본은 한국을 이해하고 도움을 주는데 왜 한국인은 주한 일본 대사관 앞에서 일장기를 태우고 격렬하게 반일 활동을 하는지 이해를 못하겠다. 홍 상무가 설명해달라'고 말했다.

나는 이런 미묘한 이야기를 포항제철을 대표해 일본에 나와 있는 사람이 할 수 있는 얘기가 아니라고 사양을 했더니 사이토는 사견이라도 좋으니 얘기를 해달라고 했다. 그래서 '한국인들은 아직 일제의 만행을 똑똑히 기억하고 있는데, 일본은 이제 해방 전과는 달라졌다며 협력하자고 하면 순순히 그러자고 대답을 하겠는가'라고 말한 후 일제의 만행에 관한 사례를 몇 가지 들었다. 사이토가 불편한 표정을 지었다. 사이토가 개선 방안에 대해 묻길래 나는 미국의 풀브라이트 장학제도를 예로 들면서 젊은이들의 교류 필요성에 대해 강조했다. 일본 군국주의 시대를 경험한 일본의 식자층도 한일 과거사에 대한 인식이 이러하니 전후 세대들이야 오죽할까 하는 생각을 했다."

일본인은 민족성이 미래 지향적이고 한국인은 과거 지향적이라고 할 수 있다. 일본은 과거를 흐르는 물에 흘려보낸다고 생각한다. 그렇지 않으면 자연재해가 많은 일본에서는 살아갈 수가 없다. 그렇지만 폭력을 휘두른 사람은 폭력을 당한 사람이 받은 몸과 마음의 고통을 잊기 쉽다. 과거를 쉽게 잊어버리는 일본인들과 달리 한국인들의 원망은 오래 간다. 지정학적으로 외침의 피해를 많이 받았던 한국인들은 과거에 당한 것을 한으로 생각하며 오래 오래 기억한다.

일본제국이 대한제국을 병합한 지 100년이 되는 2010년 8월 일본의 'NHK'와 한국의 'KBS'가 양 국민을 대상으로 설문조사한 결과를 보자. 한국과 일본의 관계를 발전시키는 데 가장 필요한 것으로 한국인들은 ① 독도 문제 해결62%, ② 역사 인식 문제 해소34%, ③ 전후 보상 문제 해결26% 등으로 대답했으며, 일본인들은 ① 정치적 대화37%, ② 경제·문화·스포츠 교류28%, ③ 역사 인식 문제 해소27% 등의 순으로 답변했다. 이를 종합하면 일본 역시 과거사 문제에 대해 인식은 하고 있지만, 과거를 중시하는 한국과는 달리 미래를 지향하고 있다는 뚜렷한 인식의 차이를 보여주고 있다.

박태준 리더십과 미래지향적인 한일관계

한일 협력의 개척자로 수많은 협력의 현장을 발로 뛰었던 박태준은 한결같이 편견이나 선입관에서 벗어나 '일본을 아는 것이 먼저'라고 당당하게 역설해왔다. 우리 사회에는 학계와 언론계를 막론하고 일본

한일경제인회의에서 정주영 회장과 반갑게 인사를 나누는 박태준. 가운데는 이나야마 회장

에 대해서는 반론을 허용치 않는 일방적인 대일對日 논리와 담론이 주류를 형성하고 있다. 과거사 문제에 있어서는 일본=악惡이라는 고정관념이 역사적 진실을 찾는 노력과 깊이 있는 성찰을 방해하고 있다. 이런 분위기 속에서 박태준의 주장은 극히 예외적이며 용기를 필요로 하는 행동이었다. 박태준은 감정에 압도당하면 일본을 바르게 알 수 없게 되고, 일본을 모르면 그들의 장점을 활용할 수 없게 되며, 그러면 일본을 앞설 수 없다고 늘 주장해 왔다. 그리고 과거를 잊지는 말되 협력 가능성이 무한한 미래를 보며 일본과 협력하는 '실용적 한일 관계'를 강조했다.

2005년 한일 국교 정상화 40주년을 맞이하여 개최된 심포지움에서 박태준은 '한일 국교 정상화 40년 동북아의 미래'라는 제목의 기조강연을 통해 "한국인의 언어 정서에서 친일의 친親이 '사이좋다'라는 본래의 뜻을 회복할 때 비로소 한일 수교는 '절친한 친구 관계'로 완성될 것"이라 말하며 "그 날을 앞당길 수 있는 일차적인 관건은 과거의 진실을 직시하는 일본의 역사 인식과 역사 교육에 달려있다."고 말했다.

박태준을 비롯해 한일 관계의 올바른 정립을 소망하는 많은 우리 사회의 인사들도 일본을 올바로 아는 노력과 더불어 이를 바탕으로 미래지향적인 한일 관계를 구축해야 한다고 주장한다. 이를 위한 하나의 방법으로 박태준은 생전에 한일 FTA자유무역협정 체결의 필요성을 강조했다. 지금은 한·중·일 FTA 실무 협상이 진행 중에 있고, 일본은 미국이 주도하는 TPP환태평양경제동반자협정: Trans-Pacific Partnership 쪽으로 방향을 선회했지만, 박태준은 장기적으로는 EU와 같은 동아시아 공동체 구성이라는 비전을 가지고 있었다. 그는 '일본경제신문'이 주최한 좌담회에서 이렇게 강조했다.

"한·중·일의 경제 규모나 잠재력을 고려할 때 자유무역협정은 동북아시아의 밝은 비전을 실현하는 중요한 척도가 된다. 한일 FTA는 한국의 제조업이나 일본의 농민들 반대가 강해 장애가 되고 있지만, 해결은 양국 지도자의 대화와 결단에 달려 있다. 경제 실적의 축적을 토대로 FTA를 체결하고 공동체 실현을 위한 교류도 강화해야 한다."

2013년 4월 서울에서 개최된 제45회 한일경제인회의에서 발표된 공동 성명에서도 한일 양국이 '한일 하나의 경제권 형성'을 실현하기 위해 FTA와 EPA의 조속한 체결을 강력히 촉구하기로 했다는 내용을 담고 있다. 여전히 양국 경제계는 한일 양국을 하나의 시장으로 만들 필요가 있다고 생각하고 있으며, 이를 위한 방안으로 한일자유무역협정의 체결을 강하게 원하고 있다.

한국 경제를 일으키는데 공헌한 정주영 역시 한일 관계에 대해 이렇게 말한 적이 있다.

"양 국민의 이해를 보다 깊게 할 수 있는 구체적인 수단을 쌍방이 모두 적극적으로 발굴하고 제안해 나가야 한다. 감정적인 편견은 거의 대부분이 이해 부족에서 시작된다. 다른 나라 사람들을 진지하게 알려고 하지 않고 편견만으로 상대방을 싫어하는 것은 가장 어리석은 일이다. 이것이 비극으로 이어지는 일은 역사상 많은 사례가 있다. 양국 국민들의 마음속에는 극복해야 할 복잡한 감정이 있다고 생각한다. 한국으로서는 일본 식민지로서 지배받은 경험에서 오는 분노와 피해의식이라는 복잡함이다. 또한 일본으로서는 죄책감이라기보다는 가해자로서의 우월감과 방어의식이라는 복잡함이다. 이러한 역사의 상처와 흔적을 차세대에 계승시키지 않는 일이 기성세대의 최대의 책무이다. 양국에는 많은 현안이 있지만, 거의 대부분은 의식하든 그렇지 않든 상대방을 이해하는 노력이 부족하거나 근시안적 행위 때문에 사태를 보다 어렵게 만들고 있다는 것이 나의 생각이다."

공로명 전 외무장관도 한일경제인회의 기조연설에서 다음과 같이 말했다.

"한일 관계도 피동적이고 부정적으로만 볼 것이 아니라 적극적이고 긍정적으로 볼 때 미래가 있다. 일제 36년간의 대가가 무상 3억 불, 유상 2억 불이었느냐며 국교 정상화 당시 커다란 홍역을 겪었지만, 그 돈이 밑거름이 되어 우리 농민들이 사용하는 경운기, 분무기가 되고, 세계적 유수기업인 포항제철이 탄생하고 경부고속도로가 생겨 전국이 1일 경제권으로 탈바꿈하는 플러스효과가 있었음을 시인하는데 인색해서는 안 된다."

동아제약 강신호 회장도 거든다.

"일본과는 좋은 관계를 유지해야 한다. 영토 문제는 전쟁이 아니면 해결이 안 되는 문제다. 이것을 가지고 서로 감정 대립을 할 필요는 없다. 미래지향적으로 서로 잘 살 수 있는 방안을 강구해야 한다. 일본인이 다 나쁜 사람이 아니다. 그런데 우리 언론은 일본 사람들을 무조건 나쁜 사람으로 몰아가려고 한다. 그래서 우리에게 득이 될 것이 무엇이냐."

말레이시아 근대화의 아버지이자 아시아의 대표적인 지도자로 '원 아시아One Asia'를 주창해 온 마하티르는 말한다.

"영국·독일·프랑스는 과거 서로 좋을 때가 없었다. 독일군은 파리에 진주해 들어갔고 런던을 폭격했다. 그럼에도 제2차 세계대전 이후 전쟁의 재발을 막아야 한다는 신념에서 우호 관계를 이룩했다. 유럽은 하는데 아시아라고 왜 못하겠는가. 역사의 잔재는 잊자. 과거가 아닌 미래를 생각해야 한다. 말레이시아도 태국으로부터 침략을 당한 역사가 있지만 아세안 공동체를 이룩했다."

이제는 우리도 지나친 피해의식을 극복할 때가 된 것 같다. 과거사의 굴레에서 벗어나 현실로 눈을 돌릴 때이다. 우리는 대체로 일본이라면 '가해자'라는 측면에서 본능적으로, 또 감정적으로 배척하는 경향이 있다. 우리에게 절실히 요청되는 것이라도 그것이 '일본의 것'이기 때문에 배척하지 않을 수 없는 경우도 있었다. 그러한 수준의 감정적 처리는 이제 극복되어야 한다고 생각한다.

흘러간 물로는 물레방아를 돌릴 수 없다. 하지만 물레방아는 계속 돌아야 한다. 우리가 과거사나 영토 문제라는, 단기간에 해결하기 어려운 명분에 매달려 더 큰 국익을 보지 못하는 것이 아닌가 생각해 볼 일이다. 실익보다는 명분을 앞세웠던 조선시대 성리학의 전통이 아직도 우리 사회에서 면면히 그 맥을 이어오고 있다. '초가삼간을 태우는 한이 있더라도 쥐 한 마리를 잡겠다.'는 한풀이 정신은 발전적으로 극복되어야 한다.

경색된 한일 관계를 우려한다

최근 발표된 일본의 유력 일간지 요미우리讀賣의 여론조사 결과는 사뭇 충격적이다. 일본에게 군사적으로 위협이 되는 나라 중 한국이 러시아를 제치고 3위로 나타났는데, 1위는 중국이고 2위는 북한이다. 러시아구 소련는 태평양 전쟁 종료 직전 대일 선전포고를 하고 일본의 북방 4개 섬을 전격 점령함으로써 냉전시대 일본 최대의 적이 되었다. 지금도 동경의 관청가인 가스미가세키霞が関에 가면 '북방 영토가 회복되는 날이 전후戰後가 끝나는 날'이라는 현수막이 일 년 내내 걸려 있다. 그리고 일본 우익 선전 차량의 확성기가 뿜어대는 단골 메뉴가 '북방 영토를 돌려 달라'는 것이다.

이번 조사에서 '한국을 신뢰하지 않는다'고 답변한 일본인은 무려 72%에 이른다. 오늘날 한국에 대한 일본 국민의 감정은 최대로 악화되어 있다. 한류로 달아오르던 한국에 대한 호감도가 최근 급격하게 추락한 것은 지난 정권 말기 전격적으로 이루어진 대통령의 독도 방문과 천황에 대한 공개적인 사과 요구로부터 촉발되었다. 여기에 중국 편향으로 비쳐지는 새 정부의 외교 정책도 한몫을 거들고 있다.

일본은 GDP국내총생산 세계 3위의 경제대국이며 1인당 국민 소득이 4만5,000불에 달하는 선진국이다. 하지만 최근 20년 이상 경제 불황을 겪어오고 있고, 2010년에는 3위였던 중국에게 2위 자리를 내주면서 아시아의 맹주로서의 자존심에도 상처를 입었다. 한국 역시 급속한 경제 성장으로 상승 무드를 이어가고 있으며 전자 분야의 경우에는 일본의 자존심인 소니SONY를 꺾었다. 이렇게 변화하는 상황에 일본 국민들은 제대로 적응하지 못하고 있으며 초조함 속에 과거와 같은 마음의 여유를 보여주지 못하고 있다. 여기에 2011년에는 동북대지진과 후쿠시마 원자력발전소 폭발이라는 미증유의 재난을 겪었다.

이런 상황 속에서 보수 성향이 강한 아베 신조 총리가 정치의 전면에 등장했다. 위기 상황 속에서 일본 국민들은 '강한 정치가'를 선택했던 것이다. 아베는 "'강한 일본'의 근원은 경제력이며 경제 부흥 없이 국제사회에서 영향력을 발휘하거나 사회적 안정을 성취하길 기대할 수 없다."고 강조하고 있다. 그가 내세운 '아베노믹스'는 어느 정도 일본 경제의 활성화에 기여하며 일본 국민들에게 자신감을 불러일으키고 있는 것으로 보인다.

한편 한국의 대일 선호도를 살펴보면, 아산정책연구원이 2013년 실시한 여론조사에서 우리 국민들의 대일 호감도는 2.57로 북한의 2.37

과 비슷한 수준으로 나타났다. 연구원 측에 따르면, 2.5라는 수치는 일본에 대해 거의 호감을 느끼지 못하는 수준이라는 설명이다. 연구원은 대일 감정을 악화시킨 주요 사건으로 2013년 2월 외무대신의 독도 영유권 주장, 4월 국회의원들의 야스쿠니신사 참배, 7월 아소다로 부총리의 나치식 개헌 발언, 10월 독도 동영상, 11월 아베 총리의 야스쿠니 신사 참배 등 일 년 내내 우리 국민 감정을 자극해 왔다고 말하고 '내년에도 일본 정부의 변화가 없는 이상 반일 감정이 지속될 것으로 보인다.'고 밝히고 있다.

오늘날 양국 관계를 꽁꽁 얼어붙게 만들고 있는 원인들은 모두 과거사와 관련된 일들이다. 과거의 어두운 망령이 미래로 나아가야할 양국의 발목을 붙잡고 있다. 과거사 문제는 양 국민이 이 문제를 보는 시각에 큰 차이가 있기 때문에 생기는 구조적인 문제이다. 금년 4월 서울에서 개최된 한·중·일 3국 협력 포럼에서 오구라 가즈오小倉和夫 전 주한 일본 대사는 "한·중·일의 역사적 경험은 서로 다르다. 경험한 것을 토대로 역사를 바라보는 방법도 서로 다르기 때문에 이것이 100% 일치하지 못하더라도 서로 어떤 차이가 있는지는 인식하고 이해해야 한다. 젊은이가 역사를 모른다는 것은 굉장히 무서운 일이다. 일본에서도 그렇다. 지식인 간, 정치인 간의 '전략적 대화'가 있어야 예측 불가능한 위험을 줄일 수 있다."고 말했다.

가해자는 피해자의 심정을 경험한 적이 없기 때문에 가슴으로 이해할 수 없다. 가해자와 피해자의 생각은 서로 다르다. 아무리 혹독한 시어머니라고 해도 스스로는 결코 본인이 혹독했다고 생각하지 않는다.

피해자인 며느리의 심정을 이해하지 못하는 것이다. 특별히 본인만 가혹했던 것이 아니고 대부분의 시어머니와 별반 다르지 않았다고 생각한다. 그저 잔소리를 조금 엄하게 한 정도이며, 그것도 며느리가 잘 되기를 바라는 심정에서 그렇게 했을 뿐이라고 생각한다. 가해자는 가능한 가해 규모를 줄이려고 하고 피해자는 이를 확대하려고 한다.

일본인들, 특히 한일 관계사를 좀 알고 있는 중·장년층들은 20세기 초반의 세계는 제국주의가 풍미하던 시대로, 일본도 서구 열강들과 마찬가지로 자원을 획득하고 시장을 확보하기 위해 해외 진출이 불가피했다고 말한다. 그리고 식민지 한국에 대해서도 다른 서양 제국들에 비해 특별히 가혹하게 통치한 것은 아니라고 주장한다.

오히려 당시의 조선은 독립국으로 살아가기 어려울 정도로 낙후되어 있었고, 일본이 병합하지 않았더라도 어차피 러시아가 병합했을 것이며, 한국을 위해서는 오히려 일본에 병합된 것이 유익했다고 말한다. 그들은 한국의 발전을 위해 도로, 항만, 공장, 철도를 부설하고 학교를 만들어 한국의 발전에 기여했으며, 1965년 이후에는 한일 국교 정상화를 통해 한국에 기술을 제공하고 막대한 자금 공여를 통해 산업화의 기반 구축에 기여했다고 주장한다.

속으로는 이렇게 생각하면서도 다만 공개적으로 말하지 못할 뿐이다. 그런데 보수 정치인이 나타나 그들의 이런 속마음을 대변해주면 피해자인 우리들은 피가 거꾸로 솟지만 일본의 보수층들은 향수와 우월감과 대리만족을 느낀다. 그리고 이런 우익 성향의 발언을 한 정치인들이 오히려 대중의 지지 속에서 다음 선거를 위한 유리한 점수를 쌓는다. 이런 상황에서 여론의 향배에 민감한 일본 정치권이 근본적으로 바뀌기를 기대하는 것은 어려운 일이다.

2011년 NHK일본 공영방송의 대하드라마1-46회를 본 일이 생각난다. 16세기 일본의 전국戰國시대를 다룬 이야기였다. 일본 전국 통일의 기틀을 마련한 오다 노부나가織田 信長의 여동생과 그녀의 딸들이 주인공으로 등장하는 드라마였는데, 이 드라마에서는 조선의 산천이 초토화되고 수백만 명의 희생자를 낳은, 그리고 수백만 명이 포로로 끌려간 임진왜란과 정유재란이 단 5분간의 짧은 이야기로 다루어지고 있었다. 그것도 당시 조선에 출병한 실권자 도요토미 히데요시豊臣秀吉의 측근인 젊은 무사가 조선의 전쟁고아들을 잘 돌보았다는 내용이 전부였다.

일본의 장기 불황과 상대적으로 약진하는 우리의 위용을 보면서 이제 일본으로부터 더 이상 배울 것이 없다, 일본은 그다지 중요한 나라가 아니며 오히려 우리의 글로벌한 전개에 걸림돌이 될 뿐이라고 여기는 사람들도 있다. 과거 일본으로부터의 경제 협력이 절실하던 시기에는 참고 넘어갔을 법한 사소한 일들도 이제는 더 이상 참을 수 없다는 생각을 한다. 그리고 일본도 과거에 비해 마음의 여유가 없어 갈등이 증폭되는 것 같다.

그런데 이런 생각은 너무 성급한 판단이다. 일본은 우리의 생각과는 달리 여전히 세계적인 영향력을 지닌 경제대국이며 우리와 협력의 여지가 큰 나라이다. 우리가 세계 시장에서 약진하고 있는 스마트폰의 부품 가운데 70% 정도는 일본으로부터의 수입에 의존하고 있는 것들이다. 만약 이것의 수입이 중단되면 스마트폰의 수출은 불가능해진다. 비단 이것뿐만이 아니다. 국교 정상화 이후 지속되고 있는 우리의 만성적인 대규모 대일 무역 적자가 이를 증명한다.

일본은 여전히 한국 경제의 중요한 파트너이자 안보에 영향을 미칠 수 있는 주요 강대국이다. 우리가 지향하는 통일을 이루기 위해서도 일본의 협력과 이해가 반드시 필요하다. 우리가 한일 관계, 한중 관계, 한미 관계 등 좁은 시야에 매달려 있을 때 경제대국 일본은 전 세계를 상대로 국가를 운영한다.

2014년 3월 크림자치공화국 의회가 우크라이나에서 독립할 것을 결의하고 러시아와의 합병을 묻는 국민투표 결과 97% 가까운 주민들이 러시아와의 합병을 지지했다. 서방세계에 비상이 걸린 가운데 일본의 외무장관이 러시아를 방문해 우크라이나 사태에 대해 논의했다. 2014년 5월 아베총리는 유럽 순방 중 영국을 방문하여 정상 회담을 갖고 우크라이나 사태를 타결하기 위한 방안을 논의했다. 그런데도 한국 언론은 아베 총리의 이번 순방 가운데 '독일식 사죄는 하지 않겠다'는 발언에만 방점을 찍어 보도했다.

일본은 통일 독일과 함께 유엔 안전보장이사회 상임이사국 진출을 목표로 하고 있으며 서방 강대국들과 어깨를 나란히 하는 명실공히 G7 가운데 하나이다. 일본은 경제 발전을 해오는 과정에서 오늘날 한국이 겪고 있는 갖가지 시행착오들을 이미 오래 전에 경험했다. 일본은 우리의 반면교사로 매우 중요하며, 무엇보다도 선진국다운 시민의식은 이제 갓 선진국으로 도약한 한국이 반드시 벤치마킹할 필요가 있다.

특히 일본 기업의 앞선 세계화 경험과 탄탄하며 국제적인 네트워크는 우리에게 매력적이고 협력이 필요한 부분이다. 또 해외 자원 개발이나 신흥국 시장의 인프라 건설 등은 공동 진출이 가능한 유망 협력 분야로 떠오르고 있다. 21세기의 바람직한 한일 관계는 이제까지의 일방적인 배움보다는 양국이 상호 협력하며 성장을 지향해가는 경쟁과 협력의 방향으로 나아가야 할 것이다.

과거사 문제로 한일 관계가 얼어붙어 있고, 양국의 신정부가 출범한 지 1년 반이 가까워 오지만 정상회담이 열릴 기색은 보이지 않는다. 혹자는 현재의 박근혜 정부와 아베 정권이 있는 동안은 회담의 개최 자체가 불투명하다는 비관적인 견해도 내놓고 있다. 그러나 양국의 오랜 선린우호 관계와 경제 안보 그리고 대북 관계 공조의 필요성에 비추어 볼 때 정상회담을 통한 관계 정상화는 빠를수록 좋다는 생각이다.

내년이면 해방 70년, 그리고 한일 국교 정상화가 이루어진지 50년을 맞이하지만 우리는 아직도 변화된 오늘의 일본을 보지 않고 군국주의 패권주의 제국주의로서의 일본만을 보고 있다. 우리가 알고 있는 과거사에 대한 지식이 유일한 진실이라고 믿고 있으며 다른 소수 의견이나 일본의 주장에 대해서는 망언이고 궤변이라며 귀를 열지 않는다. '가해자인 일본, 피해자인 한국'의 도식은 2,000년 역사를 가진 한일 관계를 일원적인 관계로 단순화시키는 것이다. 더욱이 한일 양국의 전후 세대에게 그러한 역사관을 강조하는 것은 한국 사회를 위해서도 결코 바람직하지 않다.

바람직한 한일 협력을 위한 제언

미래지향적인 관계를 구축하기 위해서는 과거사나 영토 문제에 있어 우리와는 전혀 상반된 생각을 하는 사람들이 다수 일본에 있다고 하는 현실을 직시할 필요가 있다. 이런 상황에서 비판하고 사과를 요구하는 것만으로는 상대방의 변화를 이끌어낼 수 없다. 변화는 변화하려는 의지를 갖고 있거나 변하지 않으면 안 될 입장에 놓였을 때 비로소 변화하는 것이다. 따라서 일본의 변화를 이끌어낼 수 있는 가장 확실한 방법은 과거사나 영토 문제에 대한 갈등은 일단 덮어두고 우리의 국력을 키워 일본과의 국력의 격차를 줄이는 것이다.

박태준은 그 어려운 일관제철소를 만들어 세계적인 제철소로 키우며 극일을 이루었을 때 일본인들로부터 마음속에서 우러나는 이해와 존경을 얻을 수 있었다. 동시에 일본을 제대로 알기 위한 연구와 노력이 보다 강화되어야 한다. 이를 위해서는 우리가 확신하고 있는 진실에 오류가 없는지 되돌아보고 일본 측의 주장도 겸허한 마음으로 경청하고 그 주장의 배경에 대해서도 알 필요가 있을 것이다. 아울러 민간의 문화 교류와 경제 교류가 더욱 확대되어야 한다. 향후 한일 관계의 발전을 위해 몇 가지 나름대로 제언을 정리해보고자 한다.

첫째, 양 국의 언론이 달라져야 한다.

포퓰리즘을 조장하거나 내셔널리즘을 부추기는 양 국 언론의 보도 자세는 시정되어야 한다. 내셔널리즘의 뜨거운 호소력은 국민들을 오도하고 진실과 사실에 눈감게 만든다는 것은 이미 나치즘과 파시즘의 폐해를 통해 역사가 증명하고 있다. 혹자는 양 국 정부가 공히 한일 양 국의 미래를 어떻게 가져갈 것인가에 대한 고민이 없다고 비판하며 특히 최근에는 'ABCD'가 부족해졌다고 한다. 여기서 A는 Accuracy정확성, B는 Balance균형감, C는 Consistency일관성, 그리고 마지막으로 D는 Direction방향성이다.

한일 양 국은 시장 경제와 민주주의의 가치를 공유하는 유일한 이웃 우방이며 한·미·일 동맹의 한 축이다. 언론이 상대방 국가와 관련된 보도, 특히 영토 문제나 민감한 과거사 문제를 다룰 때는 한쪽의 일방적인 주장만 실을 것이 아니라 그 나라의 사정을 함께 보도하는 자세가 필요하다. 언론은 외교 당국이 아니기 때문에 상대방의 입장을 대신 전달해줄 수 있다. 서해안에서 중국 어선의 불법 조업과 단속 보도를 할 때는 중국 정부의 입장과 중국 어민의 형편도 보도해야 한다. 독도 문제에 대한 보도를 할 때에는 일본이 왜 독도를 자기 땅이라고 주장하는지, 그 근거가 무엇인지, 우리도 알 필요가 있다.

둘째, 정부와 정치권의 전향적인 자세를 기대한다.

우리의 반일 감정 그리고 일본 내의 혐한 감정은 양 국 공히 국력을 하나로 결집시킬 수 있는 좋은 테마이다. 국민의 지지율에 신경 쓰는 정부 당국이나 선거에서 표를 의식해야 하는 정치권으로서는 이를 활용하고 싶은 유혹에 빠질 수 있다.

글로벌 시대의 한일 간에는 연간 수백만 명의 국민이 관광을 위해서든, 비즈니스를 위해서든 상대국을 방문하고 있다. 그리고 인터넷의 발달로 정치권이나 정부나 그리고 매스컴의 주장이 얼마나 현실과 괴리되어 있는지 국민들은 잘 알고 있다. 과거사나 영토 문제를 정치적으로 이용하는 것은 이제 지양해야 한다. 이 문제는 단기적인 해결이 어려운 구조적인 문제이며 바로 국민감정에 불을 붙일 수 있는 위험한 문제이다. 양 국 정부나 정치인들은 미래지향적인 관점에서 이를 세심하게 관리하고 조절하며 선도적으로 이끌어 나가야 한다.

일본을 방문할 때마다 느끼는 것이지만, 필자는 일본 사회가 가진 상대적인 관용성에 주목한다. 인종 차별을 주장하는 헤이트 스피치 시위가 벌어지는 동경 신쥬쿠新宿 집회 현장 인근에는 인종 차별을 반대하는 양심 세력의 시위도 동시에 벌어진다. 메이저 신문인 아사히신문의 주필이 독도를 한국에 반환하는 꿈을 꾼다는 내용의 칼럼을 버젓이 게재하기도 한다. 아베 정권이 추구하는 집단 자위권의 행사에 같은 여당인 공명당이 공공연히 반대를 한다. 평범한 30대 가정주부가 전쟁 포기와 군대 보유를 금지한 일본의 헌법 9조에 노벨평화상을 주자는 요청을 집요하게 요구하고, 그녀의 취지에 찬동하는 시민 그룹이 형성되기도 한다. 금년 4월 노벨상 위원회는 이 단체를 노벨상 후보 대상으로 등록했다는 기사도 있었다.

문화적인 동질성이 두터운 한국과 일본은 정치제도, 사법제도, 언론 등 민주적 국가 체제에 있어 아시아에서 가장 앞선 나라이다. 경제도 선두에서 이끌어 나간다. 그 만큼 아시아에서 두 나라의 역할이 무겁다. 한국과 일본은 현재보다 한 차원 더 성숙된 선린 우호 관계를 만들어야 한다. 두 나라가 함께 아시아의 공동 번영을 설계하고, 두 나라가 함께 세계 평화에 기여해야 한다.

동북아의 미래는 한·중·일 3국간 신뢰 수준에 달려 있으며 서로에 대한 신뢰가 미흡하면 경제 교류보다 한 차원 높은 공동 번영을 달성할 수 없다. 21세기 동북아의 목표는 공동 번영과 평화 정착에 있으며, 이를 위해 세 나라는 교류 협력 관계를 강화하면서 나란히 일류 문명국가로 매진해야 한다.

셋째, 양 국민의 역할이다.

일본은 누가 뭐라 해도 1인당 국민소득 4만5,000불의 세계 3대 경제대국이고 문화 선진국이며 민주주의가 작동하고 있는 개방 사회이다. 평화 헌법 하에 70년을 지내오는 동안 시민의식이 성숙하였고 양심 세력이 다수 존재하고 있어 시대착오적이고 반동적인 팽창주의가 또 다시 발붙이기 어려운 정치 구조가 되었다. 우리 대한민국도 이제 선진국으로 다원적인 민주 사회로 진입하고 있다. 따라서 좀 더 관대해질 필요가 있고 한일 관계도 이제 글로벌한 세계 속의 국민으로서 시야가 확대될 필요가 있다.

최근 과거사와 관련된 우리 법원의 연이은 배상판결에 일본의 경제 3단체와 일한경제협회가 공동 성명을 발표한 바 있다. 한 일간지도 같은 내용의 보도를 한 바 있지만, 한일 양 국은 1965년 6월 22일 청구권 협정을 통해 청구권 문제가 '완전히, 최종적으로 해결된 것으로 확인한다'고 합의 서명한 바 있다. 연이은 과거사 관련 판결은 일본의 반발을 불러올 뿐 아니라 대한민국을 상황에 따라 국제적인 약속까지 뒤집는 나라로 인식하게 할 우려가 있다.

우리가 심정적으로 미워하는 일본이지만 일본은 국가별 평판도 평가에서 변함없이 최상위권을 유지해오고 있다. 지난해 10월 국내 유수의 대학교가 조사 발표한 동남아 5개국 국민들에 대한 한국과 일본의 국가와 문화에 대한 호감도 조사 결과가 우리 국민들에게 작은 충격을 주었다. 일본에 대한 국가 이미지가 우리를 크게 앞선 것으로 나타났기 때문이다. 우리가 반대하는 아베정권의 집단적 자위권 행사 추구에 우리의 동맹국인 미국 등 서방 선진국은 물론이거니와 태평양 전쟁의 피해 당사자인 아세안 국가들도 찬성을 표명하는 냉엄한 현실을 우리는 목도하고 있다.

19세기 서구 열강의 아시아 침략으로 중국을 비롯한 아시아 국가들이 국권을 침탈당하는 상황에서 유일하게 일본은 서구 열강과 통상조약을 맺고 그들의 문물을 발 빠르게 도입하고 선진기술을 익혔다. 그 후 40년, 짧은 기간에 일본은 근대화에 성공했고 서양 제국들과 어깨를 나란히 했다. 그리고 태평양 전쟁 패전 후에는 평화 헌법 하에서 민주국가로 탈바꿈했으며 초토화된 국토에서 겨우 20여 년 만에 세계 최강국 미국과 어깨를 나란히 하는 세계 2위의 경제대국으로 우뚝 서며 서방 세계를 놀라게 했다.

우리 대한민국이 3만 불 고지라고 하는 '깔딱 고개'를 넘기 위해서는 우리에 앞서 이를 달성한 일본의 발전 경험과 시행착오를 배우고 그들의 확립된 선진문화를 벤치마킹할 필요가 있다. 3만 불 고지에 오르는 마지막 관문은 합리, 이성, 예의 그리고 냉정한 정신자세의 함양이라고 전문가들은 지적한다. 이번 '세월호' 참사를 통해 우리는 비싼 수업료를 지불하며 우리의 부족한 부분을 뼈저리게 알게 되었다. 차동엽 신부는 『무지개 이론』이라는 책에서 3만 불 고지에 올라서기 위해서는 우리 사회가 경쟁과 견제의 정신에서 벗어나 공생의 시대를 지향해야한다고 말한다.

우리가 산업화하는 과정에서 일본이 우리의 모델 역할을 해주었듯 이제는 선진국으로 진입하는 과정에서도 좋은 벤치마킹의 대상이 될 수 있다. 우리에게는 일본에게만은 질 수 없다는 강한 정신력과 투지가 있으며 이것이 오늘의 대한민국을 만들었다. 일본의 시행착오를 반면교사로 삼고 일본 사회의 질서와 배려, 예의, 그리고 수준 높은 도덕성을 따라 잡아야할 것이다. 박태준은 미워하는 감정에 압도되면 상대의 장점을 볼 수 없다고 했다. 권투 선수가 상대 선수에게 맞아 링에 쓰러진 채 상대 선수를 욕한다고 그 선수를 이길 수 있는가? 정말 그 선수를 쓰러뜨리고 싶다면 당장 일어나 라이벌에 대해 연구하고 자신의 역량을 키워야한다고 생각한다.

넷째, 과거사 문제와 영토 문제의 의견 조율을 위해 위기관리 시스템의 설치 운용이 반드시 필요하다.

우리가 압축 성장을 통해 단기간에 민주화와 경제 발전이라는 기적을 만들어낸 강소국이라는 자부심을 갖고 있기는 하지만, 현실을 둘러보면 우리는 강대국에 둘러싸여 있으며 자원도 없고 남북이 갈라져 대치하고 있는 동북아시아의 작은 나라라는 엄연한 현실을 직시하지 않으면 안 된다. 우리의 동쪽에는 세계 3위의 경제력에 인구 1억 2천만의 일본이 있고 서쪽에는 13억의 인구를 가진, 세계 1위의 경제대국으로 부상하려는 중국이 있다. 그리고 북쪽에는 세계 1위의 자원 보유국으로 세계 2위의 군사력을 가진 인구 1억 4천만 명의 러시아가 있다.

외무장관을 지낸 공로명은 "한·미·일 3국간의 동맹적 협력 관계의 구축에 대해서는 중국에 대한 고려 때문에 소극적 견해를 갖는 사람이 있을지 모르나 중국 입장에서는 한·미·일 동맹체제 속의 한국으로서 중국에 우호적인 것이 보다 매력적이라는 것을 잊어서는 안 된다."고 말하는데 탁견이라고 생각된다.

한·중·일 3국간의 과거사 문제와 영토 문제는 휘발성이 강해 심각한 갈등을 초래할 우려가 상존한다. 따라서 3국 정계 지도층은 마찰과 갈등을 적기에 조정할 시스템을 고안해야 하며, 3국간에 어떤 문제가 발생했을 때 최단 시일 내에 대화를 시작할 수 있는 '한·중·일 안정 시스템'을 마련해야 한다고 전문가들은 지적한다. 이를 위해서는 중단되어 있는 한·중·일 정상회담의 정례화와 한일 정상의 셔틀 회담이 복원되어야 한다. 3국의 정상들이 만나 서로 웃으면서 대화하고 손을 잡는 모습은 그 자체로서 3국 국민들의 일상생활과 비즈니스의 전개 및 발전에 좋은 환경을 제공해주는 것이다.

다섯째, 새로운 21세기 한일공동선언을 채택하고 미래로 나가자.

박근혜 대통령과 아베 총리의 21세기를 향한 새로운 '한일 파트너십 공동 선언'이 필요하다. 2014년 3월 '뉴욕타임즈'도 박근혜와 아베 두 정상이 1998년 양국 정상이 주창했던 '21세기를 위한 한일 파트너십 공동선언'을 벤치마킹할 필요가 있다고 주장했는데, 이에 대해서는 많은 양국 전문가들이 공감하고 있으며 필자도 그 중 한 사람이다.

최근 동 신문은 '동아시아의 얼음 깨기Breaking the ice in East Asia '라는 칼럼을 통해 북한 핵 이슈에 있어 한국과 일본의 공조가 절대적이며, 한국과 일본은 북한에 대한 최종 정책을 집행하기 위해 서로의 공조가 필요하다고 지적했다. 양국 정상이 새로운 한일 파트너십 공동선언으로 관계 개선에 적극 나서주기를 기대한다. 1998년 발표된 공동선언의 기본 정신은 오늘날도 충분히 살려나갈 만한 내용이라고 생각한다.

1. 과거의 양국 관계를 총괄하고 현재의 우호 협력관계를 재확인하는 동시에 미래의 바람직한 양국 관계에 대한 대화가 중요하다.

2. 21세기의 확고한 선린 우호 협력 관계를 구축하기 위해서는 양국이 과거를 직시하고 상호 이해와 신뢰에 기초한 관계를 발전시켜나가야 한다.

3. 양국이 1965년 국교 정상화 이래 각 분야에서 긴밀한 우호 협력 관계를 발전시켜 왔으며 이러한 협력 관계가 상호 발전에 기여하였다.

4. 양국 관계를 정치, 경제, 안보 및 인적 문화 교류의 다양한 분야에서 균형 잡힌 한 차원 높은 협력 관계로 발전시켜 나가야 한다.

5. 현재의 한일 관계를 더 높은 차원으로 발전시켜 나가기 위한 양

국 간 협의를 촉진시킬 필요가 있다.

6. 냉전 이후의 세계에서 더 평화롭고 안전한 국제사회 질서를 구축하기 위한 국제적인 노력에 대해 한일 양국이 서로 협력하며 적극적으로 참여한다.

7. 한반도의 평화와 안정을 위해 북한이 개혁과 개방을 지향하고 대화를 통한 보다 건설적인 자세를 취하는 것이 매우 중요하다.

8. 자유롭고 열린 국제 경제 체제를 유지 발전시키고 또한 구조 문제에 직면한 아시아 경제의 재생을 실현해나가기 위해 한일 양국이 각각 안고 있는 경제적 도전을 극복하고, 경제 분야의 균형 잡힌 상호 협력 관계를 더욱 강화할 필요가 있다.

9. 국제사회의 안전과 복지에 대한 새로운 위협인 지구적 규모의 제반 문제를 해결하기 위해 양국 정부가 긴밀히 협력해 나간다.

10. 이러한 협력을 위해 정부 간 교류뿐 아니라 양국 국민의 깊은 상호 이해와 다양한 교류의 필요성을 인정하고 양국 간의 문화 인적 교류를 확대할 필요가 있다.

과거사 문제나 영토 문제를 놓고 중국도 일본과 심각한 갈등을 보이고는 있지만, 외부로 드러난 현상과는 달리 양국 모두 국익을 중시하고 있다. 관계 정상화를 위한 물밑 작업이 수면 아래에서 이루어지고 있는 것으로 전해지며 금년 11월 북경에서 열리는 APEC총회에서 중일 정상회담이 전격적으로 개최될 가능성도 있다. 이럴 경우 한일 정상회담에 문을 닫고 있는 우리만 입장이 난처하게 되며 한일 정상회담 개최를 위한 우리의 입장이 약화될 우려도 있다. 금년 9월 뉴욕에서 개최되는 유엔총회나 10월 미얀마에서 개최되는 동아시아 정상회의도 시야에 넣어가며 적극적인 당국 간의 협의가 있어야할 것이다.

에필로그

국익의 추구가 **바로 대일 관계**의 **기본**

*

1982년 12월 30일, 일본 와세다 대학교의 어학 연구소에서 연수를 마치고 귀국하는 비행기 안에서 필자는 처음으로 박태준이라는 인물을 만났다. 일간지에 실린 그의 칼럼을 읽고 감동을 느낀 것이 박태준과의 인연의 시작이었다. 1982년 말이니 포항제철지금의 포스코이 4기 확장 공사까지 마치고 910만 톤 규모의 세계적인 종합제철소로 우뚝 섰을 즈음이다.

칼럼의 요점은 박태준이 포항제철의 초기 건설 자금이 조상들의 피값인 대일 청구권 자금이라고 하는 확고한 인식을 가지고 향후 경영 부실로 이어질 수 있는 인사나 상거래에서의 외부 청탁과 정치 자금의 제공을 단호하게 배격했다는 내용이었다. 당시 나는 새도 떨어뜨릴 정도로 막강했던 청와대 경호실장의 부탁 편지를 직원이 보는 앞에서 찢어서 쓰레기통에 던져 넣었다는 일화도 소개하고 있었다.

대한민국에 이런 공기업 CEO가 있다는 사실이 참신하게 느껴졌다. 그리고 박태준이라는 인물에 대한 경외심과 함께 기회가 주어지면 이 분 밑에서 일을 해보고 싶다는 생각에 신문을 잘라서 호주머니에 소중히 간직했다.

1981년 필자는 한국외국어대학교 통역대학원에 입학했다. '88서울 올림픽과 이후에 전개될 글로벌 대한민국에 대비하기 위해 설립된 국책 대학원이어서 초창기에는 재학생에 대한 혜택도 많았는데, 그 중 하나가 1-2년간 국비로 해외 연수를 보내주는 제도였다. 2개의 외국어를 전공하는 학과, 예를 들면 영·일과의 경우는 1년간 국내 수업을 마치면 미국과 일본으로 각 1년씩 2년간의 현지 유학을 보내주었다. 덕분에 일본어를 전공한 필자도 1년간 일본 연수 혜택을 누렸다.

귀국 후 졸업을 앞두고 2개월 가까이 진로 문제를 놓고 고민했다. 애초에는 동시통역사에 매력을 느껴 누구나 선망하던 외환은행이라는 좋은 직장을 박차고 나왔지만, 막상 졸업을 앞두고 현실을 보니 아직 우리나라의 국제회의 산업은 초창기로 생활이 불안정했다. 아내와 자식이 있는 가장의 입장에서 언제 들어올지 모를 일을 무작정 기다리기는 불안했다.

그러던 어느 날, 학교에서 대학원 1년 후배인 박종태 사장을 만났더니 사단법인 한일경제협회에서 사람을 구하는데 한 번 가보지 않겠느냐고 했다. 협회의 전무이사가 박 사장의 포항제철 동기생이라고 했다. 박 사장은 초대 포항제철 소장을 지낸 분인데, 당시에는 퇴직하고 포항제철의 강재를 도매하는 유통기업을 경영하고 있었다. 그의 추천으로 (사)한일경제협회에 입사한 필자는 박태준 회장의 한일 협력 비전을 피부로 느끼며 27년이라는 긴 세월을 한일 경제 협력의 현장에서 일했다.

사단법인 한일경제협회는 포항제철이라는 한일 경제 협력의 성공 모델을 만들어 낸 박태준 회장이 1981년 2월 민간 주도 경제로의 이행 과정 속에서 한일경제협력의 저변을 확대하고 양국 경제계의 신뢰 구축을 목적으로 설립한 단체였다. 이미 일본에는 1960년에 창립한 일한경제협회가 활발한 활동을 하고 있었다.

1992년에는 박 회장이 설립에 산파 역할을 한 한일산업기술협력재단의 설립요원으로 실무 작업에 참여했으며 퇴임 5년 전에는 협회와 재단 양 기관의 상근 책임자인 전무이사로서 직접 운영을 해보기도 했다. 일을 하는 동안 박 회장을 대면할 기회는 많지 않았지만 그의 비전을 함께 하며 4반세기가 넘는 기간을 한일경제협력의 현장을 지켰다는 것을 자랑스럽게 생각한다.

2009년 퇴임 후 한일경제협력 현장에서 체험한 소중한 경험들을 차분히 정리해보고 싶던 차에 한양대학교 국제학대학원 김종걸 교수의 권유로 대학원 박사과정에 입학했다. 막상 공부를 시작해보니 모르는 것 투성이어서 '이렇게 일본에 대한 짧은 지식과 식견으로 어떻게 한일경제협력을 총괄하는 기관의 책임자를 맡아 일을 했나?"하는 생각에 등줄기에 식은땀이 흐른 적이 한두 번이 아니었다.

박사학위 논문의 테마를 놓고 1년을 넘게 고민을 하던 나에게 김종걸 교수는 '박태준과 한일경제협력'이란 화두를 던져주셨다. 이후 대학원 생활을 하는 내내 박태준이란 이름이 뇌리에서 떠난 일이 없었다. 공부를 하면 할수록 목숨을 걸고 산업의 불모지 대한민국에 종합제철소를 건설하여 산업화의 토대를 구축한 박태준이라는 인물에 경외감을 느꼈다. 고 이병철 삼성그룹 회장은 박태준의 회갑 기념문집인 '신종 이산가족'에 기고한 글에서 "기업의 역사가 짧아 뛰어난 기업인이 많지 않은 우리의 풍토에서 박 회장이야말로 후세의 경영자들을 위한 살아 있는 교재로서 귀중한 존재이다. (중략) '청암'같은 훌륭한 기업인이 앞으로 우후죽순처럼 많이 배출되기를 바란다."고 평가했다.

정치적인 갈등으로 부침을 거듭하는 한일 관계가 특히 2012년 이명박 대통령의 예기치 않았던 독도 방문 및 일본 천황에 대한 공개적인 사과 요구 발언 이후 경색 국면을 계속하고 있다. 한국의 경제 성장 및 국제적인 지위 향상으로 인한 한국인의 대일 인식 저하에도 불구하고 거대한 대일 무역 적자 규모가 보여주듯, 일본은 여전히 한국 경제와 안보에 결정적인 영향력을 미칠 수 있는 경제대국이다. 20년 불황을 겪고 있지만 국력이 우리의 5배에 이르며 중국에 이어 세계에서 세 번째로 큰 경제력을 가지고 국제사회에서 영향력을 행사하는 나라이다. 한국의 안보와 지속적인 경제 발전을 위해서라도 일본과의 조속한 관계 회복은 반드시 필요하다.

성김 주한미국대사가 한국에 부임해서 놀란 것이 세 가지가 있다고 말한 적이 있다. 첫째는 세계에서 가장 호전적이며 핵무기를 가진 북한이 수도 서울의 코앞에 있으며 수시로 위협을 해대는 상황인데도 한국인들은 의외로 태평한 모습을 보인다는 점이다. 둘째는 한국인들이 선진국으로서 풍요로운 생활을 누리고 있으면서도 스스로는 잘 사는 나라라는 실감을 느끼지 못하고 있다는 점이다. 그리고 셋째는 이웃의 경제대국 일본의 실상을 잘 모르고 있으며 우습게 생각하는 점이라고 했다.

문제는 우리의 의식이 국내 언론의 보도와 과거에 대한 피해의식으로 일본을 제대로 보지 못하고 있다는 점에 있을 것이다. 일본을 다녀온 사람들은 하나같이 일본의 장점에 대해 얘기하며 입에 침이 마르게 칭찬을 하지만 우리가 언론에서 접하는 일본은 여전히 군국주의의 망령에 사로잡혀 침략의 기회를 엿보는 나쁜 이웃이다. 이는 우리 언론이 국민들의 뿌리 깊은 반일 정서를 의식 일본의 현상을 왜곡, 확대 보도하거나 우익 정치인의 발언을 집중적으로 보도해온 탓도 있을 것이다. 그 결과 우리는 교과서 문제, 우경화, 야스쿠니 신사 참배, 독도 문제, 최근에는 후쿠시마 원전의 방사능 오염수 유출 같은 특정한 렌즈로만 일본을 들여다본다.

우리와 달리 일본 국민은 한국에 대한 관심이 적고 알고 있는 지식도 별로 없다. 그리고 그들의 역사 인식 역시 우리와는 크게 다르다. 우리 속담에 안방에 가면 시어머니 말이 옳고 부엌에 가면 며느리 말이 옳다는 말이 있다. 국내의 보수와 진보 진영도 하나의 사안을 놓고 전혀 다른 생각과 주장을 한다. 하물며 역사와 문화가 다르고 민족성이 판이한 양국 국민들이 서로 보는 시각이나 생각이 다르다는 것은 어쩌면 당연한 일일지도 모른다. 상대방의 입장을 이해하고 간극을 좁히기 위해서는 좀 더 많은 시간과 교류가 필요할 것이다.

지정학적인 특성상 우리는 주변국의 침략으로 과거 많은 피해를 입었으며, 특히 일본으로부터 수많은 침략과 근세에는 35년간 그들의 식민지로서 신산의 고통을 당했다. 우리로서는 결코 그 피해를 잊을 수 없으며 또한 잊어서도 안 된다. 그렇지만 가해자는 뺨을 때린 일을 쉽게 잊어버린다. 더욱이 자연재해가 많은 일본인들은 과거를 쉽사리 물에 흘려보낸다는 생각을 하며 과거보다는 미래를 준비하는 일에 열중한다.

반면 우리 사회에는 이조 500년 주자학적인 전통이 여전히 사회 밑바닥에 도도하게 흐르고 있으며, 그 결과 이념적인 접근, 즉 매사에 옳고 그르고를 가르고 국제 관계도 흑백논리로 재단하려고 한다. 이에 반해 일본인은 양명학적인 실용주의의 전통과 사회 환경 속에서 살아왔으며 국제관계에서도 손해와 이익이라는 기준을 가지고 판단하는 사람들이다.

따라서 선입관에서 벗어나 일본의 실상을 현실 그대로 인식할 때 한일 관계도 올바른 관계를 정립할 수 있을 것이다. 한국 사회의 반일 정서가 여전하기는 하지만 경제적인 발전과 국제적인 지위 향상으로 일본을 대하는 한국인의 생각에도 자신감과 여유가 생기고 있다. 이런 여유와 자신감이 한일 관계를 객관적으로 볼 수 있는 토대가 될 수 있다고 생각한다.

장기적인 시야에서 극일은 우리의 주장을 일방적으로 펼치는 데 있는 것이 아니라, 일본에 대한 선입관에서 벗어나 일본의 문화와 정서를 공부하고 연구하여 이를 적극 활용하는 실리적인 접근에 있다고 생각한다. 그리고 국익의 추구가 대일 관계의 기본 가치관이 되어야 한다는 점을 박태준의 리더십을 통해 다시 한 번 상기하고자 한다.

필자는 앞으로 무에서 유를 창조한 우리 시대의 영웅 박태준을 더욱 연구하여 그의 진면목을 알리고, 일본과의 협력과 양 국민의 우호 관계가 증진될 수 있도록 노력해 나가고자 한다. 길다면 길고 짧다면 짧은 지난 5년간 박태준에만 매달려 가정을 소홀히 했던 필자를 끝까지 격려해주고 지원해준 아내 이영화와 가족들, 그리고 논문을 지도해준 한양대학교 김종걸 교수께 감사의 마음을 전한다.

부 록

1. 박태준 연보

2. 이 책의 인터뷰 대상자들(한국인/일본인)

3. 참고문헌

1. 박태준 연보

1927년 1세 (음력 9월29일)	경남 동래군 장안면(지금의 부산광역시 기장군)에서 박봉관과 김소순의 6남매 중 장남으로 출생
1932년 5세	아버지 박봉관 도일
1933년 6세	아버지를 뒤따라 어머니와 함께 일본으로 건너가 아타미에 정착. 이듬해 초등학교에 입학
1940년 13세	5년제 일본의 명문 사립 아자부(麻布)중학교 입학
1941년 14세	1941. 12. 8 일본의 진주만 기습공격으로 태평양전쟁 발발
1943년 16세	소결로 공장에서 노력봉사. 제철과 인연을 맺음. 일고(一高: 구 동경대학) 입시 실패
1944년 17세	아버지의 일터를 따라 나가노현으로 이주. 미야마북중학교 편입. 와세다대학교 응시 합격
1945년 18세	와세다대학 기계공학과 입학. 미군의 도쿄 3월 대공습으로 죽을 고비를 넘김. 소개령에 따라 군마(群馬)현으로 간 후 종전. 해방을 맞아 귀국. 서울에서 학업의 길을 계속하고자 하나 좌절
1946년 19세	와세다대학 기계공학과 2년을 마치고 중퇴. 귀국
1948년 21세	남조선경비사관학교(현 육군사관학교) 6기생으로 입교. 탄도학 교관이던 박정희 대위와 운명적인 만남. 단기과정 수료 후 육군소위로 임관. 육군 제1여단 제1연대 소대장으로 부임
1949년 22세	육군대위로 7사단 1연대 중대장으로 철원에 배치
1950년 23세	6·25 전쟁발발. 8월에 형산강전투 참전. 이후 북진하여 청진까지 올라갔다가 1·4 후퇴대열에 합류
1953년 26세	육군중령으로 5사단 참모. 충무무공훈장, 은성화랑무공훈장, 금성화랑무공훈장 받음. 화천수력발전소 방어를 위한 중공군과의 교전지휘(부연대장). 5사단의 지리산공비 토벌작전을 위한 부대이동 계획수립. 육군대학 입교
1955년 28세	육군대령으로 진급

1956년 29세	국방대학원 입교. 첫딸을 폐렴으로 잃음. 국방대학원 수료 후 국가정책수립담당 제2과정 책임교수 부임. 국방부 인사과장으로 전임
1957년 30세	장녀 진아 출생. 박정희 장군(1군단 참모장)과 재회. 25사단 참모장으로 옮김. '가짜 고춧가루 사건'발생
1958년 31세	25사단 71연대장으로 국군의 날 시가행진 부대지휘. 꼴찌사단이던 25사단을 최고사단으로 바꾼 뒤 육군본부 인사처리과장 부임. 박철언과 처음으로 만남
1959년 32세	도미시찰단장으로 미국을 처음으로 방문
1960년 33세	부산군수기지사령부 사령관 박정희의 인사참모. 박정희 좌천 후 두 번째 방미. 미국 육군부관학교 3개월 교육
1961년 34세	5·16 군사쿠데타 발발. 박정희의 배려로 거사명단에서 빠짐. 국가재건최고회의의장 비서실장, 재정경제위원회 상공담당 최고위원 취임. 유럽통상사절단장으로 유럽을 처음 방문하고 산업실태 시찰. 둘째 딸 유아 출생. 육군준장 진급
1962년 35세	제1차 경제개발5개년계획에 참여. 무연탄 개발을 통한 국토녹화사업 적극 건의
1963년 36세	박정희의 정치참여 요청을 거부하고 미국유학 준비. 3녀 근아 출생. 육군소장으로 예편
1964년 37세	박정희의 강력한 요청으로 미국유학 포기하고 대통령 특사자격으로 일본전역을 10개월간 순방. 한일국교정상화를 위한 정지작업. 야스오카와 초대면. 대한중석 사장으로 발령
1965년 38세	만년 적자기업 대한중석을 1년 만에 흑자로 전환. 박정희의 요청으로 일본 가와사키제철소 견학 후 종합제철소 프로젝트에 관심. 4녀 경아 출생. 박정희 방미 시 피츠버그 방문 때 코퍼스사 포이 회장과 종합제철 건설에 대한 의견교환
1966년 39세	외아들 성빈 출생. 경제기획원 종합제철 건설 기본계획 확정. 대한국제제철차관단(KISA)발족. 제2차 경제개발 5개년계획 확정. 종합제철소건설 주요목표로 함
1967년 40세	정부와 KISA 종합제철소 건설 가협정 조인. 종합제철건설사업추진위원장에 임명. 박정희의 '제철공장 완수'특명

1968년 41세	'포항종합제철주식회사' 사명확정. 창립식을 개최하고 초대사장으로 취임. 대한중석의 인재를 중심으로 창립멤버 구성. 공장부지 조성공사에 착수하고 사원주택단지 매입 및 건설착공
1969년 42세	KISA차관약속 사실상 무산. 대일청구권 자금 잔여금을 포항 1기 건설자금 전용발상(하와이 구상).'3선 개헌 지지성명'동조서명 요청거부. 연수원 개원 및 기술자 해외연수 파견. 한일각료회담에서 종합제철 건설지원 원칙과 대일청구권 자금전용 원칙합의. 일본 조사단 영일만 방문. 종합제철 건설 자금조달을 위한 한일기본협력체결
1970년 43세	박정희 설비구매에 대한 재량권 위임(일명 종이마패). 포항 1기 건설착공. 열연공장과 중후판공장 착공(오스트리아 푀스트 차관)
1971년 44세	재단법인 제철장학회 설립. 제선공장, 제강공장 등 주요공장 착공. 호주와의 원료구매 협상에서 일본과 대등한 조건의 장기공급계약 체결
1972년 45세	중후판공장 준공, 첫 제품 출하. 포철 후판제품 첫 미국수출. 본사를 포항으로 이전
1973년 46세	제1고로 첫 출선성공(6월 9일). 포항 1기 설비 종합준공(7월 3일). 일관종합제철공장 완공(연산 조강 103만톤 체제), 포항 2기 건설 종합착공
1974년 47세	오스트리아 은성공로대훈장 수여. 조업 6개월 만에 흑자체제 확립. 제2고로 157만톤 착공. 수출 1억달러. 제2제철소 건설을 위한 한국종합제철 설립(초대 사장 태완선 전 부총리 취임)
1975년 48세	한국종합제철 인수합병. 사단법인 한국철강협회 설립 및 초대회장 취임
1976년 49세	포항 2기 설비 종합준공(연산 조강 260만톤 체제확립). 포항 3기 설비 종합착공
1977년 50세	세계철강협회(IISI) 이사 피선. 기술연구소 설립. 제1제강공장 사고. '포스코 안전의 날' 선포(4월 24일)
1979년 52세	오스트리아 금성공로대훈장과 페루 대공로훈장 수여. 포항 4기 설비 종합 착공. 박정희 대통령 사망
1980년 53세	국가보안위원회 입법회의 제1경제위원장, 한일의원연맹 회장 피선. 부친별세. 제5공화국 대통령으로 전두환 취임
1981년 54세	사단법인 한일경제협회 설립 회장 피선. 포항 4기 설비 종합준공(연산 850만톤 체제확립). 포철 초대회장 취임. 제11대 국회의원 민정당 비례대표 당선. 국회재무위원장 피선. 포항 4기 2차 설비 착공. 새 정부와의 긴 씨름 끝에 제2제철소 입지를 광양만으로 확정. 브리질 대십자훈장 수여

1982년 55세	광양만 부지조성공사 착수
1983년 56세	포항 4기 2차 설비 종합준공(연산 조강 910만톤 체제확립). 광양제철소 준설매립공사 착공. 광양제철소 개소식. 독일 공로십자훈장 수여
1984년 57세	광양제철소 1기 열연공장 착공
1985년 58세	포항공과대학교 설립착수. 광양 1기 설비 종합착공. 제철연수원 백암수련관 준공. 미국 USS(유에스틸)과 합작회사 설립 합의
1987년 60세	포항공대 첫 입학식. 광양1기 설비 종합준공(연산 조강 270만톤 체제, 전체 1,220만톤 체제확립). 영국금속학회 제114회 베세머금상, 브라질 남십자성 훈장, 페루 대십자공로훈장 수여. 회갑기념문집 『신종이산가족』 상재
1988년 61세	제13대 국회의원 민정당 비례대표 당선. 미국 카네기 멜런대학 명예공학박사학위, 영국 세필드대학 명예금속공학박사학위. 포철주식 상장(국민주 1호). 광양2기 설비 종합준공(연산조강 540만톤 체제확립). 광양 3기 설비 종합착공. 서울올림픽 개최
1989년 62세	영국 버밍햄대학 명예공학박사학위. 포항 스테인레스 1공장 준공
1990년 63세	민정당 대표 취임. 3당 합당으로 민자당 출범 최고위원 취임. 광양 3기 설비 종합준공(연산조강 810만톤 체제확립). 프랑스 레종 도뇌르 훈장 수여. 국내 최초로 축구전용 잔디구장 포항에 준공
1991년 64세	광양 4기 설비 종합착공. 포항공대 제 1회 졸업식. 노르웨이, 오스트레일리아 최고훈장 수여. 포항방사광가속기 착공. 캐나다 워털루대학 명예공학박사학위
1992년 65세	한국무역협회 '무역인 대상' 수상. 베트남과 포스비나 합작설립. 윌리코프상 수상. 모스크바대학 명예경제학 박사학위, 칠레 베르나르드 오히기스 대십자훈장 수여. 베이징 과학기술대학 명예교수. 광양 4기 설비 종합준공 및 '포항 4반세기 대역사 준공(연산조강 2,100만톤 체제확립)', 포철 회장 사퇴 및 명예회장 추대. 민자당 탈당. 남방정책(중국, 베트남, 미얀마) 시작
1993년 66세	해외유랑. 동경 13평 아파트 생활 시작. 포철 세무조사. 본인, 가족, 친인척, 측근들에 대한 전방위 비자금 조사. 문민정부 출범 김영삼 대통령 취임
1994년 67세	포철 회장 김만제 취임. 모친 별세. 포항방사광가속기 준공. 포철 주식 뉴욕증시 상장
1995년 68세	뉴욕 코넬대학병원에 폐렴으로 입원
1996년 69세	총선을 앞두고 여야로부터의 영입제의 거부

1997년 70세	5월초 귀국. 포항 북구 보궐선거 당선. DJT연대, 자민련 총재 취임. IMF 관리체제의 국가부도 위기사태를 수습하기 위해 동분서주
1998년 71세	재벌개혁의 전도사로 불림. 국민의 정부 출범 김대중 대통령 취임
1999년 72세	광양5고로 완공(연산 291만톤 증설)
2000년 73세	자민련 총재 사퇴. 국무총리 취임. 4월 총선에서 여권과 자민련 패배. 소량의 각혈 시작. 5월 19일 총리사임
2001년 74세	뉴욕 코넬대학병원에서 폐 밑 물혹 제거수술. 뉴욕에서 9 · 11 테러 현장 목격. 포철 명예회장 재위촉
2002년 75세	수술 후 7개월 만에 귀국
2003년 76세	'중국발전연구기금회'고문으로 초빙. 베이징 다오위타이 '2003년 중국발전 고위층논단'참석 후 중국경제에 대한 연설
2011년 84세	12월 13일, 84세를 일기로 사망

2. 이 책의 인터뷰 대상자들

한국인

구분	내 역			비고
	성 명	소속 및 직위	인터뷰 일시 및 장소	
1	강신호	동아제약 회장, 전경련 명예회장	2013.3.7(서울)	한일축제한마당 한국측 추진위원장을 맡고 있는 경제계의 대표적인 일본통
2	김상하	삼양그룹 회장, 전 한일경제협회 회장	1차:2013.1.8(서울) 2차:2013.3.13(서울)	대한상공회의소 회장을 4기 12년간 역임한 한국 경제계의 중진
3	김철우	포스코 전 부사장, 초대 기술연구소장	2013.1.19(동경)	동경대학교 금속공학과 교수 역임
4	나종일	한양대학교 석좌교수, 전 주일대사	2013.3.6(서울)	국민의 정부 국가정보원 차장, 참여정부 청와대 안보보좌관 등 역임
5	박태준	포항제철 명예회장, 한일경제협회 설립자	2002.5.15(서울)	한일산업기술협력재단 10년사 발간을 위해 박태준 명예회장을 만나 인터뷰 실시함
6	신덕현	한국우량제품진흥협회 회장, 전 한일경제협회 전무이사	2012.7.24(서울)	한일경제협회와 한일산업기술협력재단의 설립실무를 맡았던 창립멤버
7	이각범	미래연구원 원장, 전 서울대학교 교수	2012.3.5(서울)	문민정부의 청와대 정책기획수석, 이명박 정부의 국가정보화전략위원회 상임위원장 역임
8	이대환	박태준 평전『세계 최고의 철강인 박태준』저자	2012.12.28(서울)	박태준 총서발간 및 박태준 기념사업회 실무 책임자
9	이상수	한일경제협회 초대 전무이사, 상근부회장	2012.7.6(서울)	포스코 임원 및 철강협회 전무이사를 역임
10	장옥자	박태준 회장 부인	2013. 8. 27(서울)	
11	홍건유	포스코 전 부사장	1차:2013.1.31(서울) 2차:2013.2.15(서울) 3차:2013.4.19(서울)	포스코 동경 현지법인에 2회 근무 박태준 회장의 일본 현지 활동을 측근에서 보좌함

일본인

구분	내 역			비고
	성 명	소속 및 직위	인터뷰 일시 및 장소	
1	아소 유타카 (麻生豊)	아소시멘트 사장, 일한경제협회 부회장	2013.4.24(서울)	한일신산업무역회의의 일본측 체어맨을 맡고 있으며 요시다(吉田茂) 일본 초대 총리대신의 외손자이자 현 부총리 아소(麻生太郎)의 동생임
2	아다치 데츠오 (安達哲夫)	토야마대학 교수 (일본장은(長銀)연구소 부장 역임)	2013.1. 23(동경)	일본장기신용은행의 스기우라(杉浦杉介)회장이 일한경제협회 회장 시절 비서역할을 했던 한국통 이코노미스트
3	이이지마 히데타네 (飯島英胤)	도레이 특별고문, 전 일한경제협회 회장	2013.1.17(동경)	도레이 대표이사 출신으로 2006~2010년까지 일한경제협회 회장을 역임함
4	고니시 마사히데 (小西正秀)	미쓰비시상사 전 임원	2013.1.19(일본)	포항제철 제1기 공사기간 현장에 파견근무
5	고바야시 나오토 (小林直人)	김앤장 법률사무소 상임고문 (전 한국마루베니 임원 역임)	2013.3.25(한국)	마루베니 이외에 코트라 동경무역관, 제트로 서울센터, 일한경제협회, 일본국제교류기금 서울사무소장 등을 역임한 한국통
6	고레나가 카즈오 (是永和夫)	일한경제협회 전무이사	2013.1.18(동경)	미쓰비시상사 임원출신으로 2010년부터 일한경제협회 전무이사
7	스기야마 시게오 (杉山茂夫)	일한경제협회 상무이사	2013.1.22(동경)	도레이의 전 간부사원 출신으로 2012년부터 일한경제협회 상무이사
8	시모데 미치오 (下出道雄)	일한경제협회 상무이사	2013.1.17(동경)	한국미쓰비시상사의 임원 출신으로 1999~2006년까지 일한경제협회 상무이사 역임
9	다카스기 노부야 (高杉暢也)	김앤장 법률사무소 상임고문	2012.11.18(서울)	전 한국후지제록스 회장과 서울저팬클럽 이사장 역임

10	다케자와 타이 (武澤泰)	전 일한경제협회 전무이사	2013.1.15(동경)	도레이 경영연구소 사장 출신으로 2006~2008년까지 일한경제협회 전무이사 역임
11	나리타 요스케 (成田洋助)	전 일한산업기술협력재단 전무이사	2013.1.21(동경)	가와사키중공업의 홍콩법인 사장 역임
12	니시노 준야 (西野純也)	게이오대학교 동아시아연구소 연구원	2012.10.23(서울)	연세대학교에서 대한민국 중화학공업정책에 대한 연구로 박사학위 취득
13	니시무라 카즈오 (西村和義)	전 일한경제협회 전무이사	2013.1.21(동경)	미쓰비시 머티리얼의 임원출신으로 2000~2002년까지 일한경제협회 전무이사 역임
14	후카가와 유키코 (深川由紀子)	와세다 대학교 교수	2013.1.16(동경)	일한경제협회 스기우라 회장 재임시 장은연구소에 연구원으로 재직
15	후루카와 요조 (古川洋三)	전 일한경제협회 전무이사	2013.1.17(동경)	도레이의 임원 출신으로 2008~2010년까지 일한경제협회의 전무이사를 역임
16	히라키 켄지로 (平木健二郎)	전 일한경제협회 전무이사	2013.1.22(동경)	아사히맥주의 임원출신으로 2004~2006년까지 일한경제협회 전무이사를 역임
17	무라카미 히로요시 (村上弘芳)	전 일한경제협회 전무이사	2013.1.16(동경)	신일본제철의 임원출신으로 1994~2000년까지 일한경제협회 전무이사 역임
18	모모세 타다시 (百瀬格)	한국미쓰이물산 상임고문	1차:2012.12.10 2차:2012.12.13 3차:2013.2.7(서울)	포스코 건설현장에서 14년간 근무하였으며, 박태준 회장 타계 직전까지 개인적인 친분유지. 『한국이 죽어도 일본을 따라 잡을 수 없는 18가지 이유』 등 4권의 한국관련 저서보유
19	야마자키 히로시 (山崎弘)	일한산업기술협력재단 상무이사	2013.1.15(동경)	도시바 간부출신

3. 참고문헌

한국 단행본

강경식, 『경제안정을 넘어서』, 한국경제신문사, 1987.

곽상경, 『포항제철과 국민경제』, 포항제철주식회사, 1992.

곽상하, 『포항제철과 국민경제』, 포항제철, 1992.

구태훈, 『일본무사도』, 태학사, 2005.

堀和生, 주익종 역, 『한국 근대의 공업화』, 전통과 현대, 2002.

김소운, 『목근통신』, 아롱미디어, 2006.

김용서, 『일본형 보수주의와 리더십』, 을지서적, 1992.

김용운, 『한국인과 일본인 1 칼과 붓』, 한길사, 1994.

_____, 『한국인과 일본인 2 눈물과 죽음의 미학』, 한길사, 1994.

_____, 『한국인과 일본인 3 같은 씨앗에서 다른 꽃이 핀다』, 한길사, 1994.

_____, 『한국인과 일본인 4 정착과 정복』, 한길사, 1994.

김인영, 『박태준보다 나은 사람이 되시오』, 자작나무, 1995.

김정렴, 『최빈국에서 선진국 문턱까지- 한국경제정책 30년사』, 렌덤하우스 중앙, 2006.

김창호, 『소명감』, 포스코 경영연구소, 2013

니토베 이나조, 일본고전연구회 역, 『무사도』, 도서출판 문, 2010.

대한성서공회, 『성경전서(개역개정판) 신약전서』, 2011.

루스 베네딕트, 김윤식, 오인석 역, 『국화와 칼』, 을유문화사, 2001.

__________, 김진근 역, 『국화와 칼』, 봄풀, 2011.

木宮正史, 『박정희 정부의 선택』, 후마니타스. 2008.

마스다 요시오 엮음, 김양선 역, 『일본인의 사회』, 도서출판 혜안, 2010.

박영구, 『한국 중화학공업화 연구 총설』, 도서출판 해남, 2008.

_____. 『한국의 중화학공업화: 과정과 내용(1)』, 도서출판 해남, 2012.

_____, 『한국의 중화학공업화: 과정과 내용(Ⅱ)』, 도서출판 해남, 2012.

박철언, 『나의 삶 역사의 궤적』, 한들출판사, 2004.

박태준, 『제철보국의의지~박태준회장경영어록』, 포항종합제철주식회사, 1985.

______, 『신종이산가족』, 포항종합제철주식회사, 1987.

배종태 외, 『박태준의 경영철학 2』, 아시아, 2012.

백기복, 『이슈리더십』, 창민사, 2001.

_____ 외, 『박태준 리더십』, 아시아, 2012.

모모세 다카시, 『한국이 그래도 일본을 따라 잡을 수 없는 18가지 이유』, 한송, 1998.
서진모, 『청년 신격호』, 이지출판, 2010.
송복외, 『태준이즘』, 아시아, 2012.
_____, 『박태준 사상, 미래를 열다』, 아시아, 2012.
안상기, 『우리 친구 박태준』, 행림출판, 1995.
오원철, 『박정희는 어떻게 경제 강국을 만들었나』, 동서문화사, 2006.
위잉스, 정인재 역, 『중국 근세종교윤리의 상인정신』, 대한교과서주식회사, 1993.
이경윤, 『박태준처럼』, FKI미디어, 2013.
이광준, 『일본, 그 문화와 사회』, 서울학문사, 1996.
이대환, 『세계 최고의 철강인 박태준』, 현암사, 2004.
_____, 『청암 박태준』, 아시아, 2012.
_____, 『박태준의 경영철학』, 아시아, 2012.
이병철, 『호암자전』, 중앙일보사, 1985.
이재오, 『한일 관계사의 인식 I 』, 학민사, 1978.
이필재, 『CEO 브랜딩』, 좋은 책 만들기, 2010.
이호, 『누가 새벽을 태우는가』, 자유시대사, 1992.
임순철, 『한국의 최고 경영자 9인 그들에게 배워라』, 이야기꽃. 2004.
조양욱, 『(이것이 일본이다)일본키워드 99』, 다락원, 2002.
조용경 편저, 『각하 이제 마쳤습니다』, 한송, 1995.
조정래, 『한강(7)』, 해냄, 2002.
_____, 『박태준』, 문학동네, 2007.
최진덕 외, 『박태준의 정신세계』, 아시아, 2012.
K.K.Seo, 『최고 기준을 고집하라』, 한국언론재단, 1997.
포항제철, 『포항제철 30년 발자취 』, 포항종합제철, 1998.
Peter G. Northouse, 김남현 역, 『리더십 이론과 실제』, 경문사, 2013.
홍하상, 『일본의 상도』, 창해, 2009.
홍현길, 『일본의 도덕과 도덕교육』, 보고사, 2001.

한국 논문

강용수, '연대와 공존을 위한 리더십 연구', 『해석학연구』 제29집, 2012.
高橋昌明, '무사도란 무엇인가: 그 역사에 대해', 『남명학』 제14집, 2009.
고선규, '한국에서 일본정치연구의 현상과 과제', 『일본학보』 제72집, 2007.

공로명, '어떻게 한일 간의 負의 유산을 극복할 것인가', 제37회 한일경제인회의 기조연설, 2005.

권만혁, '일본의 무사도와 생활철학', 『경기논총』 제3호, 1996.

권상우, '청암 박태준의 도기결합적 성인경영', 『박태준의 경영철학1』, 아시아, 2012.

김동재, '박태준의 전략적 예지력', 『박태준의 경영철학1』, 아시아, 2012.

김명언, 김예지, '신뢰 선순환을 통한 시너지 경영: 포스코의 신뢰 형성과정에 대한 사적 분석', 『박태준의 경영철학 1』, 아시아, 2012.

김민정, '개인적 요인분석에 의한 청렴 리더십', 『평화학연구』제12권 제4호, 2011.

김병연, 최상오, '포스코와 한국경제: 서지적, 실증적 분석을 중심으로', 『박태준의 경영철학 2』, 아시아, 2012.

김시덕, '일본의 무사도란 무엇인가', 『선비문화 22호』, 남명학연구소, 2012.

김왕배, '발전국가와 민족중흥주의: 청암 박태준의 '보국이념'에 대한 지식사회학적 탐구', 『태준이즘』, 아시아, 2012.

김용복, '한일경제: 종속, 위기 그리고 공생', 『정치비평』Vol.6, 1999.

김용서, '일본경제성장의 정치경제학~산업정책적 분석: 일본기업인의 에토스와 무사도적 리더십', 『일본연구논총』, 1991.

_____, '기업문화와 기업가 정신', 『일본평론』 제2집, 1990.

김윤형, '한국철강공업의 성장', 한국개발연구원, 1976.

김일곤, '유교문화권의 경제발전', 『한일경상논집』 Vol.1, 1984.

김종걸, '한국의 공업화구도와 한일경제관계', 『한일경상논집』 제32권, 2005.

_____, '아시아적 가치와 일본의 경제성장~일본적 시스템의 윤리구조', 『일본학보』 제66집, 2006.

김효순, '일본의 전통정신으로서 무사도와 오리엔탈리즘', 『비교문학』 제37호, 2005.

류상영, '한국산업화에서의 국가와 기업의 관계', 연세대학교 박사학위논문, 1995.

_____, 유석진, '기적과 역설의 사이에서: 포항제철 성장의 정치사', 한국정치사기획학술회의, 1995.

_____, 이승주, '탈냉전기 한일경제관계와 플라잉 기즈 모델', 『국제정치논총』, 2003.

_____, '박정희정권의 산업화전략 선택과 국제 정치경제적 맥락', 『한국정치학회보』 제30집 1호, 1996.

_____, '포항제철 성장의 정치경제학: 정부~기업관계, 연속논쟁, 지대추구', 『한국정치학회보』 제35집 2호, 2001.

_____, '박정희시대 한일 경제관계와 포항제철', 『일본연구논총』 제33호, 2011.

_____, '박정희의 중화학공업과 방위산업 정책', 『세계정치』14, 2012.

박선원, '냉전기 한일협력의 국제정치: 1980년 신군부 등장과 일본의 정치적 영향력', 국제정치논총』 제42집 3호, 2002.

박영구, '1970년대 중화학공업과 경제력집중', 『경상연구』 제21권 제3호, 2003.

_____, '한국과 일본의 중화학공업화 비교', 『한일경상논집 』 제47권, 2010.

박은희, '니토베 이나조 무사도와 아쓰모리 설화', 『 한일군사문화연구』 제13집, 2012.

박철순, 남윤성, '청지기 경영자와 기업경쟁력', 『박태준의 경영철학2』, 아시아, 2012.

박헌준, '긍정조직 윤리에 대한 창업 CEO의 영향력: 가치일치의 매개 효과', 『박태준 경영철학 1』, 아시아, 2012.

박호환, '신뢰 선순환을 통한 시너지 경영', 『박태준의 경영철학 1』, 아시아, 2012.

배종태, '최고경영자의 전략적 의지가 기술발전과 기술경영에 미치는 영향: 포스코의 업 및 성장 과정을 중심으로', 『박태준의 경영철학 2』, 아시아, 2012.

박희영, '작품 속에 설정된 무사도 문화와 그 의미', 『일본근대문학연구』 제36집, 2012.

백기복, '청암 박태준 리더십: 근거이론과 결정적 사건법을 활용한 종합 모델 도출', 『박태준 리더십』, 아시아, 2012.

_____, '박태준의 용혼(溶魂) 경영사상', 『박태준 사상, 미래를 열다』, 아시아, 2012.

서상문, '청암 박태준의 무사 사생관', 『박태준의 경영철학1』, 아시아, 2012.

_____, 배종태, '청암 박태준의 군인정신과 기업가 정신의 상관성 연구', 『박태준의 경영철학1』, 아시아, 2012.

西野純也, '한국의 산업화정책 변화와 일본으로 부터의 학습', 연세대 박사논문, 2005.

_______, '일본모델에서 한국적혁신으로~1970년대 중화학공업을 둘러싼 정책과정', 『세계정치』 Vol.16, 2012.

손기섭, '한일안보경협외교의 정책결정', 『국제정치논문집』 제49집 1호, 2009.

손동성, 탁진국, '서번트 리더십이 종업원 행동에 미치는 영향', 『한국심리학회지:산업과 조직』 Vol.25, 2012.

송복, '특수성으로서의 태준이즘 연구', 『태준이즘』, 아시아, 2012.

신현승, '무사도와 양명학에 관한 소고', 『 일본사상』 제12호, 2007.

_____, '일본의 근대 학술사조와 양명학', 『일본사상』 제14호, 2008.

오태헌, '한일경제인회의를 통해 본 한일경제협력의 발전과 특징에 대한 고찰', 『한일상논집』 제57권, 2012.

윤영기, '명치시대 이후의 무사도에 관한 고찰', 『일어교육』 제22집, 2002.

윤영기, '일본의 무사도를 말한다', 『일본학보』 제9호, 2004.

이갑섭, '중화학공업과 대기업', 『입법회의보』, 1980.

이도화, 김창호, 'CEO 리더십과 작업장 혁신: 포스코 자주 관리 · QSS 사례', 아시아, 2012.

이상오, '청암 박태준의 교육 리더십 연구', 『박태준 리더십』, 아시아, 2012.

이용갑, '최고경영자의 복지사상과 기업복지 발전: 포스코 기업복지 발전에 관한 연구', 『태준이즘』, 아시아, 2012.

이원덕, '한일 과거사 갈등의 구조와 해법 모색', 『세계지역연구논총』 제23집 2호, 2005.

_____, '신시대 한일 관계의 구축에 관한 연구', 『일본연구』 제15집, 2011.

_____, '3.11 대재난 이후 일본정치 리더십', 『의정연구』 제17권 제3호, 2011.

이종훈, '21세기 한일경제 협력의 나아갈 길', 21세기 한일 관계 국제심포지움, 2012.

이혜경, '양명학과 근대일본의 권위주의', 학술진흥재단, 2006.

임경순, '박태준과 과학기술', 『박태준의 정신세계』, 아시아, 2012.

임태홍, '2006년도 일본유학 및 국학사상 연구현황~에도시대 사상가 연구를 중심으 로', 『동양철학연구』 제54집, 2008.

전상인, '박태준 영웅론: 제철입국의 근대 정치사상', 『박태준 사상, 미래를 열다』, 아시아, 2012.

정도영, '한일경제관계의 전개:1965~1985(上)', 성균관대학교 사회과학연구소, 1985.

정인재,'양명학의 관점에서 본 청암 박태준의 유상정신', 『박태준의 경영철학1』, 아시아, 2012.

최재목, '박은식과 근대 일본양명학의 관련성', 한국일본사상사학회 추계학술발표회, 2004.

최진덕, '우리 현대사의 비극과 박태준의 결사적인 조국애', 『박태준 사상, 미래를 열다』, 아시아, 2012.

_____, 김형효, '국가와 기업을 위한 순교자적 사명감', 『박태준의 경영철학1』, 아시아, 2012.

한국 언론자료 등 기타

경제기획원, 『개발연대의 경제정책: 경제기획원 20년사』, 1982.

박태준, '쇳물은 멈추지 않는다~13. 징병을 피해서', 중앙일보, 2004. 8. 17.

_____, '쇳물은 멈추지 않는다~33. 기술이 우선', 중앙일보, 2004. 9. 14.

_____, '쇳물은 멈추지 않는다~41. 폐 밑 물혹'. 중앙일보, 2004. 9. 29.

_____, '쇳물은 멈추지 않는다~49. 미아리와 수색'. 중앙일보, 2004. 10. 11.

_____, '쇳물은 멈추지 않는다~62. 덩샤오핑 일화', 중앙일보, 2004. 10. 28.

_____, '쇳물은 멈추지 않는다~74. 군마현 총리들', 중앙일보, 2004. 11. 16.

_____, '쇳물은 멈추지 않는다~90. 나의 화두〈끝〉', 중앙일보, 2004. 12. 8.

_____, '철강왕 박태준 독재의 사슬도, 빈곤의 사슬도 기억하게 하라', 월간중앙, 2012년 1월호.

오원철, '율곡산업 출발: 박정희, 김일성 오기싸움', 신동아, 2004년 6월호.

이대공, '40년 홍보맨 이대공이 털어놓은 포스코 정치외압 비사', 월간중앙, 2012년 3월호.

이종태, '진보가 박태준을 얘기하는 이유', 시사in, 2011. 12. 20.

조규하, '한일경제관계의 효과분석을 통한 한일 기술협력의 의의', 제15회 한일민간합동경제위원회 합동회의 기조연설, 1983.

중화학공업추진위원회 기획단, 『중화학공업정책사』, 1979.

_____, '한국공업화발전에 관한 조사연구', 『정책결정과정의 이면사 』제3권, 1979.

포항종합제철주식회사, 『포항제철850만 톤 준공사』, 1981.

_____, 『4반세기 제철대역사의 완성』, 1992.

_____, 『영일만에서광양만까지~포항제철35년사』, 1993.

제13회, 14회, 15회 한일민간합동경제위원회 보고서(단장인사: 1981~1983)
허남정, '물건을 훔치면 도둑이지만 마음을 훔치면', 신동아, 2011년 4월호.
뉴스앤, 2011. 12. 14.
아시아투데이, 2012. 11. 17.
교수신문, 2012. 1. 2.

일본 단행본 및 논문 등

浅野俊光,『日本の近代化と経営理念』, 日本経済新聞社, 1991.
朝日新聞社,『百年の明日ニッポンとコリア』, 彩流社, 2012.
有賀敏彦,『浦項製鐵の建設回顧錄』, よぼせよ会, 1997.
飯島英胤,『グロ__バル競争時代の企業経営と人事』, 三省堂書店, 2013.
池上英子,『名誉と順応-サムライ精神の歴史社会学』, NTT出版, 2000.
植松忠博,『士農工商-儒教思想と官僚支配』, 同文館, 1991.
內村鑑三,『代表的日本人』, 岩波新書, 1995.
大內三郎, 'キリスト教と道徳教育',『日本道徳教育史』, 有信堂, 1973.
大西祝, '武士道対快樂説',『大西祝全集』第6卷, 日本図書センタ__, 1982.
大村浩,『驚異の韓国生まれ変わったくに・そのヒミツ』, 東洋図書出版株式会社, 1978.
家永三郎,『日本道德思想史』,岩波全書, 1990.
井尻秀憲,『李登輝の実践哲学』, ミネルヴァ書房, 2008.
稲山嘉寛,『私の鉄鋼昭和史』, 東洋経済新報社, 1988.
井上俊, 伊藤公雄 編,『日本の社会と文化』, 世界思想社, 2010.
井上哲次郎,『日本陽明學派之哲學』, 富山房, 1900.
岩波書店,『廣辭苑』, 1996.
岩田龍子, '日本的経営の編成原理',『文真堂現代経営学選集第』1輯, 文真堂, 1977.
內村鑑三, 鈴木範久 訳,『代表的日本人』, 岩波文庫, 1995.
NHK放送文化研究所,『現代日本人の意識構造(第七版)』,日本放送出版協会, 2010.
奥田聡,『韓国主要産業の競争力ー研究間中間成績報告』, アジア経済研究所, 2007.
笠谷和比古,『士の思想』, 日本経済新聞社, 1993.
河野啓, 原美和子, '日韓を巡る現在・過去・未来',『放送研究と調査』Vol.10, NHK, 2010.
金慶珠, 李元德,『日韓の共通認識』, 東海大学出版会, 2007.
金鍾杰, '電気電子産業発展における韓国的特徴',『三田学会雑誌』88巻 4号, 1996.
熊谷正秀,『日本から見た朝鮮の歴史』, 展潮社, 2004.
現代日本學會,『21世紀日韓関係と北東アジアのビジョン』, Hanul, 2007.

共同通信社社會部編,『沈黙のFILE』, 新潮社, 2009.
金立三, 花房征夫 訳,『韓国経済の奇跡』, 晩聲社, 2007.
小池喜明,『 葉隠ー武士と「奉公」』, 講談社学術文庫, 1999.
西部邁,『 福沢諭吉ーその武士道と愛国心』, 文藝春秋, 1999.
佐藤全弘,『 新渡戸稲造の信仰と理想』, 教文館, 1985.
佐山展生,『社長の値打ち』, 日本経済新聞出版社, 2010.
佐佰眞一,『戦場の精神史』, 日本放送出版協會, 2006.
塩田潮,『昭和の教祖 安岡正篤の真実』, ワック株式会社, 2006.
鈴木雅則,『リーダーは弱みを見せろ』, 光文社, 2012.
瀬島龍三,『幾山河』, 産経新聞社, 1995.
園山征夫,『これからの社長の仕事ー会社を持を的に成長させる'農耕型企業風 土'づくり 』, ネットスクール株式会社, 2012.
高崎宗司,『検証 日韓会談』, 岩波書店, 1996.
高瀬武次郎,『日本之陽明學』, 鐵華書院, 1898.
高柳美知子, 岩元正光,『戦争と性 韓国で'慰安婦'と向き合う』, かもがわ出版, 2007.
谷浦孝雄,『韓国の工業化と開発体制』, アジア経済研究所, 1989.
池明觀,『日韓関係史研究』, 新教出版社, 1999.
趙利済, 渡辺利夫, C.J.エツカート,『朴正熙の時代ー韓国の近代化と経済発展』, 東京大学出版会, 2009.
角田房子,『閔妃暗殺』, 新潮社, 1988.
遠山茂樹,『明治維新』, 岩波現代文庫, 2000.
豊田有恒,『韓国の挑戦』, 祥伝社, 1978.
東洋大大学経営力創成研究センター編,『経営者と管理者の研究』, 学文社, 2012.
東京大学社会科学研究所編,『現代日本社会 5 構造』, 東京大学出版会, 1992.
中曾根康弘,『自省録ー歴史法廷の被告として』, 新潮社, 2004.
名和太郎,『評伝 稲山嘉寛』, 国際商業出版, 1976.
日韓経済協会 編,『日韓経済協会30年史』, 1991.
日韓経済協会 編,『日韓経済協会50年史』, 2010.
新渡戸稲造, 矢内原忠雄 訳,『武士道』, 岩波文庫, 1988
__________, 飯島正久 訳,『武士道』, 築地書館, 1998.
__________, 2009,『武士道』, 講談社インターナショナル, 2009.
河信基,『証言'北'ビジネス裏外交』, 講談社, 2008.
______,『韓国を強国に変えた男 朴正熙』, 光人社, 2004.
朴仙容,『新韓親日派宣言』, 亜紀書房, 1997.

林建彦,『朴正熙の時代ー韓国'上からの革命'の十八年』, 悠思社, 1991.

服部民夫, 大道康則,『韓国の企業ー人と経営』, 日本経済新聞社, 1985.

黄文雄,『韓国人の'反日'台湾人の'親日'』, 光文社, 2000.

朴哲彦, 水沼啓子 訳,『日韓交流 陰で支えた男』, 産経新聞社, 2005.

平田慎一郎,『21世紀の日本と韓国～日本は韓国に追い越されるのか』, 舵社, 2000.

平凡社,『哲學事典』, 1989.

本田務, 青木謙介,『韓国経済を創った男』, 日経BP社, 2004.

文熹甲, 渡辺利夫 訳,『麦飯と韓国経済 改革の証言』, 日本評論社, 1991.

岬龍一郎,『新・武士道』, 講談社新書, 2001.

三島武宜,『イデオロギーとしての家族制度』, 岩波書店, 1967.

三島由起夫,『革命の哲学としての陽明学』, 新潮社, 1976.

三菱総合研究所, '韓国企業を見るケーススタデイ～', 1985.

三谷宏幸,『世界で通用するリーダーシップ 』, 東洋経済新聞社, 2012.

三戸公,『家の論理』, 文眞堂, 1991.

宮本直和,『松下幸之助が今の時代に伝えたいこと』, 彩図社, 2012.

村上泰亮 他2名,『文明としてのイエ社会』, 中央公論社, 1979.

____________, '業績主義的イエ社会',『日本の社会と文化』, 世界思想社, 2008.

原誠,『矜持あるひとびとー語り継ぎたい日本の経営と文化(1)』, 金融財政事情研究会, 2011.

日野健太,『リーダーシップとフォロワォ・アプローチ 』, 文眞堂, 2010.

朴宇熙,『韓国の技術発展』, 文眞堂, 1988.

山内昌之,『リーダーシップ』, 新潮社, 2011.

吉田公平,『日本における陽明学』, ぺりかん社, 1999.

吉田路樹,『朴政権の素顔』, エール出版社, 1975.

若林広二, '韓国成功企業を見る:浦項綜合製鐵',『TMS』Vol.20 No.23, NRI, 1991.

渡辺利夫, '中進工業国(NICs)と多国籍企業' 第6回新興工業国家群の経済発 展と後発性利益ー韓国の事例から(上)',『世界経済評論』Vol.25 No.7, 1981.

________,『伍年後の韓国』, PHP研究所, 1988.

________,『韓国 VENTURE CAPITALISM』, 講談社, 1986.

李健,『朴大統領における人間の研究』, 山手書房, 1978.

李憲昶,『東アジア経済協力の現状と可能性』, '韓国高度成長の歴史的背景', 慶應義塾大学出版会, 2001.

日本国会　衆議院 本会議　会議録 8号(1987. 2. 26)

13号(1982. 3. 26)

	外務委員会	会議録 23号(1974. 5. 8)
	予算委員会	会議録 16号(1984. 3. 3)
		14号(1984. 3. 1)
	商工委員会	会議録 12号(1988. 5. 11)
		10号(1996. 5. 17)
日本国会	参議院 本会	会議録 14号(1965. 12. 11)
		4号(1984. 2. 9)
	外務委員会	会議録 7号(1963. 2. 21)
	決算委員会	会議録 6号(1966. 2. 14)
	商工委員会	会議録 20号(1962. 4. 12)
	日韓条約等特別委員会	会議録1号(1965. 12. 1)
	産業・資源エネルギー委員会	会議録 2号(1988. 3. 9)

日本経済新聞, (1983. 3. 7), (1983. 8. 26), (1986. 10. 13), (1987. 10. 28), (1987. 12. 8), (1988. 1. 20), (1988. 3. 30), (1989. 3. 24), (1990. 1. 6), (2000. 5. 22), (2001. 5. 30), (2010. 4. 14), (2012. 1. 27)

日本経済新聞, '交遊抄', 1987.10.28.

毎日新聞, 1987. 2. 13

月刊 MOKU, 2000. 2月号.

영어 자료 등

Adler, N. J., & Bartholomew, S, Managing globally competent people, Academy of Management Executive 5, 1992.

Bass, B.M., Bass and Stogdill's handbook of leadership: A survey of theory and research, New York: Free Press,1 990.

Bass, B. M., & Riggio, R. E., Transformational leadership(2nd ed.), Mahwah, NJ: Lawrence Erlbaum, 2006.

Behn, R.D. 'Management by Groping Along', Journal of Policy Analysis and Management. 7(4), 1988.

Bruce McKern & Ruth Malan. 『POSCO's Strategy in the Development of Korea』, Stanford University. 1992.

Bryman,A., 『Chairman and leadership in organizations』, London: Sage, 1992.

Burns, J. M., 『Leadership』, New York: Harper & Row, 1978.

Creswell, J.W. 『Reserch Design: Qualitative and Quantitative approaches』, Thousand Oaks. 1998.

Czarniawska, B., 『Narraives in Social Science Research』, Sage Publications, 2004.

Doig, W.J. & Hargrove, C.E. 『Leadership Political Analysis. Leadership and Innovation』, The Johns Hopkins University Press, 1990.

Dong Jae, Kim., 'Strategic Foresight: The Case of TJ Park and POSCO', Journal of International and Area studies. Vol. 19. 2012

Downton, J. V., 『Rebel leadership: Commitment and charisma in a revolutionary process』, New York: Free Press, 1973.

Dusya, V. & Crossan, M, 'Strategic Leadership and Organizational Learning', Academy of Management Review. 29(2), 2004.

Evans, M. G., 『The effects of supervisory behavior on the path-goal relationship, Organizational Behavior and Human Performance 5』, 1970.

Fiedler, F. E., 'A contingency model of leadership effectiveness, In L. Berkowitz(Ed.)', Advances in experimental social psychology(Vol. 1, pp.149~190), New York: Academic Press, 1964.

Fiedler, F. E., 『A theory of leadership effectiveness』, New York: MaGraw Hill, 1967.

__________ & Garcia, J. E., 『New approaches to leadership: Cognitive resources and organizational performance』, New York: John Wiley, 1987.

Gudykunst, W. B., & Ting Toomy, S., 『Culture and interpersonal communication, Thousand Oaks』, CA: Sage, 1998.

House, R. J., 'A path-goal theory of leader effectiveness', Administrative Science Quarterly 16, 1971.

House, R. J., & Dessler, G., 『The path-goal theory of leadership: Some post hoc and a priori tests』.

In J. Hunt & L. Larson(Eds.), 『Contingency approaches in leadership』, Carbondale: Southern Illionis University Press, 1974. pp.29~35.

House, R. J., 'A path-goal theory of leader effectiveness', Administrative Science Quarterly 16, 1971.

House, RJ., & Mitchell, R. R., 'Path-goal theory of leadership', Journal of Contemporary Business 3, 1974.

Jago, A. G., 'Leadership: Perspectives in theory and research', Management Science 28(3), 1982.

Lord, R. G., DeVader, C. L.. & Alliger, G. M., 'A meta-analysis of the relation between personality traits and leadership perceptions: An application of validity generalization procedures', Journal of Applied Psychology 71, 1986.

Lowe, K. B., & Gardner, W. L., 'Ten years of the Leadership Quarterly: Contributions and challenges for the future', Leadership Quarterly 11(4), 2001.

Robert H. Hayes & Dong Sung, Cho, 『POSCO's Management Success Case』, Harvard

University & Seoul National University. 1982

Rorter, R. E. & Samovar, L. A., 『An introduction to intercultral communication , In L. A. Aamovar & R. E. Porter(Eds), Intercultural communication: A reader(8th ed.), Belmont』, CA : Wadsworth, 1997. pp.5~26,

Stogdill, R. M., 'Personal factors associated with leadership: A survey of the literature', Journal of Psychology 25, 1948.

Ting Toomey, S., 『Communicating across cultures』, New York: Guilford, 1990.